大学生创新创业系列课程

石伟平　吴　刚　总主编

Entrepreneur Practice Overview

创业基础教程

朱建新　韩　芳　主编

上海教育出版社
SHANGHAI EDUCATIONAL PUBLISHING HOUSE

前　　言

创业是极富挑战性和创新精神的社会活动，是创业者寻找、评估、建立、发展和延续产品与服务的复杂过程，创业教育亦是如此。美国创业教育起步于20世纪70年代初期，并形成了专业教育。而今天中国的高校创业教育还正在艰难探索之中，甚至还在讨论“为什么要学习创业课”“怎样学习创业课”和“谁来教授创业课”等问题。

本人自2006年起在上海科学技术职业学院开设基于国际劳工组织（ILO）的“KAB创业基础”选修课，曾先后赴英国剑桥、美国哈佛、加拿大维多利亚等大学访问学习，在吸收引进的同时开始了中国特色创业教育体系和专业建设的十年探索与实践之路。十多年间，从课程建设着手，先后由清华大学出版社、高等教育出版社等出版了多部教材和专著，于2012年经教育部批准创建“创业管理”专业，2013年“高职创业教育体系建设的探索与实践”荣获上海市教学成果一等奖。2010年12月发起成立上海市高等教育学会高职高专创业教育专业委员会（以下简称创业教育专委会），是上海市第一家研究创业教育的学术型组织，每年通过课题、教材、论坛、创业大赛、出访等形式开展研究交流，先后举办了四届全国高职院校创业教育论坛，主题分别为：课程体系建设、教学方法研讨、创业教育与专业融合、创业教育实践教学，从主题的演变也可以看出我们对创业教育与实践的理解和深化，英国剑桥大学艾伦·白睿（Alan Barrell）教授，中国高校创业教育专家李家华、何向荣、杨芳及港台地区高校的多位教授学者都曾莅会发表有见地的演讲，也为我们开展创新创业教育提供了新的视角和理念支撑。

十多年间，国务院、教育部和各级地方政府都先后出台了高等院校开展和深化创新创业教育的一系列文件和通知，指明了创新创业教育改革的方向，肯定了我们多年来从事创业教育教学基本要求和实践探索，使我和同事们深受鼓舞！创新创业教育也因此在摸索中前行，在争议中提升。我也一直坚信，争议才能形成特色，才会更有价值和意义。

创业知识可以直接体验，也可以通过间接学习获得，而高校创业教育正是针对后者。基于这样的思考，在十多年创业教育教学和教材建设的实践基础上，2016年3月创业教育专委会委托上海科学技术职业学院师资团队编写《创业基础教程》教学大纲，领衔的是上海科技学院商贸管理学院院长胡晓晖副教授。创业教育专委会先后组织了两次专家论证：2016 年 6 月 27 日第一次论证会，专家组组长是城管学院院长陈锡宝教授；2016 年 9 月 10 日第二次论证会，专家组组长是复旦大学企业研究所所长张晖明教授。专家组认为，《创业基础教程》教学大纲符合教育部关于高校开展创业教育的文件精神，大纲设计思路科学、合理、清晰，符合高职学生的认知实际及初创企业创建过程的一般规律，体现应用性创新型人才培养特点；教学目标明确，具有较强的可操作性；在课时分配上，重视学生的实践能力，讲练结合；采用多种教学方法，将真实案例引入教学，运用小组交互、情景体验、参观走访等形式，有利于激发学生的学习兴趣与知识掌握。专家组认为，大纲的制定对上海乃至全国高职学生创业基础课程建设具有指导意义，建议尽快在高职高专院校教学中实施，通过教学实践不断提升高职院校创新创业教育质量。

《创业基础教程》教学大纲的制定和完善，为本教材的编写奠定了基础。

本教材定位于基础的创业通识教育，是创业教育教学重要组成部分。本教材以传授“知识、能力”为关键，以培养“精神、意识”为核心，通过“创业基础”课程教学，力图达到以下教学目标：

知识目标：使学生掌握开展创业活动所需要的基本知识。认知创业的基本内涵和创业活动的特殊性，辩证地认识和分析创业者、创业机会、创业资源、创业计划和创业项目。

能力目标：使学生具备必要的创业能力。掌握创业资源筹措整合与创业计划撰写的方法，熟悉新企业的开办流程与管理，初步具备创办企业的综合素质和能力。

素质目标：使学生树立科学的创业观。激发学生创新创业意识，培养以社会责任感为核心的企业家精神，促进学生的全面发展，使创业能力成为学生终身的核心竞争力。

本教材是面向全体高职学生开展创业教育的核心课程，作为必修课，纳入学校教学计划，不少于 34 学时，不低于 2 学分。

在课程设计方面，我们的思路是这样的：

1. 教学内容设计。创业知识技能很多，高职学生应学习哪些？我们从创业的认知出发，按照创业活动内在规律性，遵循“为什么学习创业—如何做创业的准备—酝酿创业计划书—怎样创办新企业”的基本逻辑线索设计课程内容，使学生掌握开展创业活动所需要的基本知识和方法。对应设计四个模块，第一模块激发创业意识，设计 3 个主题，解决“为什么学习创业”。第二模块开启创业行程，设计 7 个主题，围绕创业准备的核心要素，主要包括识别创业机会、获取资源、市场分析、创新组织管理能力、制订创业计划书等内容，学习如何做创业的准备。第三模块创办新企业，设计 4 个主题，围绕新办企业组织形式选择、新企业注册登记及相关事项等展开。第四模块创业案例与模式，围绕教学实践，以典型案例阐述大学生应如何结合专业，勇于实践，勇于创新，善于从专业学习中发现创业机会，结合自身专业创业优势，夯实专业基础，降低创业风险。

2. 教学方法设计。本教材是一门融创新性、知识性和实践性为一体的课程。教师可根据实际教学要求、学生兴趣和教学内容，设置课堂讲授、小组讨论、情景模拟、案例分析、视频演示等多元教学方法，在互动和思想碰撞中提高教学效果。为充分激发学生自主学习的积极性，给学生提供实践的空间，同时便于教师观察学生课堂表现和领悟力，本书还采用了大量典型案例和延伸阅读教学，让学生更好地将理论与实践相结合，丰富和领会对所学知识的理解。真正的创业教育应该是“知”与“行”的过程，学校应积极营造良好的“创业教学生态系统”，积极拓展有效实践途径，如开展创业者访谈、进行创业项目考察、模拟创业及举办创业计划大赛等。创业教育不仅需要课堂的教与学，还应延伸到课外校外。

3. 考核方式设计。创业教育应走出应试教育的模式，坚持能力导向，激发学习兴趣，强调过程考核，采用综合考核方式。成绩评定由“平时成绩 + 实训作业 + 创业计划书”三部分组成。平时成绩包括课后作业、案例讨论、课堂表现等；实训作业是根据教师安排的实训任务，分阶段考核学生；期末考核是创业计划书撰写与展示，可邀请校外企业家与校内教师共同完成对学生创业素质和创业项目的评价。

我要特别强调本教材的基本观点：

1.《创业基础教程》的内容定位于创业起步（0—1 阶段），从创业机会、创业计划书到开办企业的过程，不涉及企业成立之后的管理运营知识，更不涉及 MBA 教材中的跨国企业管理研究。

2. 本书以问题为导向，探讨创业准备阶段最普遍、最有难度的问题，体现了解决问题的基本方法、思路与实践脉络。

3. 案例教学特别是第四模块结合高职学生专业创业的案例及模式是本书的精华所在。在案例选取时，我们注重案例的典型性和学理性，可扩展、可讨论、可借鉴。许多案例就在学生身边，可观摩学习，也可邀请这些创业者走进课堂现身说法，增加实践教学环节的互动性和真实性。

4. 互联网特别是移动互联网，不仅改变了人们的生活、工作和消费方式，加速了知识更新，也给创业者带来了新的商业理念、商业模式和商业机会。因此，本书也力求通过案例和论述介绍相关新知识和新模式。

5. 广义的创业教育涵盖了大学生素质教育、全民创新意识和创新精神的培养，因此，本书也强调创业精神和商业文明的传承，强调创新创业对在校学生的影响与教育作用。学习本书，对提升高职院校学生就业能力和未来职业生涯的发展也有积极意义。

6. 为了使没有创业实践经验的教师能够开展教学，解决创业教育进课堂、融入专业教学计划的要求，我们在每个主题开始设计"导读"和"主题案例"，在每个主题结束设计"小结"与"实务演练"。本教材通过二维码的形式，补充了延伸阅读与案例讲解。微信公众号"学创家园"，有"课程中心""实训中心""海纳百创""创业百问"等多个精彩板块，伴你同走创业路。我们会不定期举办教学培训交流活动，以方便教师从事本课程的教学与实践活动。

本书由朱建新、韩芳主编，韩芳老师以极大的热情与专业精神执笔统稿。参与本书编写的有浙江工贸职业技术学院台新民（第二模块第 6 ~ 7 主题）、申珊珊（第二模块第 5 主题），上海科学技术职业学院敖伟（第三模块第 1 ~ 4 主题）、梁鑫（第一模块 1 ~ 3 主题）和郝晓燕（第二模块第 3 主题），云南经济管理学院李林（第二模块 1 ~ 2 主题），上海交通职业技术学院裴琦（第二模块第 4 主题）等。

特别感谢华东师范大学石伟平教授、吴刚教授、马爱民主任及上海教育出版社宁彦锋主任等在本书编写过程中给予的指导与支持。

由于编写时间和水平有限，书中难免有不妥之处，恳请读者批评指正。

朱建新

2017 年 5 月 9 日于上海

序

创新创业：面向未来风险社会的关键能力

对于未来社会，每个人都可以畅想并给予命名。然而未来社会又是无法预测的，因为它充满不确定性，对于无法预期之事如何能够被预测呢？这种两难困境为各种技术、专家和产品创造了巨大且不断扩大的市场和发展空间。

从产业界来说，德国提出了“工业 4.0”概念，即是以智能制造为主导的第四次工业革命，或革命性的生产方法。“工业 4.0”战略旨在通过充分利用信息通信技术和网络空间虚拟系统——信息物理系统（Cyber-Physical System）相结合的手段，将制造业向智能化转型。表现为“智能工厂”——重点研究智能化生产系统及过程，以及网络化分布式生产设施的实现；“智能生产”——涉及整个企业的生产物流管理、人机互动以及 3D 技术在工业生产过程中的应用等；“智能物流”——主要通过互联网、物联网、物流网，整合物流资源，充分发挥现有物流资源供应方的效率，而需求方则能够快速获得服务匹配，得到物流支持。“工业 4.0”是大数据革命、云计算、移动互联时代背景下，对企业进行智能化、工业化相结合的改进升级。AlphaGo 的横空出世并战胜人类的围棋高手，昭示着人工智能时代的到来，当然这个看似机器人的胜利其实是基于围棋大师智慧的算法和基于案例的深度学习的胜利。人工智能使我们担忧：“机器人”是否会取代人进行工作？“机器”是按照特定规则运行的，高度结构化的社会中，人类趋向于事无巨细地建立规章制度，消除模糊性，使流程规范化，人类行为的结构化程度越高，人类行为就越容易被复制，由此，“机器人”取代人的技能的概率是否越来越大？

其实，全方位智能化的时代已经来临。智能化是近两百年的数字化进程的结果，从第一个计算机程序的创造者、浪漫主义诗人拜伦之女埃达·洛夫莱斯伯爵夫人开始，数字化进程是一个科学与人文融合的进程，是科技和艺术完美交织的进程，是那些拥有不羁创意的先锋者、天才、企业家们，秉承开放与共享的精神，通过跨越时代的合作，让科技实现了创造性飞跃的进程。而他们沉淀下来的社会和文化力量成了滋养创新的坚实土壤。人类进行不同思考的能力，以及进行丰富想象的能力，是人类“在认知计算机时代保持相关性”的根基；而每个个体将想象的构架付诸现实，将思想物化为产品的探索，则支撑着人类不断突破自身局限，迈向更广阔的空间。所有这些，更是对未来的不确定性加深了印记。

正是意识到未来社会的不确定性与风险性，欧盟的研究小组在 2002 年 3 月发布了研究报告《知识经济时代的关键能力 (KeyCompetencies)》，认为关键能力是一系列知识、技能和态度的集合，它们是可迁移的、多功能的，这些素养是每个人发展自我、融入社会及胜任工作所必需的。Competencies 是 Competence 的复数形式，Competence 的本意是“才能”“能力”“效力”“精通”或“技能”，其拉丁文词根是指“认知”和“胜任某种职责”，即今天所说的“胜任力”。而“核心胜任力 (key competencies)”或“关键能力”是指应对未来的挑战的能力，与企业的“核心竞争力 (core competence)”相对应。换言之，只有具备“关键能力”的人才能具有面向未来社会的核心竞争力。2006 年 12 月，欧洲议会和欧盟理事会通过了《面向终身学习的关键能力》(Key Competences for Lifelong Learning) 的报告，提出 8 项关键能力。欧盟理事会与欧盟委员会联合发布的 2010 年的报告《面向变革中的世界的关键能力》(Key Competences for a Changing World)。在欧盟的关键能力框架中，特别提出了主动意识与创业精神，即培养个体将想法付诸实践的能力，包括创造创新能力、风险承担能力、觉察环境与把握机遇的能力、开展和参与社会活动或商业活动的能力；伦理价值和善治的意识。

在风险社会的挑战中，创新创业不是一种外在要求，而是一种自我需求。管理学大师德鲁克认为：“一个充满活力和希望的社会，是社会资源大量流向创业者、创富者、创新者的社会，是能够为创新力量提供自由和空间的社会。”一个时代有一个时代的精神，一个时代有一个时代的价值。“创新创业”不仅是通过每个个体的创造性活动推动科技革命和产业变革，也是一个价值观念重塑和更新的过程，即给予创新创业者更多的尊重和社会认同，让他们成为这个时代的英雄。

只有当教育、知识、创新能力等文化资本转化为生产力，才能进一步促进社会流动。每个领域的创新都能改变各自领域的环境，并通过创造性活动把握自己的命运，使之上升到更高的境界，尽管其方式各异，力量不同。如泰戈尔所说：“有勇气在自己生活中尝试解决人生新问题的人，正是那些使社会臻于伟大的人。那些仅仅循规蹈矩过活的人，并不是在使社会进步，而只是使社会得以维持下去。”

我们深信：创新创业者改变世界。

是为序。

华东师范大学教育高等研究院　吴　刚

2017 年 5 月

目　　录

模块一　激发创业意识
主题 1　创业与时代精神 \3
　　第一节　创业与社会经济发展 \5
　　第二节　创业精神与职业生涯发展 \11
主题 2　个人特质与创业 \23
　　第一节　创业动机 \25
　　第二节　创业者特质 \28
　　第三节　创业者的素质和能力 \31
主题 3　创新、创意与创业 \37
　　第一节　创新、创意及其影响因素 \40
　　第二节　创新、创意对创业不同阶段的影响 \47

模块二　开启创业行程
主题 1　创业机会识别与评价 \55
　　第一节　认识创业机会 \57
　　第二节　创业机会识别 \61
　　第三节　创业机会评价 \67
主题 2　市场调研与分析 \75
　　第一节　市场调研 \77
　　第二节　市场分析 \81
主题 3　启动资金预算与筹措 \92
　　第一节　创业财务基本知识 \94
　　第二节　创业启动资金预算 \96
　　第三节　创业启动资金来源 \100
主题 4　创业团队组建与管理 \111
　　第一节　创业团队 \113
　　第二节　创业团队组建与管理 \118
主题 5　盈利模式分析 \130
　　第一节　商业模式 \133
　　第二节　盈利模式 \136
　　第三节　互联网时代下的盈利模式 \139
主题 6　风险分析与规避 \145
　　第一节　创业风险 \147

第二节　风险管理与规避 \155
主题 7　创业计划书撰写与评估 \163
第一节　创业计划书 \165
第二节　创业计划书陈述 \175

模块三　创办新企业
主题 1　新办企业组织形式选择 \181
第一节　企业组织形式 \183
第二节　企业组织形式选择 \196
主题 2　新企业注册登记及相关事项 \202
第一节　企业注册条件 \205
第二节　企业注册材料提交 \210
第三节　企业设立流程 \212
主题 3　新办企业税务常识 \218
第一节　企业纳税的意义 \220
第二节　企业主要税种 \222
主题 4　创业扶持政策 \230
第一节　创业扶持机构 \232
第二节　创业扶持政策 \237

模块四　创业案例与模式
主题 1　电子商务创业 \247
第一节　电子商务创业 \249
第二节　电子商务创业案例详解——“校老板”创业团队项目 \252
主题 2　艺术设计创业 \257
第一节　艺术设计创业 \259
第二节　艺术设计创业案例详解——J&V 珠宝首饰创意定制项目 \262
主题 3　旅游服务创业 \267
第一节　旅游服务创业 \269
第二节　旅游服务创业案例详解——澎程户外亲子游项目 \272
主题 4　汽车服务创业 \276
第一节　汽车服务创业 \278
第二节　汽车服务创业案例详解——“知车汇”汽车服务连锁店项目 \281
主题 5　社会公益创业 \286
第一节　社会公益创业概述 \289
第二节　公益创业案例详解——“牵手”支教公益项目 \292

模块一

激发创业意识

◆ 导读 ◆

在全球经济深度调整、我国经济社会实施创新驱动发展战略已成为新常态的大背景下，时代对创新创业的呼声愈来愈高。创新精神、创新创业能力已经成为当下大学生素质的新要求。为什么创业？创新、创意、创业对于大学生的职业生涯发展以及创业实践有什么影响？我们要向创业者学习些什么？如何点燃我们创新与创意的火花？通过学习本模块，我们将了解学习创新创业课程的必要性；理解创业者的个性特质与成功创业者需具备的素质与能力；掌握创新、创意的影响因素以及它们在创业不同阶段的作用。

主题1　创业与时代精神

【主题案例】

青年创业中国强

创业不仅是指创办企业，对平凡工作的不断创新，对承担任务的无限创意，也是创业。自主创业的成功企业家、拼搏进取的岗位能手、艰苦奋斗的大学生“村官”……他们身上的创业精神，他们身上勇敢、勤奋、创新、责任、好学的精神品质，为我们勾勒了一幅时代的创业蓝图。

创业的第一个月销售额仅有1986元，接下来的几个月几乎是零收入……2008年年底结算时，亏损28万元。就连走在泉州街上都会觉得商机无限的李琪琪，看着年底会议上垂头丧气的员工，望着空荡荡的瑜伽会所，也有点迷茫了。“为什么会这样？”李琪琪在内心不停问自己。从经济学专业毕业后，她一头扎进创业的大潮，没料想第一个项目就遭遇“滑铁卢”。不服输的性格让李琪琪决定，从哪里跌倒就从哪里站起来。接下来，她重新装修了瑜伽会所，出台了一系列经营管理措施，从一个角落的装饰到一个营销策略的制定，她亲力亲为，每天至少工作15个小时。刚开始，老员工觉得她疯了，去年亏损这么多，现在又赶上金融危机，还这么花钱。但她认为要做就要做到最好，每个细节都不可以放过。利用一系列推广活动，李琪琪终于打了个翻身仗，2009年3月份会所周年庆时月销售额达到10万元以上，打破了泉州瑜伽市场萧条的局面。谈到创业的梦想，李琪琪坦言：“我想做一个对社会有贡献的企业家。”

对于大学生创业，在企业界、教育界一直争议颇多。有观点认为，大学生在校就是学知识，让他们学习创业属于“不务正业”；也有观点认为，让没有社会阅历、一穷二白的大学生去创业等于让他们当炮灰。事实上，这是一个悖论。21 世纪是创业的时代，国家和地区之间的竞争聚焦在创业和创新水平上。创业经济的崛起，青年人责无旁贷。有调查显示，大约 20% 的青年有创业的潜质。我们更认同让有创业潜力的大学生早一点接触创业活动，“创业要趁早”，何况，无论成功或失败，对自己都是一次很好的锻炼。

当然，不是所有的青年都适合自主创业，创业的失败者也远远多于成功者，因为创业不仅需要梦想，更要有持久的耐力和很好的商业模式以及必需的资金等。无论是创业，还是就业，对年轻人来说，都应该具备脚踏实地、艰苦奋斗、百折不挠的创业精神。

（资料来源：谁是青年榜样 [N]. 中国青年报，2009-07-21）

【案例讨论】

1. 为什么要在大学期间学习创业课程？
2. 如何理解李琪琪“做一个对社会有贡献的企业家”的创业梦想？

高手指路

时代呼唤创新创业，也为创新创业搭建了广阔的舞台。创新创业对年轻人是难得的历练，获得的不仅有成功的奥妙，还有承受失败的担当和意志。创新创业更是年轻人的时代责任，当代大学生要勇做走在时代前列的奋进者、开拓者，为个人谋发展，为国家做贡献。

第一节 创业与社会经济发展

当前，世界经济在深度调整中曲折复苏，正处于新旧增长动能转换的关键时期。上一轮科技和产业革命提供的动能面临消退，新一轮增长动能尚在孕育。技术革命已经触发了经济机制转型，而在一定技术水平基础上形成的生产力决定着国与国之间的分工和各自的地位。如今，发展中国家正在全面崛起，新兴经济体将成为世界经济的主导力量，关于世界经济治理的新秩序和新规则制定主导权的竞争将在多个层面展开。

在经济新常态的背景下，中国转型升级需要创新创业来实现。推进传统产业技术改造、转型升级，培育发展新兴产业和生产性服务业，是当前两项紧迫任务。创新创业已经成为转变增长方式的突破口。2015 年全国人大政府工作报告正式将“大众创业、万众创新”提升到中国经济转型和保增长的“双引擎”之一的高度，建设创新型国家，鼓励并支持创业已成为社会主流。

一、不同历史时期的创新创业活动

对个人而言，创业是一种生存方式，是创业者通过寻找机会、整合资源，创造价值、体现个人价值的过程。

对于社会而言，创业活动的功能定位需要追溯到经济社会发展的不同阶段。经济发展的不同阶段赋予了创业活动特定的功能属性。因此，不同社会发展阶段的创业活动特征并不相同。但是，创业活动具有普遍的共性，任何社会阶段的创业活动与社会经济发展、国家的命运都具有高度的相关性。

1. 待业青年下海创业潮

20 世纪 80 年代，新中国出现第一次创业热潮。那时，人们把创业称为“下海”。柳传志曾这样评价他的创业时代：“下海确实被人看不起，这是勇敢者做的事情，这些勇敢者在过去就是在社会上没有地位的人。”

那个年代创业者以个体户为多，大多是城镇待业人员被逼无奈而自谋生计，算是被动创业者。无数创业家作为一股新的势力崛起于国企羽翼之下，崛起于穷乡僻壤之中。他们当中有少数真正掌握自己命运的，在多年后成了中国企业的标杆人物。这次创业潮又是体制内的创业，为打破计划经济下的平均主义、解放思想、搞活商品经济进行了摸索。

【典型案例】

一无所有的力量

1984年，邓小平第一次南巡。那时，中国的对外开放终于由点及面，形成了沿海全境开放的格局，民营经济因此波涛汹涌。随后，在1985年4月13日，私营企业终于被政府正式认可，这正是中国企业史上空前绝后的一年。

“下海”的冲动瞬间席卷大江南北各个阶层。除了贫困的抗争者，那些生活安逸甚至小有成就的人，也涌入了“下海”的大潮。在深圳，王石成立“深圳现代科教仪器展销中心”，这便是万科的前身；在山东青岛，张瑞敏被派到一家濒临倒闭的电器厂当厂长，多年后这家厂更名“海尔”；在北京一间20平方米的小平房里，联想诞生了，柳传志信誓旦旦地对中科院领导说：“将来我们的公司会成为年产值200万元的大公司。”……

（资料来源：李肖鸣，朱建新．大学生创业基础[M]. 北京：清华大学出版社，2013，05）

2. 社会精英弃政从商创业潮

1992年，全国有10万党政干部主动弃政从商，他们被冠以“92派”之称。其中的代表人物有陈东升、田源、毛振华、潘石屹等，而他们原本的身份是政府机构、科研院所、大专院校的知识分子。

本次创业以官员下海为特征、以“圈地运动”为契机。这批人是中国的现代企业制度的试水者，相比之前的创业者，他们是国家改革开放以来创业思维清晰、股东意识明确的企业家，普遍具有企业现代管理意识，具有较强的资源整合能力，懂得资本运作，对宏观环境变化反应灵敏。他们为中国现代企业发展、社会创业发展开辟了道路，并奠定了一定的基础。

【典型案例】

潘石屹当年创业念头的来源

1984年，潘石屹被分配到河北廊坊石油部管道局经济改革研究室，颇受器重。不久，单位新分来一位女大学生，潘石屹带着她领办公桌椅。这位同事百般挑剔，挑了足足一个小时都没确定。潘石屹忍不住劝她凑合着用。没想到她十分认真地回答：

“你知道吗？这套桌椅可能要陪我一辈子。”不经意的一句话，却让潘石屹打了个寒噤，“难道我这一生就要与一套桌椅共度？”春节一过，他毅然辞职南下，当时他身上只有 30 多块钱。无疑，正是创业的激情激励着千千万万像潘石屹这样的青年人。

（资料来源：http://www.cz88.net/lizhi/gushi/594081.html）

3. “海归”开拓中国互联网领域创业潮

20 世纪 90 年代后期，“海归创业”形成一股创业浪潮。李彦宏、张朝阳是互联网领域留学生创业的代表。这些创业者被称为互联网时代的英雄。他们成功创业得益于良好的政策环境。

在海归群体的示范效应下，本土的创业者越来越多，也有不少人在互联网领域取得了辉煌成就，如创立盛大的陈天桥、网易的创立者丁磊以及阿里巴巴的马云等。这些互联网的创业成功者被称为“阳光富豪”，他们打破了此前存在的中国企业家群体的效应，开拓了创业的新领域，为全民创业潮奠定了基础。

【典型案例】

归国创业者李彦宏

李彦宏在海外的 8 年时间里，中国互联网界正发生着翻天覆地的变化。从 1995 年起，李彦宏每年都要回国进行考察。

1999 年年底，身在美国硅谷的李彦宏看到了中国互联网及中文搜索引擎服务的巨大发展潜力。抱着技术改变世界的梦想，他毅然辞掉硅谷的高薪工作，携搜索引擎专利技术，于 2000 年 1 月 1 日在中关村创建了百度公司。

百度拥有数万名研发工程师，这是中国乃至全球最为优秀的技术团队之一。这支队伍掌握着世界上先进的搜索引擎技术，使百度成为掌握世界尖端科学核心技术的中国高科技企业，也使中国成为美国、俄罗斯和韩国之外，全球仅有的 4 个拥有搜索引擎核心技术的国家之一。

（资料来源：http://www.360doc.com/content/14/0713/14/260109_394099868.shtml）

4. 全民发展民营经济创业潮

党的十七大提出，实施扩大就业的发展战略，促进以创业带动就业战略。与此同时，以“非公经济 36 条”为代表的一轮市场开放政策的实施，将民营经济的发展提到了新的高度，在全社会激发出创业新激情。这一次创业浪潮发生在 2008 年，也

"非公经济 36 条"
解读

被称为"全民创业潮"。这一轮创业潮是中国经济转型和升级的发动机，主题是创新、创意。它为新时期更大规模的大众创新、万众创业奠定了基础。

【典型案例】

武汉市的全民创业潮

2008 年，武汉市委、市政府提出"全民创业"发展战略，"推动全民创业"成为武汉市促进社会发展和改善民生领域的 7 个计划之一。武汉就此掀起"全民创业"热潮，政府每年举办创业培训、创业赶集会等。2012 年 7 月，国务院在北京召开全国就业创业工作表彰大会，武汉在创业型城市创建工作中成绩突出，被评为首批全国创业先进城市。武汉市人社局公布，"全民创业" 4 年来，全市新增就业 58.6 万人、私营企业 10.66 万家，涌现个体创业老板 28.64 万人，直接带动 201.74 万人就业。

（资料来源：http://edu.ifeng.com/gundong/detail_2012_07/18/16097256_0.shtml）

二、"互联网 +"经济下的创新创业

2015 年 3 月的十二届全国人大三次会议上，李克强总理在中国政府工作报告中首次提出了"互联网 +"。"互联网 +"代表一种新的经济形态，即充分发挥互联网在生产要素配置中的优化和集成作用，将互联网的创新成果深度融合于经济社会各领域之中，提高实体经济的创新力和生产力，形成更广泛的以互联网为基础设施和实现工具的经济发展新形态。通俗来说，"互联网 +"就是"互联网 + 各个传统行业"，但这并不是简单的两者相加，而是利用信息通信技术以及互联网平台，让互联网与传统行业进行深度融合，创造新的发展生态。

经济发展新形态：
"互联网 +"

"互联网 +"引发了许多新兴商业模式，PC 互联网、移动互联网的高频应用，也为传统行业带来了诸多机会与挑战。"互联网 +"新兴经济模式的兴起滋生了"互联网 +"创业热潮，以电子商务为主要代表，一时兴起草根经济、粉丝经济、网红经济、社群经济、分享经济等模式。它有效加强了产业联合，实现跨界融合，为大众创新、万众创业带来了可能。同时，互联网对时间、空间的突破，为大学生创业降低了成本，减少了壁垒，可以及时提供充分的市场信息，有助于创业的起步。

【典型案例】

“互联网 +”创业热潮下的社交软件 ERA 创始人徐可

作为一名“95 后”创业者，上海讯踪信息科技有限公司 CEO、价值技能社交 App 软件 ERA 的创始人徐可一直被人关注着。无论是在电视节目里、新闻报道中，还是在微博上，这位 1995 年出生的女生都毫不遮掩地表达自己的观点，告诉这个世界自己曾经来过。

关于徐可的争议很多，知乎上有人评价，徐可把最泡沫的创业词汇全占了；也有人为 ERA“任务 + 社交”的模式点赞。从 2015 年 4 月初创 ERA，到 2015 年 10 月，用户便超过 20 万，现金流沉淀超过 30 万，徐可拿到了来自祖禾资本领投的 pre-A 轮融资，估值为 7000 万，并在爱就投融资平台创立了史上最快速的秒杀产品，上架一分钟就超募 176%。

“90 后玩乐文化会给我们带来新的市场经济”，徐可大胆预测，“认知盈余会是下一个爆发点”。目前在 ERA 平台上，用户以 90 后居多，从成交的任务来看，多为“约饭、约看电影、约运动、约下午茶”等，甚至还有“陪砍价、股市大跌陪跳西湖”等无厘头的任务邀请。对于 90 后这种花钱买体验的行为，徐可认为玩乐经济会是一个大趋势，不能一蹴而就，需要未来很长一段时间的摸索和适应。

（资料来源：http://www.chinaz.com/start/2015/1020/459294.shtml）

三、高校开展创新创业教育的意义

1. 推动知识经济发展和社会经济转型

知识经济是由知识与科技信息取代劳动力、资本、土地、原材料等原始资源的地位而成为具有创新动力的驱动资源，其核心问题就是如何最大限度地发挥人的创新潜能。知识经济是以培养高素质的创新型人才为重要基础的。高等学校作为国家创新体系的重要支柱与科技知识传授的中心，在创造知识、传播知识、转化知识以及应用知识等诸多领域具有无可取代的优势，在推动知识经济发展中起着重大作用。高等学校只有在知识经济时代培养出具有极强的创新意识和精神、实训实践能力和创业能力的全方位、复合型人才，才可以满足知识经济发展对创新创业型人才的急迫需求。

2. 提升全民综合素质

只有提升全民素质，实现我国教育发展的深化改革，才能够真正与知识经济时代科技的进步和市场经济的发展需求相适应，才能满足社会对人才越来越高的要求。创新创业教育是知识经济时代的呼唤，是国家创新体系对大学的挑战，是中国大学的使命与责任。高校开展创新创业教育要从两个方面来诠释：一方面，创新创业教育活动有助于孕育、造就一大批高素质，且具有创新精神与创业观念的社会建设者，提高人才整体质量；另一方面，高校开展创新创业教育是对我国在转型期高等教育内容体系的弥补和进一步完善。

3. 推进与支撑区域经济发展

西方发达国家创新创业教育的推广与实施，创新型人才的挖掘与造就，是西方社会经济高速运转发展的重要内因动力。它也为区域经济发展发挥着不可预计的推动作用和实力支撑。创业者自身人才质量、水平与创业者数量多少，都决定着社会经济的发展速度与发展质量，决定着区域经济发展的长远性、协调性，决定着新创办企业数量增长的速度。而新创办的企业总数与质量也被视为区域经济是不是发展至成长期的一个重要权衡指标。

4. 促进大学生个人成长与职业发展

国家要求教育培养全面发展的人，要造就数以亿计的高素质劳动者。而在受教育者的综合素养中，创新创业素质是一项核心内容。大学生的个人成长和职业发展是一个长期而复杂的过程，在这一过程中，有诸多因素和条件在起作用，就自身因素和条件而言，创新创业知识、意识、品质、能力起着重要的支撑和导向作用。接受过创新创业教育的青年学生，通过创新创业素质的提高促使其内在的创造潜能和全方面能力得到充分释放和发挥，进而促进其全面发展，将来才有条件堪当大任，适应经济社会发展和参与国际市场竞争。

5. 增加就业机会

加大力度开展创新创业教育，是缓解学生就业之忧的有力保障。以创业来带动和促进就业，现已成为全世界各国教育理念的共识。当前，中国的大学生就业形势严峻。加强创新创业教育有助于转变就业观念，激励青年人自主创业，不断创造就业新岗位和开创新企业，缓解劳动力资源与社会岗位供需之间的矛盾，进而缓解目前就业难的困境，从而使社会和谐稳定，健康发展。创新创业教育是在社会经济转型期，对中国高等教育进行的有益且必要的补充和发展。它在推进经济发展、缓解社会矛盾、维护社会稳定、顺利实现社会经济转型方面具有极为重要的意义。

第二节　创业精神与职业生涯发展

一、 创业与创业精神

在“大众创业、万众创新”的热潮下，人们对创业、创业精神等词汇都耳熟能详，然而对创业全面、深层次、专业的理解可能还不够，甚至还存在着误解，所以有必要对创业、创业精神进行详细阐述。

1. 创业

字典里对“创业”一词的解释更多从字面含义出发：创业乃开创事业。

哈佛大学教授霍华德·史蒂文森（Hoard Stevenson）等人这样界定创业：创业是指不拘泥于当前的资源条件而追寻机会，将不同的资源进行组合，以利用和开发机会并创造价值的过程。

百森商学院则把创业界定为：创业是一种思考、推理和行动的方法，它不仅要关注机会，还要求创业者有完整缜密的实施方法和讲求高度平衡技巧的领导艺术，并且这些是可以学习的。

本书认为创业是创业者对自己拥有的资源或通过努力对能够拥有的资源进行优化整合，从而创造出更大经济或社会价值的过程。创业是一种劳动方式，在创业活动中，能够体现出创业者的创业意识、创业思维、创业技能、创业素养等。

【实用链接】

适合大学生创业的领域

当前，越来越多的大学生对创业表现出了兴趣。那么对于这样一个特殊的群体，如何才能在大众创业、万众创新的大潮中找到适合自己的方向呢？

一是创新创意领域。创意经济涉及广告、建筑、艺术、工业设计、时装设计、电影、音乐、出版、软件、电视广播等诸多领域。对本身没有太多资源的创业者来说，可通过独特的创意来获得各种资源，包括资金、人才等。因此，具有一定创新能力的大学生适合选择这种灵活的创业方式。比如广告设计、平面设计、婚礼策划、营销炒作等。

二是智力服务领域。智力是大学生创业的资本，在智力服务领域创业，大学生游刃有余。例如，家教、家教中介领域就非常适合大学生创业。一方面，这是大学生勤工俭学的传统渠道，积累了丰富的经验；另一方面，大学生能够充分利用高校教育资源，更容易赚到“第一桶金”。此类智力服务创业思路成本比较低。

三是连锁加盟领域。对创业资源有限的大学生来说，借助连锁加盟的品牌、技术、营销、设备优势，可以较少的投资实现自主创业。但连锁加盟并非没有风险，在市场鱼龙混杂的现状下，大学生涉世未深，在选择加盟思路时应注意规避风险。一般来说，适合选择资金不多、人手配备要求不高的企业，从小本经营开始。比如快餐业、家政服务、小型超市等。

四是高新科技领域。身处高科技前沿阵地的大学生，在这一领域创业有着近水楼台先得月的优势，但并非所有的大学生都适合在高科技领域创业，一般来说，技术功底深厚、学科成绩优秀的大学生才有成功的把握。有意在这一领域创业的大学生，可积极参加各类创业大赛，获得脱颖而出的机会，同时吸引风险投资，比如软件开发、网页制作、网络服务等。

总之，大学生创业创新热情较高。但在创业前，必须先做市场调研，对所创项目的可行性进行分析后，再进行立项，有计划地投入资金，防范创业风险。创业之初，不求利润最大化，但求风险比较小。只有风险小了，创业的基础才能更扎实。

（资料来源：https://www.ishuo.cn/doc/ubvfofqf.html）

2. 创业精神

经济学家将创业精神称为“企业家精神”，主要是指创业者通过创新的手段，将资源更有效地利用，为市场创造新的价值的过程。创业精神可以区分为“个体的创业精神”和“组织的创业精神”两个不同的层面。“个体的创业精神”是以个人的力量，在个人意愿的引导下从事创新活动进而创造一个新事业；而“组织的创业精神”则是指在组织内部，以群体力量追求共同愿景，从事组织创新活动。

由此可见，在经济学家的眼中，创业精神既是一种思维方式，也是一种实践行为，其实质是创新。最先提出创新概念的熊彼得认为：创新活动之所以发生，是因为企业家的创新精神。企业家与只想赚钱的普通商人和投机者不同，“个人致富”只是他的部分动机，而最根本的动机是“个人实现”，即“企业家精神”。熊彼得认为这种“企业家精神”包括：（1）建立私人王国；（2）对胜利的热情；（3）创造的喜悦；（4）坚强的意志。这种精神是成就优秀企业家的动力源泉，也是实现经济发展中创造性突破的智力基础。如今，企业家已经成为市场经济中最稀缺的资源，是社会的宝贵财富。企业家的数量是衡量一个国家、一个地区经济发展程度的重要指标。

创业精神是与创业者自身紧密相关较为主观的精神内涵，通常创业精神的本质是相同的，与创业者的学历层次没有多大关联；创业精神与创业者所在的企业环境、大小没有多大的关联，不论是在农村创业还是在城市创业，不论是在上市大公司还是在刚起步的小企业，所需要的创业精神都是一致的。

【典型案例】

创业精神的五大要素

经常听那些有名企业家说起：他们还没有运作百万美元规模公司之前，借街边售卖饮料、车库里生产些小玩意，逐步培养起自己的经商技能。看起来好像每一位成功人物都是为商业而生。

企业家到底有哪些与众不同之处呢？是什么令他们能够充满自信地积极面对失败挫折，先人一步达成自己的目标呢？答案是创业精神。我们可以从这些企业家身上找到创业精神的最佳定义。

激情（passion）：没有人能比维京集团创始人理查德·布兰森更理解“激情”一词的含义。布兰森的激情，从他对创建公司的强烈欲望中可窥一斑。始建于1970年的维京集团，目前旗下拥有超过200家公司，业务范围涵盖音乐、出版、移动电话，甚至还有太空旅行。

积极性（positivity）：亚马逊创始人杰夫·贝佐斯非常清楚积极思考的能量。以“每个挑战都是一次机会”为座右铭。

亚马逊于1995年7月正式启动，两个月内轻松实现每周2万美元的销售额。20世纪90年代末，互联网公司纷纷倒闭，亚马逊股价也从100美元降至6美元。雪上加霜的是，一些评论家预测，随着美国最大书店巴诺启动在线业务，亚马逊将被彻底摧垮。紧要关头，贝索斯挺身而出，针对批评言论，列举了亚马逊的种种有利因素，他带领亚马逊不断壮大。今天，亚马逊的年度营收已超过百亿美元，很大程度上要得益于贝索斯的积极思考。

适应性（adaptability）：适应能力是企业家应具备的最重要特质之一。每个成功的企业家，都乐于改进、提升或按照客户的意愿去开展服务，以持续满足客户所需。谷歌创办人谢尔盖·布林和拉里·佩奇更进一步，他们不仅对变化及时反应，还引领发展方向。凭借众多新创意，谷歌不断引领互联网发展，将人们所见所为提升到一个前所未有的新境界。拥有这种先锋精神，也无怪乎谷歌能跻身最强网络公司行列。

领导力（leadership）：好领导一定具有很强的个人魅力和感召力，有道德感，有在组织里树立诚信原则的意愿；还需要具有团队协作精神。在已近迟暮之年的玛丽·凯·艾施女士身上就可以发现这些元素。她创建玫琳凯品牌，帮助超过50万名女性开创自己的事业。艾施以具有强驱动力和富于灵感的领导风格而闻名。由于其超强的领导力和领导技巧，艾施被认为是近35年来最具影响力的25位商业领袖之一，而玫琳凯也被评为美国最适合工作的企业之一。

雄心壮志（ambition）：20岁时，戴比·菲尔兹几乎一无所有。作为一个年轻的家庭主妇，她毫无商业经验。但她拥有绝佳的巧克力甜饼配方，并梦想让全世界的人都能分享到。1977年，菲尔兹开设了自己的第一家甜饼店。尽管很多人认为她仅靠卖甜饼无法将业务维持下去，但是，菲尔兹凭借自己的果断决定和雄心壮志使得小小甜饼店变成一家公司，而最终这家公司的600多个销售点遍布了美国和其他10个国家。

（资料来源：http://www.studentboss.com/html/zhidao/2008-05-04/7238.htm）

二、创新创业与个人职业发展

创新创业是一种时代精神，它代表着进取奋发与百折不挠；代表着破除陈规与谋求发展，它为个人职业发展带来了勃勃生机。创新创业绝不仅仅是创业者才需要考虑的问题，它是在任何岗位上工作的人都应具备的基本素质。在当今经济高速发展、科技再攀高峰的社会背景之下，自主创新创业的能力已经成为衡量人才的一个重要标准。

【典型案例】

技术创新成就岗位价值

2012年，全国劳动模范吴淑玄向常州市档案馆捐赠了一份特殊的档案。她捐赠的档案中最有特色的部分就是设计精湛的和谐号机车模型。吴淑玄正是中国南车股份戚墅堰机车有限公司首席技术工人。

和谐N5型内燃机车是南车戚墅堰机车有限公司与美国GE公司合作生产的重载干线货运内燃机车，吴淑玄担当了机车关键部件的焊接主攻手。她把练就的精湛技艺全部用在工作上，忘我地把个人的事业融入企业发展中。在铁路历次大提速机车的研制中，在中央首长专用机车的攻坚中，在青藏高原所用机车的生产中，在出口柬埔寨、委内瑞拉和伊朗机车的奋战中都闪现着吴淑玄的身影。

30 多年来，吴淑玄在电焊工作岗位上，勤奋钻研业务，在技术创新的道路上不断攀登。这些年经她手焊接的 700 余台机车无一返工，创造了工厂焊接技术的神话，为工厂创造了可观的经济效益，也为推进我国铁路运输事业做出了贡献。

（资料来源：http://www.hualongxiang.com/chazuo/11788570/pe）

创业俨然已成为当下大学生就业的热门选择。但众所周知，创业是一项艰辛且具有很强实践性，对创业者的素质要求很高的活动。研究表明，创新、创业精神对个人创业成败和职业发展有明显的正相关作用，其对职业生涯发展的作用主要体现在以下几个方面。

1. 创业精神具有示范作用

成功企业家的创业精神对创业者具有示范作用，学习成功企业家的创业精神，可以让更多创业者在创业道路上受益。尤其是在创业最艰难的时候，更需要创业精神的激励支撑，才能砥砺创业者迎难而上，克服创业困难。

【典型案例】

“轮椅上的创业玫瑰”谢芳丽的强大示范效应

1997 年，正值花季的谢芳丽不幸遭火车碾轧，四肢只剩一只右臂。她没有自我放弃，而是以顽强的意志和不屈的精神进行创业。19 年来她先后带着 3600 多人就业创业，被誉为“轮椅上的创业玫瑰”。她先后荣获“中国网事·感动 2015”年度十大网络人物、江苏省“自强自立模范”“江苏最美双创之星”的荣誉称号。

意外：遭火车碾轧只剩右臂

1997 年，18 岁的谢芳丽被火车碾轧，永远失去了双腿和左臂。但因家庭贫困，一年后不得不放弃治疗，经过四年的磨难，她学会了用一只手实现生活自理，重燃生活的希望。

励志：她坐在轮椅上创业

为了实现梦想，谢芳丽通过近三个月不分日夜的练习，将打字速度练到每分钟 260 个，是常人的两倍。2003 年 4 月，谢芳丽在姐姐的帮助下接手了一家文印店。

2007 年以后，随着文印设备逐渐普及，谢芳丽果断转型。当年 3 月，她试着开起水晶网店，并将自己的故事发表在淘宝网上，没想到一下子出了名，她的淘宝店开业仅 538 天就升到 5 钻，并一直保持 100% 好评。后因客户要求，谢芳丽又开了实体店，还创立了自己的品牌“芳丽”水晶，年入超过百万。在她的带动下，东海县有3600名下岗职工、失业人员投身于水晶网店销售大军，人均年收入五六万元。

感恩：把爱心传递给更多人

谢芳丽成功后不忘回报社会。2009年5月，一个湖南小伙因双腿和左臂高位截肢，绝望地想自杀。谢芳丽经过近三个月数百个电话的沟通与劝导，让小伙子重拾生活的信心。

自2007年以来，谢芳丽每卖出一件水晶制品，都会向东海县慈善总会捐赠一定比例的收入，累计捐款35万元；每年“三八”节、助残日，她都会参加各种爱心捐助活动。谢芳丽常说：“在我遇到困难时，很多素不相识的人给了我帮助，我唯有尽自己绵薄之力去帮助那些更需要帮助的人，才能报答大家对我的深情厚谊。”

谢芳丽的创业精神深深打动了无数创业者，起到了一个很好的示范作用。

（资料来源：http://news.cntv.cn/2015/04/26/ARTI/430013596254525.shtml）

2. 创业精神具有决策作用

职业生涯发展的过程中经常会面临各种选择，正确的决策显得至关重要。结合主客观环境、条件确定职业的方向、目标、战略以及实施，都需要决策力。积极的创业精神可以使创业者乃至一般岗位的从业者更具有决策力，使创业成绩以及职业生涯发展更加顺利。

【典型案例】

决策力助推职业发展

刘彬2005年毕业后进入一家流体机械公司工作，成为一名最普通的业务员。初进公司时，刘彬对所属的行业和销售工作都比较茫然。经过一番详细的调研、走访，在摸清市场需求和竞争对手后，他终于拿下了若干2×30MW、2×60MW高参数大容量火电及相关设备销售业绩，成功打进了广西、湖南市场，结束了公司在上述两省销售业绩为零的历史，到2005年6月已经实现月销售额过百万的好成绩。

2006年下半年到2007年，随着市场竞争的加剧，不满足于现状的刘彬，向公司提出了开拓石化、钢铁、冶金、船舶等行业客户，目标定位于节能减排项目。刘彬主动学习，积极探索，发现国内大客户对产品服务提出了新的要求，销售人员不但要懂产品还要懂技术。于是，时任公司销售部长的刘彬带头学习技术，逐步在全国开展技术与商务相结合的销售工作。通过项目交流与运作，他逐渐了解石化行业、电力行业、冶金行业、船舶行业的生产工艺流程和技术特点，在本公司产品技术研发上，提出了极具价值的改进建议，进而提高了公司自身产品与同类产品的技术竞争力。刘彬也成为公司最年轻的销售副总经理，年薪达到几十万元。

尽管不是创办企业，但刘彬的工作实践很好地诠释了创业精神。对形势的准确把握，对变化的敏锐捕捉，对未来的积极准备，使刘彬具备了创业者的决策力，也成就了他个人的职业发展。

（资料来源：杨华东. 中国青年创业案例精选 [M]. 北京：清华大学出版社，2012）

3. 创业精神具有执行作用

创业精神有三个主题：第一个主题是对机会的追求，追求环境的趋势和变化，而且往往是尚未被人们注意的趋势和变化；第二个主题是创新，包含了变革、革新、转换和引入新方法——新产品、新服务或者是做生意的新方式；第三个主题是增长，创业者追求增长，他们不满足于停留在小规模或现有的规模上，创业者希望他的企业能够尽可能地增长。因此，他们在不断寻找新趋势和机会，不断创新，不断推出新产品和新的经营方式。

不论是什么梦想下的职业发展，只有行动才是缩小梦想与现实距离的最有力武器。任何规划与梦想没有行动，一切就如同空谈，而在创业活动执行过程中，创新、创业精神就像助推剂一样推动着创业活动的执行。

三、创业精神的培养

创办企业是一项复杂的工程，而维持一个企业的生存更是艰难的历程。创业不仅仅是一种能力，更是一种理念与精神。如果说创业资金和项目对创业者非常重要的话，那么是否具备创业精神，才是创业者的核心问题。无论是创业素质、创业能力，还是创业精神，都是可以培养和提高的。

1. 充分学习创业成功者的经验

学习是获得经验的捷径。要想拥有经验，取得创业成功，最好的办法就是向创业经验丰富的人讨教，分析成功企业家的案例，然后注意借鉴他们的经验，行动起来。不要在山底下跟没有登过山顶的人请教攀登到山顶的经验，而是要跟那些已经成功攀到顶峰的人请教。一个没有登过山的人，怎么可能教会你登山的技巧？

2. 认真汲取创业失败的教训

每一个创业者在创业历程中，会不可避免地犯这样或者那样的错误，而每一位成功的企业家都会牢记自己和其他创业者失败的教训。创业实践证明：学习别人成功的经验可以使人更快获得成功；汲取别人失败的教训可以避免失败、少走弯路。

【典型案例】

周鸿祎四战搜索

周鸿祎与搜索的故事，是一场路人皆知的“旷世热恋”：从当年的3721、一搜网、奇虎搜索，到现在的360综合搜索已是周鸿祎四战搜索，而前三次都是“饮恨出局”。

第一次做搜索是在周鸿祎创立3721之时，其中文实名服务是最早实现盈利的互联网搜索服务。那时候用户更愿意通过地址栏而不是搜索框获得互联网内容与服务，中文实名满足了用户这一需求；同时，全中国有超过十万人做3721代理，销售3721中文实名服务，周鸿祎因此被称为“互联网营销之父”。2002年，3721不论流量还是营收，都远超百度、谷歌。2003年，3721却以1.2亿美元的价格卖给了雅虎，把机会让给了百度、谷歌。这成为周鸿祎心中永远的痛。

2003年，谷歌上市，一时成为新的互联网标杆。时任雅虎中国总裁的周鸿祎推出了“一搜”搜索，意图整合3721网络实名和雅虎搜索（YST），使其成为中国的谷歌。但是，由于跨国公司的官僚，也由于雅虎总部对雅虎中国管理团队的不信任，这一战略被无限拖延，直至不了了之。而2005年，百度成功上市，当日股价超过138美元，“中国谷歌”的标签贴给了百度。

2005年，周鸿祎加盟IDC，转型天使投资人。但他无时不念搜索，同年，奇虎低调成立，目标是“图片＋社区”搜索，但这一需求当时并不存在。同时，傅盛任CEO的安全卫士异军崛起，周鸿祎转战免费杀毒，经3Q大战后奇虎360成功上市。

2012年8月15日，360低调推出搜索。与此前预测的通用搜索不同，360此次推出的是综合搜索：将多个单一搜索引擎集成在一起，优化出最佳结果，提供统一的检索界面。周鸿祎提供“搜索服务”，意在提供一站式互联网服务。当360搜索有了一定的品牌影响之后，其将和360浏览器、安全卫士、91助手一样，为360产生新的流量，反哺其他产品。推出360搜索不到一周，周鸿祎的战绩已经十分惊艳。根据金山网络CEO傅盛透露：360搜索推出仅5天，市场份额已超过10%，超过谷歌、搜狗成为中国第二大搜索引擎。

对于自己四战搜索的经历，周鸿祎称：“大家做事情不要只盯对手，一定要盯住用户需求，而且一定要坚持，不要轻易说放弃。”

（资料来源：http://finance.ifeng.com/news/corporate/20120827/6945805.shtml）

3. 独立观察和思考创业中的问题

在学习那些成功的案例时，你会发现在那些成功的企业家眼里到处都是机会，他们很少抱怨，而总是用一双善于发现的眼睛去看到别人看不到的商机。他们总是具有独特的思路和见解，而且行为通常与众不同，有时甚至不为大多数人所接受，但是从来不人云亦云，所以才成为人群中的佼佼者。具有不同于常人的思维方式和不盲目追随“羊群效应”的行为方式，是成功企业家的普遍特点。

【典型案例】

“创业狂想家”高雷

“我要超越马云！”在毕业散伙饭上，80后贫困生高雷宣布了自己的创业梦想后，被同学们嘲笑了一番。

毕业后，高雷揣着2万元，跌跌撞撞地踏上创业征程。高雷发现团购已经在北京、上海等大城市悄悄热了起来，而淘宝恰好在大力为旗下团购站点“聚划算”做宣传。高雷当即决定做团购生意，而项目就从酒类开始。花15000元缴了聚划算的保证金，6000元支付了网页设计费，高雷一边写销售计划书，一边联系酒类经销商找货源。功夫不负苦心人，一个从事进口红酒的经销商正好想开拓网购市场，看过高雷的计划书后，答应高雷用比批发价更低的价钱向他供货。有了淘宝的免费宣传，再加上经销商的低价货源，高雷的红酒团购网在聚划算的第一个活动，15天就销售了2万多瓶，销售额达到了100多万，他自己净赚20多万。

很快，高雷又瞄上了阳澄湖大闸蟹。幸运的是，淘宝聚划算和湖南卫视合作的节目《快乐淘宝》选中了高雷的大闸蟹项目做推广。高雷一个夏天销售了20万吨大闸蟹，销售额达到了2500多万元。喜悦过后，他决定在苏州注册聚淘商务信息服务有限公司，把聚划算吃喝玩乐的团购站点引入苏州，开始稳扎稳打地推进自己的事业。现在，他的网站半年的销售额可以达到5000多万。

随着其他团购网站的压力日益增加，有没有新的互联网领域可以开发成为高雷思考的又一个问题。依靠敏锐的商业嗅觉，他发现苏州园区缺乏投资公司，园区内的微、小企业融资难，而社会闲散资金多却不知往何处投资。为何不为他们搭建一个互联网信息平台呢？经过了长时间的思考和酝酿，高雷注册资金1400万，在苏州工业园区成立了“聚钱贷”互联网金融服务平台，目标是把互联网与传统金融服务结合起来。虽然公司业务才刚刚起步，但高雷很有信心，他说：“现在，他已经不想超越马云，而是想在一个新的互联网领域，打造金融行业的阿里巴巴。”

如今，当高雷再次出现在同学们面前时，当年的嘲笑变成了佩服的目光。

（资料来源：http://edu.people.com.cn/n/2013/0420/c1053-21209636.html）

4. 正确对待创业过程中的机遇与风险

在成功人士身上通常可以发现敢于冒险的特征，事实上机遇和风险在创业活动中是并存的，它们就像一对孪生兄弟。如果只选择那些被人尝试过、四平八稳而又无风险的创业项目，很多机会就会从身边溜过。机会更多是留给有思想准备的创业者，当然这些机会需要承担一定的风险。

正如汤姆·威尔斯说："创业者都是英雄。"因为，在创业者决定迈出创业这一步的时候，已经做好了去迎接挑战的准备。

【延伸阅读】

创业国度以色列

以色列，一个仅有 710 万人口的狭小国家，却是世界高科技企业密度最高的国家，甚至超越了日本、加拿大、印度、英国等国家。中国与以色列有共通之处，都曾受古代文明的影响，又在发展过程中不断进行变革。不同的是，中国地大物博，自然资源较为丰富，但人口众多，依赖传统制造业。而犹太人曾经被驱逐，当重新回到沙漠之家时，却发现土地贫瘠、水源不足，于是，他们转向了高科技与创新。

当然，每个国家的历史、文化和优势不同，所选择的创业道路也会有所不同。以色列的创业公司比美国硅谷还多，中小型创业公司达到 4000 家至 5000 家，有 300 多个研发中心，主要为大型跨国公司服务。对于为何创业公司如此之多，《未来之国 1：创业的国度》作者之一，曾担任美国外交政策顾问 10 年之久的以色列作家索尔·辛格解释说："是因为创业在以色列是件很正常的事，他们用承担风险的态度，把好的想法转变为现实，愿意为好点子付出努力。企业家思考用很小的力量，去对世界产生很大的影响。"

"这是最好的创业创新时代。因为我们改革开放已近 40 年，中国已经融入世界。"最近在很多场合都能听到大家在谈论创业。中国不仅实现了"1 块钱注册公司"的工商注册改革，经济开发区或高新技术开发区还涌现出孵化模式等。政府简政放权，引导基金补贴支持和财税政策优惠扶持。实现大众创业，创业环境、优惠政策、好点子、社会资本都不可或缺，但最重要的是创业者自身，有没有足够的决心和承担风险的意愿。

（资料来源：http://finance.sina.com.cn/roll/2016-10-26/doc-ifxwzuci9577790.shfml）

5. 勇于培育创新创业精神

真正去创建一个公司无疑是学习创业、培养创业精神的最好方法。但是，大学生在学校里能真正开公司的还是少数，并且是一件困难的事情。

对大学生而言，在校期间的创新创业教育实践环节对学生创新创业能力的养成具有重要作用。实践证明，大学期间的各种专题训练、社会实践、学术交流、课程竞赛等实践环节活动，对学生的自主学习和创新创业有较好的激励作用。很多大学生就是在各类应用作品大赛、创新创业大赛、各种学科竞赛活动中，不断发现问题，提出见解，完善方案，同时学会了团结协作，应对挫折，锤炼了意志品质，最终走上了自主创业之路。

【主题小结】

本主题主要从全球经济背景以及我国当前经济社会发展形势分析入手，讲述创新创业与社会经济发展的密切关系。阐述了大学生为什么要接受创新创业教育，创新创业在新中国不同历史时期的特征与作用，创业与创业精神的内涵，从时代发展与个人发展的角度分析了创业精神的意义与作用，强调了创业精神不仅仅是创业者必须具备的精神品质，它对当代大学生职业生涯发展也起到非常重要的作用。同时，还对大学生创业精神的培养途径进行了说明。

【实务演练】

走访你身边的企业

在1—2周内走访3—5家你身边的企业，譬如：超市、咖啡店、理发店、个人工作室、网店等，从经营企业的角度去考察经营者，了解他们创业的基本情况。企业与企业之间到底有什么不同？为什么做同样生意的企业效益会大相径庭？为什么有的企业可以做大，有的却生意萧条？从而进一步思考假设自己创业会选择哪个行业，为什么选择这个行业，这个行业创业的前景如何，等等。填写下页表1-1和表1-2，完成一篇创业前的调研小报告，进行创业准备前的思考实践。

表 1–1　企业走访调研表

	服务商品（有形 / 无形）	服务质量（好 / 中 / 差）	经济效应（好 / 中 / 差）	创业成功关键
超市				
咖啡店				
理发店				
个人工作室				
网店				

表 1–2　创业规划表

- □ 您学习的专业是 ______
- □ 您打算自主创业的行业是 ______
- □ 您为什么选择这个行业进行创业 ______
- □ 当前这个行业创业的机遇是 ______
- □ 您打算如何进行这个行业的创业活动 ______

主题2 个人特质与创业

【主题案例】

涅槃重生的创业者姚尚坤

2010年，15岁的姚尚坤，怀揣2000元现金，只身一人，来到上海。

刚来到上海的姚尚坤在一家保护膜厂当起了推销员，薪水每天60元加提成。

某天，姚尚坤打听到一家手机代工厂需要8万张保护膜，马上闯了进去，发现里面已经挤满了各厂家的推销员。轮到他报价时，报了："一块三张。"代工厂老板听到后，板着脸问："一块三张？你们也太黑了吧？你说实话，一张膜你们要赚多少钱？"姚尚坤回答说："我在厂里了解到，赚30%。"他的诚实回答得到了那个老板的好感，这笔订单最终落到了他的手中。此后，他骑着工厂配的自行车，2个半月跑了差不多1万公里，把方圆几百里需要保护膜的大小工厂跑得烂熟。出众的推销业绩，使他的月薪达到了3.5万元。

2010年冬天，姚尚坤靠着积攒下来的一些钱开始尝试自己做小买卖，创办乾坤工作室，由于经营得宜，赚了100多万元。2011年，姚尚坤与一个台湾人合作，开办了一家建筑公司，却没料到，第二个月就遭遇手下人突然"反水"，致使自己将所有钱都亏了进去。但他并不气馁，再次创业。一次次起步创业，一次次失败，又一次次爬起来。从一个普普通通的推销员最终成为一个企业家，坐拥13家公司，遍及香港、北京、上海、四川、浙江、广东等地。

姚尚坤回忆起自己的创业历程，坦言道，其中最重要的不是钱，而是诚信、勤奋和执着。在商业上取得巨大成功的姚尚坤深深知道，一个优秀的企业家只有目光远大，拥有强烈的社会责任感，才能够走得更远。于是，姚尚坤便将更多的关注投入到绿色环保、公共视野、弱势群体、农村发展、自主创新等多个方面。作为湖南省委统战部“回归工程”的第一位响应者，姚尚坤投资5000万元用于基础设施建设、扶贫助困。

（案例依据网络资料整理：http://news.sina.com.cn/o/2015-07-14/155932106809.shtml）

【案例讨论】

1. 姚尚坤身上具备创业者的什么特质？
2. 创业者在创业过程中必须具备哪些素质和能力？

高手指路

每一个成功的创业者背后都付出了不为人知的艰辛努力。创业者所具有的一些优秀特质，如：对市场机会的敏锐捕捉，对认定的目标不轻言放弃，与商业伙伴的团结协作，在经营活动中的信守承诺，等等，值得每一位即将步入社会的职业人学习。

第一节 创业动机

创业及创业经济的形成对现代社会的发展有着深刻影响。创业是寻找、评估和开发机会，以生产未来所需的产品或服务的过程，这一过程会受到人的动机的影响。

一、创业动机

心理学家普遍认为，个体活动及其指向的某一特定目标，都是由个体内在所驱动的，这种内部动力与倾向就是动机。创业动机是指引起和维持个体从事创业活动，并使活动朝向某些目标的内部动力，是鼓励和引导个体为实现创业成功而行动的内在力量。创业动机可以解答创业的原因和目的，即为什么要创业的问题。

美国心理学家马斯洛提出人的需要有五级，依次是：生理需要、安全需要、归属需要、自尊需要以及自我实现的需要。依据马斯洛的需求层次理论可以将创业动机归纳为受到两种需要的激励，即经济需要和社会需要。经济需要主要是出于生理和安全方面的需要，包括衣、食、住、行与疾病、安全和就业，是人最基本的需要，解决此类需要的唯一和基本手段是经济手段。社会需要主要是指尊重和自我实现的需要，包括地位、认可、赞赏、尊重、独立、自信、成就、潜能和价值等。这类需要是在基本需要得以满足后所衍生出来的需要。不同的人创业动机源自不同层次的需求。

二、创业动机的功能

首先，创业动机能激发主体有意识地关注创业机会信息、搜寻机会、通过现存知识经验判断机会的价值、整合资源开发机会。创业者在何种行业以及怎样创业与信息、知识、经验密切相关。但是，创业行为发生具有必然性，换句话说，就是创业者即使不在这个行业创业也会在其他行业创业，即创业的具体领域或创意、创业的时机具有偶然性，但创业行为发生具有相当大的必然性，其中，支持这种必然性的就是创业动机。

其次，创业动机会使创业者朝目标方向努力。创业是十分庞杂的系统，创业动机使个体不迷失目标。

最后，创业过程充满风险，创业者会遇到很多不可预测的困难，对个体的心理素质是极大的考验，创业动机可以维持个体创业的激情和信心，继续创业行为。

总之，创业动机不仅是个体创业行为发生的起点和推动力，而且是克服创业困难，继续创新行为的心理保障，它在整个创业过程中起着十分重要的决定作用。

三、创业动机的常见分类

创业动机是创业者由于个体内在或外在的需要而在创业时所表现出来的目标或愿景，在创业过程中驱动着创业者行为，激励创业者寻找机会，把握机会，实现创业成功，并影响创业企业的绩效。创业者创业的原因复杂，在不同时期的创业动机也有所不同。

依照需求层次论，可以将创业动机分为生存型创业动机、成就型创业动机、机会型创业动机。

1. 生存型创业

生存型创业是创业者为生活所迫或为了提升生活质量，以自主创业作为谋生手段的创业。它具有以下特征：生存型创业者往往是在现有的市场中捕捉机会，表现出创业市场的现实性；生存型创业所涉及的领域往往集中在技术壁垒低、不需要很高技能的行业。

2. 成就型创业

成就型创业是指一些创业者由于具有强烈的成就动机、影响或控制他人的欲望，或者具有高度合群的需要，而去进行的创业活动。

【典型案例】

萨尔曼·可汗的数学在线课程

萨尔曼·可汗创办的可汗在线学院是一个典型的成就型创业的例子。萨尔曼·可汗有个小侄女叫纳迪亚，2004 年她在新奥尔良上七年级，数学成绩一直不好，要求可汗给她辅导。

可汗和纳迪亚不在同一个城市，可汗通过互联网教纳迪亚学数学，讲得生动有趣，概念清晰，纳迪亚的数学成绩提高神速。很快，他的朋友就知道了，也让可汗给孩子辅导数学。经过可汗辅导的孩子，数学成绩都直线上升。

可汗想，这样辅导效率太低，不如做成视频，放到互联网上，让大家免费观看。他的视频非常生动，能在十分钟内把一个数学概念讲完，在互联网上引起了很大的关注。结果一发不可收，从小学数学，到高中的微积分，再到大学的高等数学，统统讲了个遍，共计 4800 个视频。

这些视频在互联网上获得了极大的成功，点击率接近5亿，共有4800万人观看。在美国，有2万多所学校，上数学课时老师已经不再讲课，而是让学生观看可汗的视频，老师只负责答疑。他成功登上了《福布斯》杂志封面。

可汗给“可汗在线学院”的定位也非常明确：“我希望我所成立的是一个独立的虚拟学校，所有人只要想学习，都可以来到这个平台，从最基本的东西开始，不断前进。他们可以在这里得到反馈、评价和训练。学生可以按照自己的步调学习，而老师则更像教练。”

就这样，萨尔曼·可汗凭借一根网线颠覆了美国的传统教育，掀起了一场革命，他已然成为数学教父。

（资料来源：https://www.laonanren.com/news/2016-02/109698p2.htm）

3. 机会型创业

机会型创业是指创业者因发现了商机而去创办企业。机会型创业者着眼于新的市场机会，他们的创业活动通常拥有更高的技术含量，有可能创造更大的经济效益，从而改善经济结构。例如，一帮爱好技术的人真正看到了硅谷高新技术产业发展的商机，才汇聚到硅谷进行创业，逐步创造了硅谷计算机及软件行业的辉煌。

【延伸阅读】

大学生常见的创业动机

1. 生存的需要

有一些大学生希望帮助家庭缓解经济压力，利用课余时间来打工维持正常的学习和生活。在打工的过程中，一部分具有创业素质的人会发现商机并且去把握它，开始走上创业的道路。这部分创业者的重心依然还是在学习上，往往从事一些只需投入较少时间、精力的行业，对经济回报要求并不高。

2. 积累的需要

一部分大学生为了增加自己的实践经验，丰富自己的社会阅历，或者为了自己以后的发展，以及为实现自己的某个目标提前做好经济上的准备，在条件成熟的情况下，也会利用课余时间走上创业的道路。这个类型的创业者往往以锻炼为目的，承受失败的能力较强。同时由于压力较小，失败和半途而废的比例也比较高。

3. 自我实现的需要

大学阶段是人创造力最为活跃的时期，大学生对创新充满了渴望和憧憬，他们思维活跃、创新意识强烈，同时所受的约束和束缚较少，成长的需要也更为强烈。另外，大学生所处的环境，使他们更容易接触一些新的发明和学术上的新成果，甚至他们中的一部分人本身拥有具有自主知识产权的科研成果。这些学生也会尝试进行创业。

大学生创业，不仅仅是个人主观选择的结果，更多是由创业者所处的个人状态、环境、能力等综合因素决定的。不同的创业者创业动机亦有一定的特殊性。

（资料来源：https://baike.baidu.com/item/ 创业动机 /6654400?fr=aladdin）

第二节　创业者特质

人格特质是个体稳定的、习惯化的思维方式和行为风格，它贯穿于人的整个意识活动，是人的独特性的整体写照。通过对人格的了解和研究，可以更好地帮助和启发人类认识、了解自我，更好地服务于家庭、团体和社会。

初创企业作为一个新生事物，往往高度依赖其创立者，创业者个人综合能力或直接或潜在地影响着企业的战略目标、价值核心、组织结构乃至经营利润，从而在很大程度上决定了初创企业的生存与发展。创业者是创新的载体，是创业活动的主体，是初创企业发展的核心力量，创业者的人格特质对其所创企业的经营和发展有着重大的影响。一些创业者的人格特质对创业有较大的帮助，而有些创业者的人格特质则会对创业产生负面影响。创业者人格特质的各要素之间可以相互作用、相互影响，某种对创业有利的特质在其他特质的影响下也有可能对创业起到阻碍作用。

创业者特质通常是指与创业者创业紧密相关的独有特性。不同行业从业者具有不同的特质，纵观古今各行各业的杰出人才、能工巧匠无不可以从其背后挖掘出行业成功的宝贵特质，创业更是如此。常见的创业者特质包括创业者的认知风格、创业的敏感性、创业“逆商”等。

一、创业者的认知风格

近年来，创业认知风格研究开始兴起并引起普遍关注。一般认为，持有直觉风格的个体倾向借助先前经验，采用直觉推断来解决问题；持有分析风格的个体则倾向通过对外部信息的系统收集与顺序分析，采用结构化的方式来解决问题。成功的创业者会在辨识机会方面表现出更多直觉风格的成分，而在评估机会、制订计划、配置资源方面，则表现出更多的分析风格成分。

创业认知风格通常由三部分组成：一是原创度，即创业者进行创业活动时其产品或服务不同于市场上已有产品或服务的独特程度；二是细节效率，即创业者在创业活动过程中面对细节时的工作态度以及重视程度；三是打破权威，即创业者面对权威时不妥协，勇于打破权威，实现创新发展。

二、创业者的敏感性

创业者的敏感性，亦称创业警觉性，是指创业者对外界变化的敏感度，尤其是对商业机会的快速反应。创业者的敏感性并非都是天生的，它可以依靠后天的观察、聆听和创业实践来培养。

创业者的敏感性对创业机会的捕捉与识别具有关键的作用。创业机会对每个创业者都是公平的，而创业敏感者容易发现市场机会，反之则容易浪费机会。创业敏感者会结合自身特点对各类市场信息进行综合分析，发现未来的趋向，逐步形成创业行为。相比非创业者而言，创业者在认知方面往往更具敏感性，这种敏感性促使创业者广泛收集信息，并通过对信息的来龙去脉进行追踪、梳理、分析，而识别更多的创业机会。

【典型案例】

“马蹄铁”让骑行更快乐的创意来源

在日渐拥堵的大城市，跨上自行车轻松出发成为越来越多年轻上班族的选择。到了节假日，骑上自行车来一场说走就走的郊游，更成为很多人比拼体力、毅力和审美的休闲体验。

聂梦松是个自行车爱好者。很多骑车爱好者喜欢在路上听音乐或者接打电话，聂梦松因为这一“爱好”吃过大亏。骑行中匆忙从口袋掏手机，车翻人摔手机坏，惨痛的经历促使他和小伙伴们研制了一套科技含量十足的骑车装备，包括骑行码表、踏频器、手机支架等，配合专门开发的手机 App 软件，兼具记录骑行速度、里程以及导航、智能摄影等功能，大大提升了骑车的乐趣。他们以此为项目，起名“马蹄铁”开始创业。

马蹄铁项目目前已累计获得 350 万元的投资支持，并入围首届“互联网 +”全国大学生创新创业大赛总决赛。聂梦松说，他们的目标是像小米那样，打造出一个快乐骑行的“生态圈”。

聂梦松做过一次调研，中国至少有3000万的自行车骑行爱好者，每人每年至少投入1000元进行设备更新或者保养，这就是一个300亿元规模的市场，面对这样的机遇，聂梦松正全力投入创业，实现自己的梦想。

（资料来源：http://life.cyol.com/content/2015-11/10/content_11806762.htm）

三、创业者的“逆商”

【视频】创业的本质到底是什么？

所谓“逆商”，是一种在前进中遇到困难时重新站起来的精神。创业“逆商”是指创业者面对创业挫折、摆脱困境和超越困难的能力。

人们对待逆境并不陌生，我们的生活总是在不断地遭遇和克服无穷无尽的逆境中度过的。真正成功的人，并不是因为他们经历的逆境少。实际上，许多成功者正是在逆境、困难的磨炼中成长起来的。逆境是生活的一部分，逃避逆境等于逃避生活。正如巴顿将军所说：“衡量一个人成功的标准，不是看这个人站在顶峰的时候，而是看这个人从顶峰上跌到低谷时的反弹。”

正如一些专家所言，创业者在创业过程中最具魅力的既非学习了技术，也非获得了成功，而是在创业过程中激发出来的不怕困难、不惧失败、团结协作、努力尝试的精神，这种在逆境中不气馁的创业高“逆商”会让创业者对人生产生一种深刻的领悟。

【实用链接】

什么叫逆商（Adversity Quotient，简称AQ）

逆商（Adversity Quotient，简称AQ）全称逆境商数，一般被译为挫折商或逆境商。它是指人们面对逆境时的反应方式，即面对挫折、摆脱困境和超越困难的能力。

大量资料显示，在市场竞争日趋激烈的今日，大学生创业成功与否，不仅取决于其是否有强烈的创业意识、娴熟的专业技能和卓越的管理才华，而且在更大程度上取决于其面对挫折、摆脱困境和超越困难的能力。

AQ不仅是衡量一个人超越工作挫折的能力，它还是衡量一个人超越任何挫折的能力。同样的打击，AQ高的人产生的挫折感低，而AQ低的人就会产生强烈的挫折感。

［资料来源：贾涛，费均玲．逆商——让当代大学生从容应对创业逆境[J]．学校党建与思想教育，2015（2）］

第三节　创业者的素质和能力

创业是极具挑战性的社会活动，是对创业者自身智慧、能力、气魄、胆识的全方位考验。一个人要想获得创业的成功，就必须具备一定的与创业相关的个人素质与能力。创业基本素质通常包括创业意念、创业心理品质和创业知识；创业能力通常包括决策能力、经营管理能力、专业技术能力、人际协调能力和开拓创新能力等。

一、创业者必备的基本素质

创业素质是创业者开展创业行动和完成创业所需要的主体要素的总和。它是在后天环境和教育影响下形成和发展的，在社会实践活动中表现出来的比较稳定的个性特征。它是一个复杂的系统，通常由创业意念、创业心理品质、创业能力和创业知识四个子系统构成，其中创业能力通常会单列出来与创业者必备的基本素质并行来阐述。

1. 创业意念

创业意念包含与创业有关的需求、动机、兴趣、理想、信念和世界观六大因素。这六大因素中，创业需求是创业活动的最初诱因和原始动力，是形成创业动机的基础。创业需求和动机是创业意念的基本层面。创业兴趣是从事创业活动的积极情绪和态度定向；创业理想是对创业活动未来奋斗目标的持久向往和追求。创业兴趣和创业理想是创业意念的较高层面。创业信念是对创业活动和实践所形成的认识、看法和见解，并坚信其真实性和有效性的心理倾向；创业世界观则是由一系列价值观所组成的逻辑系统。创业信念和创业世界观是创业意念的最高层面。

2. 创业心理品质

创业心理品质包括独立性、敢为性、坚韧性、克制性和适应性五种因素。独立性是对思维和行为不受他人影响，能够独立地思考、判断、选择、行动的心理品质的描述；敢为性是对敢于行动、甘冒风险、敢于拼搏，并勇于承担行为后果的心理品质的描述；坚韧性是对为达到某一目标而坚持不懈、不屈不挠、顽强努力的心理品质的描述；克制性是自觉调节和控制自己的情绪和情感，善于克服盲目冲动和私利欲望的心理品质的描述；适应性是对能及时适应环境和条件的变化，善于进行自我调节和角色转换的认同和学习，善于交往、合作、共事的心理品质的描述。大学生走上社会进入创业过程，最需要培养的就是这五种个性心理品质，其核心是培养意志特征和情感特征，抓住了意志和情感，也就抓住了创业个性心理品质的总体特征。

【实用链接】

创业者的高成就需求研究

研究一

心理学家麦克利兰（DavidC. McCleland）早在20世纪50年代就开始了关于创业者心理特征的研究，通过实验，他得出这样的结论：创业者成就需要得分高。这些成就需要得分高的创业者呈现以下特点：希望承担决策的个人责任，即在解决问题、确立目标又通过个人的能力达到这些目标时，个人敢于承担责任；有冒险的倾向，喜欢具有中等风险的决策；不喜欢日常单调的重复性工作；对决策结果感兴趣。

研究二

美国斯坦福大学教授特孟（L. M. Terman）在30年中追踪研究了800人的成长过程。结果发现，他们中成就最大的20%与成就最小的20%的最明显的差异就是个性方面的不同。高成就者具有谨慎、自信、不屈不挠、进取心、坚持性、不自卑等心理特征。这说明个性特征对个体的创业来说是非常重要的，尤其是独立性、坚持性、敢为性、克制性等。

（资料来源：谭德礼，大学生心理健康教育教程 [M]. 北京：高等教育出版社，2014，08）

3. 创业知识

创业知识是创业者有关创业活动的动态知识体系。创业者在已有知识经验的基础上，对获取的各类资源进行分析，使资源在个体认知体系中得到充分的构建配置。创业知识有效利用的前提是对创业知识充分认知并具备一定的知识管理能力。

创业知识包括专业知识、经营管理知识和综合性知识。专业知识是从事某一专业或职业所必须具备的知识，一般是与专业、职业能力结合在一起发挥作用的；经营管理知识是从事经营管理工作必须具备的知识；综合性知识是发挥社会关系运筹作用的多种专门知识，其中包括政策、法规、工商、税务、金融、保险、人际交往、公共关系、营销等。在创业知识的构成中，经营管理知识、综合性知识与经营管理能力和综合性能力一样，具有内部资源配置和社会关系运筹的特征，并与经营管理能力和综合性能力结合在一起，共同发挥作用。

【案例思考】

青年大学生创业者：少幻想些致富成名，多做些创业准备

“创业”是近年来大学校园里的一个流行词汇，浙大城市学院曾经在杭州各高校开展了一项调查，其中有67.6%的人表示有创业的打算。不过要避免一个误区——创业不等于人人做老板、人人成功。

智唐文化工作室执行总监杨吉博士提醒说，有的创业大学生的确存在急功近利的心态，把本该积累知识的宝贵时间用来开网店、做推销员。“我接触过一些大学生，其中有些还是商科的，他们竟然不知道‘现代管理学之父’德鲁克，连他的管理学著作都不看。”

在创业成功者眼中，热衷于开店与推销的创业活动对当代大学生并没有太大好处。大学生在校期间应该多注重专业知识的学习和能力的锻炼，为将来创业打好基础。

（资料来源：http://zjrb.zjol.com.cn/html/2007-11/07/content_477301.htm）

思考：你觉得在大学期间，专业知识学习与创业实践哪个更重要？

小贴士：学习专业知识、技能与开展创业实践活动之间并不矛盾。二者都是青年学生步入社会前应当做的不可或缺的准备。对于青年大学生来说，空想创业成功，盲目跟风创业并不可取，脚踏实地切实为创业做好知识和能力的储备才是大学生更应该做的。

二、创业者应具备的能力

创业能力是一种与社会活动相关的综合能力。创业能力与一般意义的能力不同，它是一种与事业、职业紧密相关的综合能力，是一个人在社会生活中具有的各种生存竞争力的综合反映。它包括知识、技术、进取心、处理公众关系的态度和技巧、驾驭组织的能力、对市场机会的敏感度、决策与胆识、忍耐力、从业经验与职业道德等。

创业能力并非与生俱来，而是通过不断地学习来培养与提升的。当大学生选择了自主创业的道路后，需要自我管理、自我决策、自我规划和自我激励。在创业之前，有意识地进行创业实践训练，培养自己发现问题、解决问题的创业能力，可以大大提升创业的成功率。

创业仅仅有激情是不够的

创业能力通常包括开拓创新能力、决策能力、经营管理能力、专业技术能力和人际协调能力。

1. 开拓创新能力

创新是知识经济的主旋律，是企业化解外界风险和取得竞争优势的有效途径。创新能力是创业能力素质的重要组成部分，它包括两方面的含义。一是大脑活动的能力，即创造性思维、创造性想象、独立性思维和捕捉灵感的能力；二是创新实践的能力，即人在创新活动中完成创新任务的具体工作的能力。创新能力是一种综合能力，与人们的知识、技能、经验、心态等有着密切的关系。具有广博的知识、扎实的专业基础知识、熟练的专业技能、丰富的实践经验、良好的心态的人容易形成创新能力，它取决于创新意识、智力、创造性思维和创造性想象等。

开拓创新能力是成功创业者最重要的能力之一。开拓创新是创业的灵魂和赢得竞争优势的关键。一个优秀的创业者，必须敢于创新、善于创新、乐于创新。具体表现在有创新思维、无思维定式，不墨守成规，能根据客观情况的变化，及时提出新目标、新方案，不断开拓新局面，闯出新路子。

2. 决策能力

决策能力是创业者根据主客观条件，因地制宜，正确地确定创业的发展方向、目标、战略以及具体选择实施方案的能力。决策是一个人综合能力的表现，一个创业者首先要成为一个决策者。创业者的决策能力通常包括：分析、判断能力和创新能力。大学生要创业，首先要从众多的创业目标以及方向中进行分析比较，选择最适合发挥自己特长与优势的创业方向和途径、方法。而在创业的过程中，则需要从错综复杂的现象中发现事物的本质，找出存在的真正问题，分析原因，从而正确处理创业活动中遇到的各种问题。

3. 经营管理能力

经营管理能力是指对人员、资金等企业资源的管理能力。它涉及人员的选择、使用、组合和优化，也涉及资金筹措、核算、分配、使用、流动。经营管理能力是一种较高层次的综合能力，是运筹性能力。

当今市场环境充满了竞争和风险，创业者要使自己的创业实践活动获得成功，必须重视经营管理。经营管理活动贯穿于组织运行过程的每个环节，不仅是组织正常运行的前提，也是组织生存与发展的基本条件。

4. 专业技术能力

专业技术能力是创业者掌握和运用专业知识进行专业生产的能力。专业技术能力的形成具有很强的实践性。创业者要重视创业过程中知识与经验的积累和职业技能的提高。特别是对于书本上没有介绍过的知识和经验要积极探索，在探索的过程中要详细记录、认真分析，进行总结与归纳，形成自己的经验特色。

5. 人际协调能力

在创业活动中，人际交往协调能力主要指能够妥善地处理与公众（政府部门、新闻媒体、客户等）之间的关系，以及能够协调下属各部门成员之间关系的能力。包括创业在内的任何活动都离不开人与人之间的交往和协作，因此创业者只有搞好内外团结，处理好人际关系，才能建立一个有利于自己创业的和谐环境，为成功创业打好基础。大学生在校期间有意识地培养与他人协作的能力是获得他人和社会支持的重要前提条件，对成功创业具有重要的意义。

总之，创业者的基本素质和能力，每一项均有其独特的地位与功能，任何一个要素都会影响其他要素的形成、发展及功能作用的发挥，最终影响创业的成败。因此，一个未来的创业者不仅要注意培养自己创业的基本素质和能力，而且要重视其整体结构的优化，在创业实践中不断培养创业基本素质，提升创业能力。

【延伸阅读】

成功创业者具备的素质与能力

1. 有强烈的进取心，追求出类拔萃。
2. 勇于承担风险，敢于做前人没有做过的事。
3. 善于解决问题，从不回避问题，而是正视问题。
4. 不看重个人地位，更看重企业成功所带来的满足感。
5. 具有充沛的体力和过人的精力，充满激情。
6. 自信心强，对自己从事的事业充满信心。
7. 遇事冷静、理性，避免陷入个人感情纠葛。
8. 善于识人与用人。

【主题小结】

本主题分析了成功创业者身上具有的共性心理特征。从需求分析入手，介绍了创业动机的内涵、功能与类别；从认知风格、敏感性、“逆商”等角度分析了成功创业者的人格特质；从创业意念、创业心理品质和创业知识方面总结了创业者应具备的创业素质；提出了创业者应具备开拓创新、科学决策、经营管理、专业技术和人际协调五种创业能力。

【实务演练】

创业小测试：你适合创业吗?

创业是一个充满成就感和诱惑力的词语，但并非每一个人都适合走这条路。美国创业协会设计出了一份试卷，可以令你在做出决策前对你自己有一个初步的了解。

以下问题，根据自己对这种行为的表现分别打分并计算累计得分：经常（4分），有时（3分），很少（2分），从不（1分）。

1.	在急需做出决策的时候，你是否在想“再让我考虑一下吧”？
2.	你是否为自己的优柔寡断找借口说：“得慎重考虑，怎么能轻易下结论呢？”
3.	你是否为了避免冒犯某个或几个有相当实力的客户而有意回避一些关键性的问题，甚至表现得曲意奉承呢?
4.	你无论遇到什么紧急的任务，都先处理琐碎的日常事务?
5.	你非得在巨大的压力下才肯承担重任吗?
6.	你是否无力抵御或预防妨碍你完成重要任务的干扰与危机?
7.	你在决定重要的行动计划时常忽视其后果吗?
8.	当你需要进行可能不得人心的决策时，是否找借口逃避或是不敢面对呢?
9.	你是否总是在快下班的时候才发现又有紧要的事没有办，只好晚上回家加班?
10.	你是否因为不愿承担艰苦的任务而寻找各种借口?
11.	你是否来不及躲避或预防困难情形的发生?
12.	你是否总是拐弯抹角地宣布可能得罪他人的决定?
13.	你喜欢别人替你做自己不愿做的事吗?

测评分析：

>50：你的个人素质与创业者相差甚远。

40—50：你不算勤奋，应彻底改变拖沓、效率低的缺点，否则创业只是一句空话。

30—39：大多数情况充满自信，但有时犹豫不决，不过没关系，有时候犹豫不决是成熟稳重和深思熟虑的表现。

13—29：恭喜你！你是一个高效率的决定者和管理者，也许是一个成功的创业者。

主题 3　创新、创意与创业

【主题案例】

创业成功就是一场九死一生的坚持

全球首家纯电动汽车生产商 Tesla 在 2013 年表现优异，第一季度的销量位居美国电动汽车行业之首，其用户的满意度也破纪录地达到 99%，使其创始人兼 CEO 兼产品架构师的马斯克再度成为媒体关注的焦点。马斯克的传奇不仅在于他先后成功创立和运营了几家大名鼎鼎的公司：Paypal、SpaceX、Tesla，更重要的是，这几家公司带来了金融、新能源、航天三个领域的革新。

那么，这个出身平凡的连续创业者能带给我们怎样的启示呢？

年轻的实践者：马斯克于 1971 年出生在南非一个普通人家，从小酷爱读书，10 岁自学编程，12 岁就把自己做的一个太空小游戏软件卖掉了。马斯克从小便很独立，在高中毕业后独自去加拿大闯荡，进入皇后大学读书，并如愿以偿地转学到美国的宾夕法尼亚大学。在拿到经济和工程学双学士学位后，马斯克前往斯坦福大学读博士，学习材料科学和应用物理。

不安分的创业者：1995 年，马斯克看到了传统媒体进入互联网时代的机会，于是在进入斯坦福大学学习的第二天，便决意退学创业。他与他的弟弟一起创立了美国第一家在线城市列表网站“Zip2”。4 年后，这家公司以 3.07 亿美元的现金加上 3400 万美元的股票期权被康柏电脑公司 (Compaq) 收购。

敏锐的行业洞察力：马斯克对 Zip2 的成功并不感到满足。马斯克马不停蹄地开始了第二次创业：Paypal。他发现当时的金融业在互联网领域缺乏创新，用户之间的支付极不方便。于是他结合自己的互联网经验，创立了 x.com，后更名为 Paypal。2002 年，Paypal 被 eBay 以 15 亿美金的价格收购。

理想主义的梦想家：卖掉 Paypal 以后，马斯克开始思考太空领域的探索和能源领域的创新——可再生能源的生产和消费。于是，他先后于 2002 年、2003 年创立了全球首家私人航天公司 SpaceX 和全球首家纯电动汽车公司 Tesla，并投资成立了太阳能全服务供应商 SolarCity。SpaceX 要做世界上最先进的火箭和宇宙飞船，誓将人类的足迹从地球拓展到其他星球，让人类去趟火星的成本降到 50 万美元；Telsa 要靠着电力驱动，跑得比法拉利（Ferrari）还快；SolarCity 要实现每家每户装太阳能板像装戴尔电脑一样容易。

孤注一掷的冒险家：马斯克雄心勃勃，然而 SpaceX 和 Tesla 的创业过程并非一帆风顺，几经折戟沉沙。到了 2007 年，Tesla 的钱烧光了，商业模式还未成立。2008 年，无疑是马斯克人生中最黑暗的一段时间。马斯克对于工作的疯狂投入，让他和结发十年的妻子的婚姻亮起了红灯。在经历离婚变故之后，接踵而至的是 SpaceX 首次火箭发射失败，Tesla 被迫裁掉三分之一的员工并关掉 Tesla 在底特律的分支机构，SolarCity 也出现问题。与此同时，美国爆发了历史性的金融危机，让步履维艰的公司雪上加霜，濒临倒闭。2008 年的圣诞节前夕，面对妻离子散的凄凉和自己的三家公司不约而同地陷入困境，马斯克回忆说："我经常在午夜醒来，发现眼泪淌在枕头上。"

创业成功就是一场九死一生的坚持：马斯克在和他的命运搏斗，他的信念战胜了恐惧。马斯克再度投资 4000 万美元给 Tesla，他对 Tesla 的累计投入已高达 7500 万美元。这 4000 万美元是他从 Zip2 和 Paypal 中赚的所有财富中剩下的最后一笔。马斯克孤注一掷地把他所有的钱投入到他深信不疑的事业中。

终于，所有的付出换来了 SpaceX 第三次火箭发射成功，别的公司要花二三十年做的事情，SpaceX 做了 6 年，同时也换来了美国航天局(NASA)16 亿美元的订单。2009 年 3 月 Tesla 的家庭用车 ModelS 原型实现，同年 6 月获得了美国能源部 4.65 亿美元的贷款用于量产，并于 2010 年 7 月在纳斯达克成功上市。SolarCity 也在快速成长，成为全美最大的太阳能服务提供商，为美国东西部数以万计的家庭提供着服务。

（资料来源：http://www.zhev.com.cn/news/show-1424854924.html）

【案例讨论】

1. 是什么成就了马斯克的创业王国？
2. 创新和创意对马斯克创业的不同阶段有什么重要的影响？

高手指路

创新精神是一种勇于抛弃旧思想旧事物、创立新思想新事物的精神。例如：不满足已有认识，不断追求新知；不满足现有的生活生产方式、方法、工具，根据实际需要或新的情况，不断进行改革和革新；不墨守成规，敢于打破原有框框，探索新的规律，新的方法；不迷信书本、权威，敢于根据事实和自己的思考向书本和权威质疑；不盲目效仿别人的想法、说法、做法，坚持独立思考；不喜欢一般化，追求新颖、独特、异想天开、与众不同；不僵化、呆板，灵活地应用已有知识和能力解决问题……这些都是创新精神的具体表现。

马斯克本人说过："伟大的产品造就了举世无双的企业""创业需要创新、动力和决心，销售公司产品亦是如此""创新的第一步是把可能变为现实，接着机会自然会出现"。马斯克的创新来自他对现实状态的不满足与持续改善的意愿，并通过不懈的努力实现着他的人生梦想。

第一节　创新、创意及其影响因素

创新是人类特有的认识能力和实践能力，也是一个人快速成长的推动力。创意是对传统的叛逆，是打破常规的哲学，是思维的碰撞和智慧的对接，是不同于寻常的解决方法。在创业活动中，市场始终是创新、创意的起点和终点，也是创新和创意价值实现的载体，创新和创意只有发展成客户购买才能实现最终价值。

一、创新及创意

创新是指以现有的思维模式提出有别于常规或常人思路的见解为导向，利用现有的知识和物质，在特定的环境中，本着理想化需要或为满足社会需求，而改进或创造新的事物（包括产品、方法、元素、路径、环境），并能获得一定有益效果的行为。它有三层含义：第一，更新；第二，创造新的东西；第三，改变。从认识的角度来说，创新就是更有宽度、更有深度地观察和思考这个世界；从实践的角度说，创新就是能将这种认识作为一种日常习惯融入日常的学习工作中，做到每时每刻都在创新。创新包括技术创新、市场创新、制度创新、观念创新、产品创新和管理创新等，其中观念创新是核心，制度创新是前提，技术创新是基础，产品创新是载体，市场创新是目的，管理创新是保证。

创意是创造意识或创新意识的简称，它是在对现实存在的事物的理解以及认知的基础上，衍生出的一种新的抽象思维和行为潜能。创意无论对企业自身还是一个国家、民族的发展都意义非凡。企业发展离不开创意，创意是创新、创造的先导，墨守成规终将被淘汰，创意能够使产品更新，给企业创造更大的利润，也能带来科技的进步；创意是企业的活力之源；创意有利于民族进步，是一个国家兴旺发达的不竭动力。

乔布斯：这个人的别名叫“创意”

创意强调的是意识，创新强调的是结果，因此创意是创新的基础，即创新是创意人群和创意过程作用的成果。创新也可以反作用于创意。只有当创意转换为生产时，才被视为创新，创意是创新的前提。

【典型案例】

“数码试衣”创意引来2亿多风投

重庆的陈富云为服装业想到一个名为“数码试衣”的智能互联化营销模式，帮助其实现“以销定产”，大大降低库存积压，由此引来一家英国风投公司的2000万英镑（相当于人民币2.22亿元）先期投资。

在陈富云的试衣店里，智能终端机两秒钟后即可完成对客户人体4800个坐标点的精确测量，并按客户要求合成个性化服装。下单前，通过宽六米、高三米的高清晰仿真视频系统，客户试穿的效果可像照镜子一样显示出来。

（资料来源：http://www.cyzone.cn/a/20131029/246563.html）

二、创新、创意的影响因素

1. 影响创新的因素

影响个体创新的直接因素多种多样，主要可以归为两类：一类是主体自身的因素，主要包括智力因素、意识因素、意志因素、个性因素和人格因素等方面；另一类是外部环境的因素，包括家庭背景、教育经历、组织结构、文化环境、市场环境及政策环境等。内因是创新性思维产生与发展的根本原因，外因是创新性思维不可或缺的因素。

关于企业创新，有学者通过调查得出员工所属的阶层、部门间的良好互动与沟通、知识与资讯的吸收与分享、员工间的良好互动、对专案的判断力、专案的实现、主管的管理风格、组织支持与否、工作是否有挑战性9种因素具有较大影响力。

2. 影响创意的因素

创意是人在头脑中进行的一种内在认知过程，是显意识和潜意识交互作用的结果，是在多种因素的参与影响下产生的。有的因素影响创意的内容，有的因素却影响创意产生的形式。这些影响因素主要有文化影响、人格影响、情绪和感情的影响。

（1）文化的影响

文化是某一个国家、民族经过长期的历史发展形成的关于语言、思维方式、价值习惯、态度等的综合体，它对创意的影响是不言而喻的。第一，文化影响着创意认知的基础。文化水平的高与低、好与坏在一定程度上决定了创意的水准。创意虽具有一定的超越性，但受时代文化的制约，创意不可能完全脱离现时代的文化特征。第二，文化影响着创意认知思维形式。由于文化是一个国家、民族语言、价值习惯等的历史积淀，它使人们在思维方式上具有一定的倾向性，这种倾向最终也会影响创意的倾向及水平。第三，文化影响着创意的表达。创意虽是在头脑中进行的一种认知活动，但其结果必然要以一定的形式表达出来，最直接的就是利用语言文化进行表述。因此，个体文化的水平也就决定了对创意的表达水平。

（2）人格的影响

人格的心理特征中，性格、兴趣、意志等方面调整着人自身心理活动过程，影响着人的内隐的和外显的行为活动，从而对创意者内在的认知思维活动起着不可忽视的影响。

研究表明，富有创意的人会表现出勤奋、好奇、善疑等性格特征。勤奋为创意打下良好的基础；好奇利于打开智慧之窗；善疑则能促使个体努力发现问题，产生探索未知的强烈欲望。具有这些性格特征的人一般易于创意认知，产生创意的水准也比较高。

兴趣广泛的人往往能积极主动地探求各种领域、各种形式的知识和信息，为创意认知思维活动奠定丰富的信息基础，从而使其联想更为广阔、丰富。而且，兴趣的相对稳定性，也有助于个体稳定持久地从事某一活动或研究，这样也相应地激发了创意的热情，增强了在创意认知过程中克服困难的决心和信心。

良好的意志品质是克服困难、克服挫折的心理保障机制，是影响创意认知的重要非智力因素。没有意志的调节控制，就不能有效地保证创意认知过程的实现与完成。

（3）情绪和情感的影响

情绪和情感对创意的影响主要有两方面：第一，情绪和情感能够提高个体对周围现实刺激的反应能力，即有助于提高认知的敏捷性、灵活性；第二，好的心绪是打开深层记忆、激发创意的良好手段。因此，在创意过程中，要适时、自觉地调节自己的情绪状态，降低创意认知过程中的焦虑与紧张。

【典型案例】

海尔开放创新平台经久不衰的动力

在与阿尔斯蒂尼的对话中，张瑞敏曾经说：“现在，我们变成一种开放式创新，在和用户交互的过程当中，不断迭代，并把各种资源都整合进来。迭代过程是一个试错的过程，重要的是用户要参与，如果没有用户参与，不管是渐进的还是突破性的创新，可能都没有太大的意义。”

仔细分析海尔近期的智能家居产品海尔星盒、空气魔方、无压缩机酒柜等，无不是开放式创新的产品。例如，海尔空气魔方是全球首款可以模块化组合的智能空气产品，实现了加湿、除湿、净化、香薰等多个模块的自由组合，为每个家庭带来了可定制的专属“空气圈”。

空气魔方的最特别之处，在于它不是企业基于自身能力在实验室里规划和研发出来的产品，而是基于海尔开放创新平台组成的来自 8 个国家的内外部专家和学者团队 128 人，历时 6 个月与全球超过 980 万不同类型用户交互意见，利用大数据分析，最终筛出 81 万粉丝最关注的 122 个具体的产品痛点需求，成为空气魔方核心功能研发的初衷。在互联网时代，海尔的理念是“世界是我们的研发中心”，研发的过程要让用户参与进来，也要让全球创新者参与进来。基于此，海尔开放创新平台于 2013 年 10 月正式上线，2014 年 6 月进行了改版升级，新增的海尔生活创意社区也将成为用户全流程参与研发设计的线上互动平台。目前，在海尔开放创新平台上成功达成的技术合作已有 200 余案例。

（资料来源：http://www.php230.com/weixin1424958306.html）

三、创意的来源

1. 按创意的环境来源分类

创业中创意的环境来源可以归纳成三个方面：市场、政策和技术。

（1）市场调查

市场经济的快速发展带来新的需求，而现有的市场无法满足这些需求，这就需要进一步做市场调查，调查往往会产生新的创意、创新去满足市场需求。现有市场的结构出现了缺陷，市场并非一直处于绝对平衡之中，一旦市场的结构失衡，需要新的创意、创新去寻找新的动态平衡。例如 O2O 便是利用互联网自由链接的特质，对各行各业的采购、生产制造和交付等环节的供应链进行重构的创意，消除传统供应链中的多余节点。

（2）政策解读

随着经济的快速发展，需求的不断改变，政府必须时刻跟随时代来调整政策，市场政策的变动使得市场结构发生变化，对新的政策出台或现有政策修改的解读往往是创业者们的创意来源。

近年来，为拉动经济增长，促进中国经济转型升级，中国政府政策频出，这些政策对中国经济的拉动作用是毋庸置疑的，对于中国经济、中国企业，也会带来深远的影响。例如，由于二孩政策的全面放开，每年将会新增 100 万—200 万新生儿，预计 2018 年新生儿有望超过 2000 万人，其所蕴含的消费红利每年达 1200 亿—1600 亿元，为母婴、医疗健康、在线教育等创意行业带来了巨大红利。

（3）技术改造

技术来源于创意、创新，新技术的出现又为创业提供了创意源泉。科学技术的不断突破和改进，或产生新的技术，或对现有的技术组合进行重组，都能让创业者产生新的创意。例如，VR 技术出现并逐渐成熟后，国内外涌现出大量的创业者利用 VR 技术进行创业的创意，使 VR 新创企业在整体资本市场遇冷的情况下企业估值逆势上涨，纷纷获得了项目不小的融资，发展势头强劲。

2. 按创意的产生方式分类

从创意产生的方式可以将创意来源分为模仿、兴趣、痛点、定义场景。

（1）模仿

互联网诞生于美国，发展繁荣也由美国领头，所以很多新的技术、模式诞生于美国，美国在互联网上具有先发优势。国内绝大多数互联网企业身上带着国外同行的影子，其创意很多是来自美国同行的经验，虽然针对本土网民的个性化需求，做了种种本土创新，但核心创意却是搬来的。如美国有了雅虎，中国有了新浪、搜狐；美国有了 eBay，中国有了淘宝；美国有了亚马逊，中国有了当当；美国有了 Google，中国有了百度；美国有了 Twitter，中国有了微博；美国有了 Group on，中国有了“百团大战”。

【延伸阅读】

从借鉴与模仿中产生创意

虽说创意无所不在，但头脑再灵活的点子王也可能会有灵感枯竭的一刻。事实上，创意四处都有，不妨听听大师的宝贵建议：

1. 向别人借创意

20 世纪 50 年代，美国速食业者在门市加设汽车可驶入的通道，不久后，银行、干洗店也都起而效仿。到今天，各行各业都有人使用“汽车驶入通道”的概念。所以，你也可以试试看，列出三个有别于你自己的领域，探究他们解决问题的方法，然后从中找出你可以“借用”的点子。

2. 向大师借鉴

有哪些创新大师令你感到敬佩？爱迪生？爱因斯坦？毕加索？还是高更？列出这些你欣赏的大师级人物，然后深入探索他们的一生，从中看看有没有可以借鉴的地方。

3. 欣赏“模仿”的电影

有些设计师会从电影中得到灵感，美国精品家具设计大师大卫狄马泰伊就是从电影的布景中得到灵感，进而设计出五款热卖的软垫床头板。有空的话，看场电影或戏剧表演，到演奏厅、运动场或主题游乐园走走，都可能有意想不到的收获。

4. 参考其他行业的做法

像铝箔纸这么平常的东西，能有什么创新的包装设计呢？Publix超级市场的设计师马克奈尔利用他和朋友到一家日本牛排馆用餐的经验，为这项平淡无奇的产品注入新生命。下次当你灵感枯竭时，不妨想想看最近去了哪些餐厅旅馆，他们有哪些服务令你印象深刻。

5. 细心观察，随时做笔记

好点子是稍纵即逝的。所以，把握任何一个闪过你脑海或眼帘的想法、画面，随时将这些想法写下或拍摄下来。以“蒙娜丽莎的微笑”等名作广为后世传颂的达·芬奇，就是历史上爱做笔记的名人之一。

6. 从过去找寻灵感

许多流行的题材和元素一再重复出现，所以你大可从历史寻找一些新点子。例如，你可以探索一下过去的时尚流行趋势，找出一些已经被众人遗忘的风格和款式。

7. 从垃圾堆里找灵感

这个听来突兀的建议其实有其道理。许多利用资源回收衍生的设计作品就是这个概念的实现。玛莎史都华家居生活公司的艺术总监Kristy Moore，就在他的办公室堆满了各式各样的小肥皂。这些不起眼的小东西，激发她对于包装、色彩和文字图案的创意。

8. 创意就在你身边

有时候，你需要往外跑，寻找创意来源。可是，偶尔你也应该停下脚步，从生活周遭酝酿可能的创新概念。意大利设计师Antonio Citterio曾有一晚和家人窝在家里看电影。这时他突然发现，他们一家四口并排而坐的样子，就像飞机的座位安排。为了营造出更有人情味的感觉，他就设计出一款半圆形的沙发。

（资料来源：http://www.u88.com/article/20151105-1046406.html）

（2）兴趣

创业者通过发现自己的兴趣、渴望、理想，专注地发挥自己最擅长的那个部分，便将会为整个创业过程提供持续的行动力，创造和贡献自己的价值。对于一个行业、一个产品或某件事物感兴趣，创业者更有动力去实现创业的目标。大量创业者的创意来自个人的兴趣。例如，四名北大学生因热爱骑行，把骑行当作生活的一部分，也正是这一共同的热爱让他们萌生了“共享单车”（ofo bicycle）平台的创意。

（3）痛点

很多情况下，发现痛点是创业创意的起点。痛点，往往是因为现有的资源或者条件无法满足自己的需要。换言之，就是这方面暂时没有人去做或者做得不够好，这就可以促进创意的产生。例如，开设网络学院的邢帅，读不起大学就是他曾经的痛点。于是他的创意就是创办一所学校，能够让所有人花最少的钱学一门技术。2008 年，邢帅的网络学院成立，他提供以就业为目标的技能、考证培训。2009 年，YY 网络语音聊天室开始火热，邢帅网络学院以老师在线直播讲课为主，辅之以录制视频教学，开设科目达几十种。全职、兼职辅导老师和员工团队近六百人，在院学生超过十万。2013 年 7 月，邢帅获得 1500 万元人民币的 A 轮融资。

（4）定义场景

“场景”，本来是一个影视用语，指在特定时空内发生的行动，或者因人物关系构成的具体画面，是通过任务行动来表现剧情的一个特定过程。不同场景，意义大不一样。被应用到互联网领域中时，场景常常被表现为与游戏、社交、购物等关联行为相关的、通过支付完成闭环的应用形态。其中，能够触发用户沉浸式体验或者能使用户长时间停留的应用形态，如视频、游戏、微信，可以被理解为超级入口；能够应用微信支付或支付宝完成交易的购物、用车、本地团购等场景可以被理解为支付场景。

不同群体中的不同个体被场景连接在一起。这种连接所创造的独特价值，会形成体验、促成消费甚至创造个体生存意义。这种定义场景便产生了创意，表现在互联网上则是更加具体的支付场景和应用场景，譬如通过百度地图直接链接到“滴滴出行”的订单页面，或者在“美团”“饿了么”下单的快速外卖等。

【典型案例】

“互联网第一大报”一枝独秀秘籍

《赫芬顿邮报》(The Huffington Post)号称“互联网第一大报”，创办于 2005 年。2010 年，它的营业额是 3000 万美元，在美国报业都在为广告跳水、发行量骤减，以及读者向网络免费新闻迁徙而苦苦挣扎之时，《赫芬顿邮报》却一枝独秀。2011 年 1 月，它的独立访问量是 2800 万，接近《纽约时报》《国际先驱论坛报》3000 万的独立访问量，这意味着它已经跻身主流媒体。

像特斯拉的开源专利、安卓开源性平台一样，把读者变成记者，这是赫芬顿成功的法宝。《赫芬顿邮报》有一万多名公民记者，类似传统媒体的通讯员，每时每刻都在为它提供报道。2008 年美国大选，《赫芬顿邮报》将一个采访任务分给 50 到 100 名公民记者，每人每天用一个小时，就能完成一个记者两个月才能完成的工作量。赫芬顿称之为“分布式新闻”。分布式网罗了大量高质量的撰稿人，UGC（User Generated Content，即用户生成内容的意思）的能动性得到激发，媒体才能真正活起来。《赫芬顿邮报》这种建立在社区基础上的内容生产的模式，值得从事内容生产的公司借鉴。它只有150名带薪工作人员，但依赖超过3000名投稿者为每一个可以想到的话题制造内容。它有另外12000名公民记者，这是它的“眼睛和耳朵”。它的读者也生产了网站的许多内容，每个月有多达200万条投稿。

开放式平台对于媒体固有的采编形式是一种颠覆，虽然现在一些媒体也在探索UGC信息源的建立，但还比较集中于非严肃新闻，像赫芬顿这样从灵魂中跳脱还是不能企及的。赫式的开放思维是否是中国媒体烦恼的福音，我们又该如何借鉴，还需要好好斟酌一番，但这种开放式的内容生产已经是趋势了，正是他们源源不断的创新、创意来源让《赫芬顿邮报》一枝独秀。

（资料来源：http://www.php230.com/weixin1424958306.html）

第二节　创新、创意对创业不同阶段的影响

20世纪90年代以来，创业过程成为创业研究的焦点。创业研究领域的大多数人逐渐认识到，将创业看作一个随着时间展开并经历若干紧密联系的不同阶段的过程，是有必要且准确的。他们基于过程的观点将创业过程分为三个关键阶段：机会识别、新企业创建（核心内容是资源整合和团队组建）和新企业成长管理三个阶段。创业者的创意和创新在上述不同阶段都具有相当重要的作用。

一、对创业机会识别的影响

对于创业机会的识别和把握是创业过程的开端，也是决定创业能否成功的关键一环。对于创业者自身而言，能否识别创业机会是判断其是否具备创业能力的一个重要依据。创业企业的竞争优势越来越取决于能否发现有潜力的市场机会，谋划独一无二的商业创意。创意常常被认为是创业者成功把握机会的最大原因之一。特定的企业家何时发现、如何发现、并利用这些机会；在开发创业机会时企业家何时、为何、如何采取不同的行为，这些都与创业者的创意有着密切的关系。创业需要创意，优秀的创意帮助创业者发现和创造市场机会。

创业的创新是以创业机会为导向展开的，创业者、社会网络、环境是影响创业

机会识别的三个主要因素，其中创业者基本特质中的创新性对机会识别有着重要作用。创业机会的识别更多来自创意这一因素的影响，创新在创业的其他阶段的作用表现更显著。

【典型案例】

创意带来超十倍的农产品价值飙升

在吐槽农业难赚钱的大环境下，有的需要跨界的思维来变现。一亩田的小麦按亩产千斤，一斤一块多钱来算，收入也就千元左右。但在沭阳，有做干花生意的花农却将一亩田的小麦卖到6万元。同样是小麦，为何价格差别如此之大呢？

原来是有些花农将小麦巧变成工艺品，也就是制作干麦穗，以此来提升小麦的价格。陈华超就是制作干麦穗的农民之一，他在麦子抽穗后就将其收割上来，晾干后按支卖到大城市去，主要是卖到城里的酒吧、咖啡厅、茶吧，用来做装饰品，也使得这些被装饰的地方多了些乡土风和田园风，也多了些生机勃勃之感。此外，有的婚庆公司也会选择用干麦穗来装点婚礼现场。这样仅出售干麦穗这一项，他每年的净收入就超过十万元。

在陈华超的家中，像莲蓬、芦花、芦棒等这些水塘边随处可见的水生植物，也都是他的宝贝，他将这些水生植物也晾干，制作成工艺品。这些花卉至少也能卖到5毛钱一支。有数据表明，在沭阳县三万余家网商中，约有80%从事花卉苗木类商品的销售。淘宝上约40%的花卉苗木销售集中在沭阳 。

大家做农业在面朝黄土背朝天的时候，偶尔抬头看一看，或许跨界会带来意想不到的灵感。

（资料来源：http://www.cxhyplan.net/news_page.aspx?id=1432）

二、对新企业创建的影响

成功的创业活动需要将创业机会、创业团队、创业资源和外部环境这些要素之间进行匹配，其创业模型的核心思想是：创业过程是一个高度的动态过程，创业领导人需要进行整合和协调，使这些核心要素在不同阶段能相互匹配地组合在一起。

新企业创建这一阶段的核心内容是资源整合与团队组建。创业者或创业团队的创意和创新决定了其创造性地获取新企业创建所需资源。从创业者个体来看，其获取资源的能力决定了创业活动能否成功启动；先前的创业经验使得新企业更容易通过个人渠道获取创业投资。新企业的创建，最重要的不是资本，关键是有没有创意，有创意才会有资本。新企业的创建不但需要大胆新颖、符合市场需求的创意，更重要的是将这些创意有效地转化为技术创新、产品创新或模式创新等。

【典型案例】

资源整合带来的O2O新模式

在电子商务的发展进程中，为什么先有淘宝网而后才有天猫？这个问题可能有很多答案，但其中肯定有一个原因，就是因为在初期很多闲散的小卖家资源要相对容易整合一些，而只有当一个平台发展壮大之后才能有足够的筹码去撬动大卖家。那么对于O2O来说是不是也会经历类似的过程？下面，我们可以来分析一下国内外几个整合闲置资源的O2O案例。

1. Uber与易到用车

Uber是一个通过手机购买私家车搭乘服务的应用。其运作方式如下：用户通过Uber应用发出打车请求；几分钟内一辆私家车来到面前；支付和消费通过信用卡自动完成。

易到用车通过网站、App以及YMS（易到用车智能交通引擎）将所有有效的运营车辆进行一个有效的调度，其主要特点为：1小时预定响应，高端车型，专业配驾，按时计费。

Uber和易到用车都属于提供商务租车服务的O2O公司，虽然它们在模式上有一些出入，Uber主要整合闲散的私家车资源，而易到用车由于受到国内政策法规的限制，整合的是比较分散的小微型汽车租赁公司资源，但是我们可以看到，两者本质上都是整合闲散资源。

2. Airbnb与爱日租、蚂蚁短租等

Airbnb是一个旅行房屋租赁社区，用户可通过网络或手机应用程序发布、搜索度假房屋租赁信息并完成在线预定程序。它是一家联系旅游人士和家有空房出租的房主的服务型网站，可以为用户提供各式各样的住宿信息。随着Airbnb的崛起，国内也出现了众多模仿者，如爱日租、赶集网旗下的蚂蚁短租、搜房网旗下的游天下、小猪短租等。

国内的短租网站对Airbnb模式也进行了一些改良，Airbnb很多是游客和房东住在一起，而国内的短租则主要是利用完全空置的房子。目前，国内短租市场在未来两三年内仍将处于市场培育阶段，且门槛较高、投入较大，不太适合普通创业者介入。因为其目标用户主要为商旅人群，故需要平台区域覆盖较广才会有较好的积累。

3. e代驾

e代驾通过移动互联网技术改善了传统的代驾服务行业，突破了传统代驾公司必须通过呼叫中心才能提供代驾服务的瓶颈。用户打开App并定位后，能直接显示最近的5名代驾司机的名字和信用等级等信息，并可一键呼叫司机商谈代驾事宜，让用户能够用最快的速度找到附近的代驾者，从而减少了等待时间。

e代驾平台上的司机也是整合的一些闲散资源，并不是雇佣的关系。这种便捷且相对便宜的代驾服务在大城市中有一定的市场。不过这种模式的闭环还不是很完善，另外由于代驾属于低频低额的服务，要有规模的盈利并非易事，更适合利用长尾流量来做，如作为其他相关服务的配套或依附于大型平台。

4. My time

商品有保质期，服务却有“时效性”。一件衣服今天卖不出去明天还能接着卖，但类似美甲/足疗这样的服务，今天没人来那就真费了一天。刚上线的My time是一个本地商家服务的预约、预订平台。对于商家而言，它的意义在于使得服务有了新的分时段的销售方式，可依不同高低峰期动态调整价格，有点像一个服务业的“某时特价”，或者说它走的是团购的反方向，做分时段的碎片化销售。比方说你最近想做个足疗，你按期望的预约时间，就能筛选出那段时间有空档的一系列服务商家，你选好一个后挑个具体时段就能直接付费预订。

简单点说My time更多是帮助商家卖闲时，这样它不会像团购那样对商家高峰期的生意产生不好的冲击，可以说是团购的优化升级版。而对于商家来说，卖闲时是真正的体验式营销，只要不赔人工工资就等于是免费做了一个广告。不过它的一个主要瓶颈在于国内的商家信息化水平不及国外完善，很难大范围实现实时的预约对接，因此，在将该模式引进国内时，还需要结合国内实际情况进行适当的改进。另外，和团购比起来，My time模式的用户规模可能要相对小一些，之所以团购出现预约难的问题，也说明了不少用户并没有闲时去消费。

（资料来源：http://www.weiyaclub.com/?p=31523）

三、对新企业成长管理的影响

沃尔玛的规模和影响力究竟有多大

创意和创新在这一阶段同样起着非常重要的作用。如王永庆利用有创意的控制成本的方法获得成本优势，成为经营之神；2001 年百度公司推出全新的商业模式——搜索引擎竞价排名，这一创意使得百度走向发展的春天。创业一定要做创新，而这种创新一定要做颠覆式的创新，而不是做改良式的创新。360 免费软件正是这样一种颠覆式创新，它不仅仅是一种手段，而且是一种商业模式，使得曾经四面楚歌的 360 在安全和杀毒领域杀出一条血路。创意和创新在新企业成长管理阶段起着保持竞争力、生命力的作用。

【典型案例】

艾洛手绘工艺的创新与创意

2008 年，大学生刘琳收到一份生日礼物，那是一块手绘的布。刘琳被同学亲手制作的礼物所感动，她很珍惜朋友的这份礼物，想把它留在身边陪伴左右，于是将布做成手提袋。

将布制成包后，刘琳时常欣赏自己的作品。这时刘琳脑海里产生了想法，为什么不能让同样的包包感动其他人，以此创业呢？

刘琳开始制作能感动他人的手绘包，并试图通过网络销售。没想到竟然有买家。2008 年下半年，刘琳成立了艾洛手绘工作室。

但是刘琳在量化生产上遇到了瓶颈，经过各方面的调查和学习，刘琳认清了流程和工艺优化才是解决之道。为此，刘琳到苏州学习蜡染、特色的染画工艺。接着，刘琳从苏州购进了设备和技术，又进一步自创了手绘和印染结合的新工艺。果然，新工艺生产的花色产品解决了图片单一的缺陷，广受客户的好评。

2010 年初，网上的手绘包种类越来越多，竞争对手甚至直接将艾洛手绘的图进行翻版抄袭，而且价格更有诱惑力。艾洛手绘工作室面临的竞争异常激烈。如何脱离激烈同质化竞争红海，进入差异化、个性化的蓝海呢？

一方面，刘琳意识到环保、健康、自然的理念符合潮流并契合艾洛手绘的客户群，所以只选用纯天然的棉麻布料作为原料，并通过产品宣传环保健康理念。另一方面，她自创了手绘与印染结合的工艺，既保留了手绘的淳朴特色，同时能进行批量化生产。这两项举措使得艾洛手绘工作室的产品超越了同类竞争对手，既在产能方面有竞争力，而且产品品质也具有十分鲜明的特色。

艾洛手绘工作室的创业正是在这种不断地创新中蒸蒸日上。

（资料来源：http://finance.china.com.cn/roll/20150509/3107713.shtml）

【主题小结】

本主题介绍了创新与创意的内涵。从概念上讲，创新具有三层含义：更新、创造和改变；从认识的角度来说，创新是更有宽度、更有深度地观察和思考这个世界；从实践的角度说，创新就是能将这种认识作为一种习惯融入日常的学习工作中，做到每时每刻都在创新。而创意则是在对现实存在的事物的理解以及认知的基础上，衍生出的一种新的抽象思维和行为潜能。在本主题中，分析了创新与创意的关系，从创意产生的环境与方式两个角度分析了创意的来源，并阐述了创新与创意在创业不同阶段的作用。

【实务演练】

参观与讨论：什么是创造力？

形式：3—5人为一组，从参观创意园区说下去，讨论结束后选出一个代表表述本组的意见。

1933老场坊简介

目前在上海的75家创意园里，有约三分之二的园区是用老场坊、旧仓库改建成的。老场坊已经成为上海创意园区的重要载体。一些新创意园区已经成了上海市的地标建筑，在全国都具有了相当的知名度。如：M50、八号桥、田子坊等，而“1933”只是这类园区中的一个。

这类把原来的废旧仓库、老场坊搬迁后的遗迹，经过有创意的打造而成为新颖、时尚的创意园区的实例，不仅已成为城市产业升级转型的新路径，而且，也是大学生创业实训基地和建立创业园区的极佳选择。

“1933”坐落于上海市虹口区虹口港、沙泾港交汇处。这里原是远东第一大屠宰厂，现改为酒吧和创意产业园。“1933”的前身“工部局宰牲场”，始建于1933年，出自英国建筑设计大师巴尔弗斯（Balfours）之手，由当时蜚声沪上的余洪记营造厂建造完成，整体建筑外方内圆、高低错落、无梁楼盖、廊道盘旋，布局宛若迷宫，空间却又次序分明，算得上是建筑艺术与生产工艺完美结合的典范。

除此之外，在上海还有其他的创意产业园区及特色建筑群，全国各地也均有些很有创意的建筑或者景区。同学们可以通过实地参观，然后回来讨论，各抒己见；也可以提出各式各样新的设想，越新奇越好，不管是否合乎情理。

模块二
开启创业行程

◆ 导读 ◆

谈到创业，很多大学生都有着极大的兴趣。然而，创办企业是一件极具困难与挑战性的工作。尽管许多创业者有着绝妙的创意，但由于他们缺乏商业领域的经验，仍然会面临一系列的问题：如何把绝妙的创意变成商机？如何进行产品市场定位？如何筹措创业资金？如何挑选创业伙伴？如何构建独特的盈利模式？如何撰写商业计划书从而获得投资者的青睐？通过学习本模块，能够让你理清创业思路，在准备创业的过程中运用商业知识与技巧规划好自己的商业蓝图。

主题1　创业机会识别与评价

【主题案例】

"不安分者"眼中的商机

十多年前，毕业于北京大学的陈生放弃了自己在政府中让人羡慕的公务员职务毅然下海。他先后倒腾过白酒和房地产，打造了"天地壹号"苹果醋。在悄悄进入养猪行业后不到两年的时间里，陈生在广州开设了近100家猪肉连锁店，营业额达到2个亿，被称为广州千万富翁级的"猪肉大王"。

实际上，之所以能在很短时间里于养猪行业取得骄人成绩，成为拥有数千名员工的集团董事长，还在于陈生此前就经历的几次创业的"实战经验"：陈生卖过菜，卖过白酒，卖过房子，卖过饮料。这使得陈生有着这样的独到见解：很多事情不是具备条件、做好了调查去做才能做好，而是在条件不充分的时候就要开始做，这样才能抓住机会。

然而，"条件不充分"时到底怎么才能"抓住机会"呢？我们来看一下陈生的做法：他卖白酒时，根本没有能力投资数千万设立厂房，可是他直接从农户那里收购散装米酒，不需要在固定设施上投入一分钱便可以通过广大的农民帮他生产，产能却可以达到投资5000万的工厂的数倍。此后，他才利用积累起来的资金开始租用厂房和设施，打造自己的品牌，迅速地进入和占领市场，在白酒市场上打了个漂亮仗。而当许多人"跟风"学习一位到南方视察的国家领导人用陈醋兑雪碧当饮料的饮用法时，善于"抓住机会"的陈生想到了如何将这种饮料生产出来。经过多次尝试，著名的

"天地壹号"苹果醋就此诞生。

从传统的中国猪肉行业里，陈生分析到了其中的巨大商机，因为中国每年的猪肉消费约500亿公斤，按每公斤20元算，年销售额就高达上万亿。而与其他行业相比，猪肉这个行业一直没有得到很好的整合，基本上没有形成像样的产业化，竞争不强，档次不高，机会很多。更重要的是，进入这一行业的陈生，机智地率先推出了绿色环保猪肉"壹号土猪"，开始经营自己的品牌猪肉。虽然走的还是"公司＋农户合作"的路子，但针对学生、部队等不同人群，却能够选择不同的农户，提出不同的饲养要求，比如，为部队定制的猪可肥一点，学生吃的可以瘦一点，为精英人士定制的肉猪，据传每天吃中草药甚至冬虫夏草，使公司的生猪产品质量与普通猪肉"和而不同"。在这样的"精细化营销"战略下，陈生终于在很短的时间内叫响了"壹号土猪"品牌，成为广州知名的"猪肉大王"。

（资料来源：http://news.sina.com.cn/s/2008-10-13/042416441455.shtml）

【案例讨论】

1. 你认为案例中陈生是如何发现创业机会的？
2. 你能够想到你身边有哪些创业的机会吗？

高手指路

创业活动的显著特点是机会导向，创业往往是从发现、把握、利用某个或某些商业机会开始的。纽约大学柯兹纳教授认为机会就是未明确的市场需求或未充分使用的资源或能力。创业者不仅要善于发现机会，更需要正确把握机会并果敢行动，将机会变成现实的结果。

第一节　认识创业机会

很多人认为只有全新的技术或者显露出来的市场才是创业机会。实际上并非如此，大部分生活中很平常的现象，在有心人眼里就是创业机会。机会往往就在我们身边，就像顽石之中蕴含着宝石，需要创业者识别并发掘它们。成功的创业者往往能先人一步抓住转瞬即逝的创业机会，做到人无我有、人有我先，率先打开市场。

一、创业机会

世界各地分布着数千万的小企业，这些企业为很多人解决了生存问题和福利问题。通常情况下，创业意味着新企业的诞生，意味着新技术的应用、新理念的引入和新市场的开辟。当然，创业者需要发现并抓住机会！否则，就谈不上创业。

1. 创业机会的内涵

创业机会属于广义的商业机会范畴，但并不是一般意义上的商业机会。它是指有利于创业的一组条件的形成情况，这组条件至少包含以下要素：

（1）某个细分市场存在或新形成了某种持续性需求。

（2）拟创业者开发了或持有有助于满足前述市场需求的创意。

（3）创业者有能力、有资源，可实施所持有的创意。

（4）创业者将自己的创意转变为具体的产品或服务。

当这四个要素都得到满足时，才可认为客观上存在或形成了某种创业机会。

【典型案例】

小 林 卖 菜

在北京三里屯卖菜的河南小伙小林，每天凌晨要到蔬菜批发市场进货。一天，因为某种原因进货时间稍晚了点，品相较好的菜都被别人批走了，他只好批了点个头较小的、品相不好的蔬菜。

当然，那天的生意好不到哪里去。然而，他却发现，虽然购买他的蔬菜的市民少了，外国人却意外地多了。他一了解，原来外国人知道，那些品相较好的菜是用了植物生长调节剂，那些个头较小的才是蔬菜的原貌。于是，他开始转变卖菜方式，把在京的外籍人士作为目标客户，专门批发个头较小的蔬菜，积累了一批外国客户。

有些老外到菜场购买蔬菜不方便，纷纷建议他到外国人集中居住的小区附近开一家蔬菜店。小林当然愿意，在他的外国客户和亲朋好友的帮助下，终于开了第一家社区蔬菜中心。现在，小林已经可以直接从外国进口蔬菜，并且开起了连锁店。

（资料来源：http://www.cmmo.cn/b/87056/206567.html）

2. 创业机会的分类

根据不同的标准，创业机会可有不同的分类。

（1）潜在创业机会和表面创业机会

创业机会中那些明显没有被满足的市场需求称为表面创业机会，而那种隐藏在现有某些需求后面的未被满足的市场需求被称为潜在创业机会。

（2）行业创业机会与边缘创业机会

每个企业都有它特定的经营领域。对于出现在本企业经营领域内的创业机会，我们称之为行业创业机会；对于在不同行业之间的交叉与结合部分出现的创业机会，我们称之为边缘创业机会。

一般来说，企业对行业创业机会比较重视，因为它能充分利用自身的优势和经验，对于创业机会的发现、识别和利用的难度系数小。但是，行业创业机会往往会因为遭到同行间的激烈竞争而降低成功的概率，甚至可能会彻底失去。由于各企业都比较重视行业的主要领域，所以在行业与行业之间有时会出现“夹缝”，从而形成真空地带，无人涉足。但它比较隐蔽，难以发现，需要有丰富的想象力和大胆的开拓精神。例如，“中国铁画”就是把两个相距较远的领域——冶金和绘画结合起来产生的，“药膳食品”是把医疗同食品业结合起来产生的。

（3）目前创业机会与未来创业机会

那些在目前环境变化中出现的创业机会被称为目前创业机会。而那些在目前市场上尚未表现出大量需求，仅仅表现为一部分人的消费意愿或极少需求，但通过市场研究和预测分析发现，它将在未来某一时期发展出较大市场空间的创业机会被称作未来创业机会。两种创业机会并没有明显区别，不同之处只是在于时间先后顺序和从可能转变为现实的客观条件是否具备。

一般来说，企业从发现有利的创业机会到推出产品进入市场，总是需要一定时间的。如果有企业提前预测到这种机会将在某一时间出现，从而早做准备的话，就缩短了这一时间过程，可以在这种创业机会到来时将自己准备好的产品推入市场获得领先优势。

（4）全面创业机会与局部创业机会

全面创业机会是在大范围市场（如国际市场、全国市场）出现的未满足的需求，而局部创业机会则是在一个局部的市场（如某个省或某个特定地区）出现的未满足的需求。

对于一个企业来说，区分这两种创业机会非常必要。一个企业所处的外部环境，既受到作用于整个市场的一般因素的影响，又受到只作用于该特殊区域的相关因素的影响。如 1988 年，温州出现了外国高档服装热，一套进口名牌西装卖到近千元，这只是该地区的一种特殊需求，温州的一些时装个体户因此发了财。但如果全国其他城市的企业和个体户都将此机会看作全面创业机会，则很可能会遭遇失败。

二、创业机会的特征

创业机会具有以下特征：

1. 普遍性

有市场经济，就有创业机会。创业机会普遍存在于经济活动中。

2. 偶然性

创业机会的识别发现和开发利用具有很大的意外性质，绝大多数创业机会的产生都有“偶然”因素。

3. 消逝性

创业机会必定存在于一定的时间和空间之中，随着时间的推移、空间的转换而逐渐消失。

【典型案例】

从成熟市场中识别创业机会
——分众传媒的成功之道

2002 年，从事广告业整整 10 年的江南春发现大多数的广告效率越来越低。越来越多的客户抱怨大量的广告投入并没有获得可观的回报。经过调查研究，江南春发现，问题的核心在于广告媒体的分众程度极差，主要表现在：大量的广告消耗在定位错误的受众当中；广告之间的干扰度太大，单位广告的效果微弱；而且，广告形式不强制——你在大街上走，路过的站牌广告和车身广告不计其数，但是你能记住几个？

江南春想把显示广告的液晶屏装到高档写字楼、大饭店的电梯旁。2002 年 7 月份，可以实现这种想法的设备在台湾研制出来。江南春开始与上海各大商厦、写字楼的物业公司谈判安装这种系统。这种广告受到了高档楼宇租户的欢迎，他们在等待、乘坐电梯时确实百无聊赖。很快，江南春和他所领导的分众传媒把业务延展到了全国 27 个城市的高档商用楼宇。尽管分众传媒的产品本身不具备技术进入壁垒，但是依赖于市场提前进入战略，江南春并不担心追随者的竞争压力。虽然效仿者很快出现，江南春认为，分众传媒的先行优势和攻占大楼的速度决定了他们是这个市场的主导者。2004 年，分众传媒的利润近一亿元。分众传媒的良好发展，使其成功吸引了软银、3i、DFJ 等国际著名的创业投资公司多轮投资。

（资料来源：https://wenku.baidu.com/view/2a71a242b307e87101f69652.html）

三、创业机会的来源

创业机会一般伴随着宏观和微观环境的变化、市场经济的发展、信息获取的先后，以及其他因素的影响而出现。如技术革新、消费者偏好的变化、法律政策的调整等。总体来说，可将创业机会来源分为技术、市场和政策三类。

1. 技术机会

顾名思义，主要指因为科技进步产生的机会。通常，技术上的任何变化，或多种技术的组合，都可能给创业者带来某种商业机会。体现在三个方面：①新技术取代旧技术。当在某一行业出现的新技术可以取代旧技术时，创业机会也就会相应出现。②新功能、新产品的出现。这必然会带来新的商机。③因新技术而产生的附加问题。事物均具有两面性，新技术的出现在带来新的机会、利益的同时，也会带来某些新的麻烦。为了消除新技术的某些不足，新技术的发展也带来了新的商机。

2. 市场机会

主要指经营市场变化而产生的创业机会。一般分为如下四种：①市场上有了新需求，这样就会促使企业去满足这些需求，这是机会之一。②由于市场供给不足产生的机会。非均衡经济学认为，市场不是真正的供需平衡，总有一些供应不能实现其价值。③发达国家（或地区）技术产业中心转移产生的机会。④从中外比较中寻找差距，差距中往往隐含着某种商机。通过与先进国家或地区比较，看看别人已有的哪些东西我们还没有，这“没有的”就是差距，其中就可能发现某种商业机会。

3. 政策机会

就是政府政策变化带来的商业机会。随着经济的发展、科学和技术的变化，政府也必须不断调整自己的政策，一些政府的政策变化可能给企业带来新的商机，比较典型的如深圳特区，从一个小渔村发展为一个国际化大都市。

【延伸阅读】

彼得·德鲁克关于创业机会来源的总结

管理大师彼得·德鲁克（P.F.Drucher）在《创业精神与创新——变革时代的管理原则与实践》一书中提出：创新是创业家所特有的工具，他们借助这个工具把各种变化开拓成为从事不同事业或服务的机会。创新是一种知识，可以学以致用。企业家需要刻意去探索创新的源泉，找到那些创新改变。他提出，要创新就需要重视创新的7个来源：

（1）意料之外的事情。①意想不到的成功；②意想不到的失败。

（2）不协调的现象。①经济现状的不协调；②现实与设想间的不一致；③在客户期望与价值观上主观与客观的不一致；④事物发展的节奏或逻辑不协调。

（3）过程中的需要。

（4）产业、市场结构的变动。

（5）人口数量、质量等的变化。

（6）观念的转变。

（7）新的知识。

（资料来源：http://news.mbalib.com/story/31627）

第二节　创业机会识别

机会具有很强的时效性。一旦被别人抓住，也就不存在了。然而，机会又总是存在。当一种需求被满足，另一种需求又会产生；一类机会消失，另一类机会又会产生。由于机会大都具有隐蔽性，需要去发现和挖掘。这就涉及一个新的话题——创业机会的识别。

一、创业机会识别的影响因素

识别创业机会的过程是创业者和创业机会之间主体、客体相统一的过程。面对相同的创业机会，不同的创业者认知程度不同，识别效率、评价层面也不一致。而不同的创业者可能会关注不同的创业机会。因此，影响创业机会识别的因素从创业者个人特征与创业机会的自然属性两方面来分析。

1. 创业者的个人特征

从本质上说，机会识别是一种主观色彩相当浓厚的行为。所以，机会识别更多取决于创业者的个人因素。事实上，即使某一机会已经表现出较好的预期价值，由于并非每个人都能从事这一机会的开发，并且坚持到最后的成功，因此创业者的个人特征对于机会识别来说更为重要。现有研究中提到的一些创业者与机会识别相关的个人特征包括：

（1）警觉性

警觉性是创业者独有的对于未知事件的识别和察觉能力，而机会的识别和发现正是依靠这种能力。由于创业个体不是全能的，因此不可能发现所有的机会，只有那些创业警觉性高的企业家才能发现并开发所识别的机会。创业警觉性的形成也受个体自身特质和外界环境的共同影响，它们会促进警觉性的提高，警觉性又与机会认知能力正相关。这就说明创业警觉性越高，发现机会的概率也就越大。发现机会越多，创业者从中选择可操作机会的可能性就越大，即机会的可行性就越高。

（2）创业者特质

创业者特质是创业者特有的一种心理特征，拥有这种心理特征的人往往自信、敢于冒险、富有挑战性。拥有这类心理特质的创业者往往会比较容易发现环境中潜在的商业机会，并凭借自己的警觉进行机会开发。

早有研究学者指出创业者特质与创业机会识别之间的关系。他们认为，创业机会是被创造出来的，在创造的过程中，创业者特质扮演了重要角色，即创业者特质与机会识别呈高度相关。

（3）过去知识和已有经验

创业者更加关注与他们已经拥有的信息、知识相关的机会，并且创业者拥有的知识将在技术开发、机会识别、机会开发三个方面影响机会的发现。在特定产业中的先前经验有助于创业者识别机会。有调查发现，70% 左右的创业机会，其实是在复制或修改以前的想法或创意，而不是全新创业机会的发现。

（4）社会网络

创业者的网络对机会识别相当重要。拥有大量社会网络的创业者与单独行动的创业者在机会识别上有显著的差异。创业者通过自身的社会网络关系去识别潜在的创业机会，并对其进行评价和开发，这样往往会获得很好的收益。为了能够识别更多的创业机会，创业者应该丰富自己的社会关系网络，提高关系强度。

值得注意的是：上述个人因素并非彼此独立存在。在某种程度上，它们彼此之间也存在一定的相关性。在主题案例中，陈生从雪碧兑陈醋的饮用方法中发现了苹果醋的商机，体现出了他对市场需求具有较高的警觉性。同时，正如他所说：在机会条件还不充分的情况下去抓住机会，也反映出他身上自信、敢于冒险、富有挑战性的个性特点。

2. 创业机会的自然属性

创业机会自身的特征是影响人们能否识别的基本因素。创业者选择某项机会是因为相信其能够产生足够的价值来弥补投入的成本。创业机会的自然属性在很大程度上决定了创业者对其未来价值的预期，因而会对创业者的机会识别产生重大影响。创业机会的自然属性表现在：

（1）客户需求满足程度

一切创业机会都来源于客户需求，能否满足客户需求是评判创业机会价值的最根本的标准。

（2）市场容量

有些细分市场容量太小，而投资成本过大，难以实现盈利。较大的市场容量会带来旺盛的需求和较高的利润。同时，较大的市场容量意味着创业窗口关闭的时间比较晚，企业的发展空间比较大，利润的增长空间也比较大。

（3）需求的时效性

有些机会具有较大的市场容量，但是时机没有到，市场没有成熟，这样的机会风险比较大。只有能及时满足客户需求的市场，才能支撑初创企业的生存。

【典型案例】

女子会——餐饮旅游业的创业机会

女人和小孩的钱最好赚，大家肯定都很熟悉这段话，日本流行的女子会再一次验证了这个观点。什么是女子会呢？ 2000 年美剧《欲望都市》在日本播出，剧中的女性经常一起外出吃饭或旅游，日本就把这种女性聚在一起吃饭、旅游的行为称为“女子会”。

工作、恋爱、兴趣是“女子会”的三大主题，大家边吃饭边说些对工作、生活、另一半的牢骚，以此排解压力，因为不必再顾虑异性的视线，所以可以更轻松。

许多餐饮业和旅游业都看到这个商机，纷纷推出针对女性消费者的“女子会套餐”“女子会旅行”等产品，都获得了巨大收益。比如 sanza 酒店推出 2 名女性住宿套餐后，吸引了很多错过末班车，又不想在狭窄的漫画咖啡店里待一晚的女性消费者，她们可以好好地卸妆、泡澡，再躺在床上安稳地睡上一觉。女性消费者还能帮助商家建立品牌口碑，因为女性更愿意把认可的服务推荐给朋友，也更信赖口口相传式的广告，因此提供女子会产品的商家，只要做好产品和服务，回头客一定不会少。

2010 年，“女子会”登上了日本“新语·流行语大赏”Top10 排行榜，成为一种流行的社会现象。2013 年，网站 hitosara 做过一个关于“女子会”的调查，结果显示 90% 的女性参加过女子会，受访者每三人中就有一人每个月都会去参加“女子会”。“女子会”给日本全国带来的经济效益约为 3.7 万亿日元，数据一出，日本网友惊呼女性消费力真是不一般。

（资料来源：http://www.jiemian.com/article/1211049.html）

二、创业机会识别的一般过程

创业开始于创业者对创业机会的识别，创业者对这一机会持续开发的结果是企业的诞生。在这一过程中，机会的潜在预期价值以及创业者的自身能力得到反复的权衡，创业者对创业机会的战略定位也越来越明确。这就是机会的识别过程，或者叫作机会的开发过程。

1. 形成创意

一个有吸引力的并且可行的点子所形成的创业机会，是所有创业企业成功的基石。在创意没有产生之前，机会的存在与否意义并不大。

【典型案例】

小创意，大收获

案例 1：杭州姑娘“混搭”创意一夜致富

2009 年的 7 月，只要搭上日全食这根线，商家似乎只要坐着数钱就可以了，而家住杭州的 27 岁姑娘朱炎更是“忙得连数钱的时间都没有”。

5 月时，店里的日全食观测用具开始卖得俏起来了，但朱炎心里很清楚，卖十几元钱一副的护目镜，销量跑得再大，销售额也难以有什么突破。她想到了混搭销售，开始主推价格数百元的天文望远镜，然后建议客户配上两块观测日全食的小镜片。当然，这些小镜片可免费送出。

正是这个小小的创意，让朱炎的小店在淘宝网上三百多家同行中脱颖而出。半个月时间，她进账 50 万元。

案例2：浪漫女孩凭“吻印”致富

2005年的一天，正与男友热恋的赵建君擦掉口红时，无意中看到纸上的吻印特别漂亮。于是突发奇想，找来白纸，很认真地印了一个“吻”，还写了一些恋人之间的浪漫文字，过塑后送给男友。这个简单而充满创意的礼物让男友特别开心，还开玩笑说：“这个很有创意，不如开个小店专门为情侣们服务吧。”

2005年中，“以吻定情”个性小店在东莞正式开张了。半年之后，又开了“爱的吻唇”实体旗舰店，乘势推出亲情吻唇、天使吻印（宝宝的吻印）、周年吻印、新婚吻印等。这些吻印不但可以做成卡片，还可以做成T恤、项链、手机链等相关产品。现在，赵建君月收入已近万元。

案例3：卖火柴的大男孩赚得百万身家

在卖火柴之前，80后杭州人沈子凯拥有一家自己的广告公司。再往前，他是一个艺术设计专业的学生，梦想着用创意和设计将生活中很普通的东西变成有趣好玩的产品。

2007年，一个做创意的朋友送给沈子凯一盒酒店用火柴。黑色的外盒上压着细碎的花纹，火柴又长又粗，与平时看到的火柴完全两样。朋友说这叫送财，既漂亮又讨口彩的礼物让沈子凯很高兴，无聊时常常反复把玩，他想起了曾经的创意产品计划。

2007年7月，沈子凯正式注册了纯真年代艺术火柴商标，三个月后开始销售，并在2009年4月份正式开始加盟连锁。目前纯真年代的近百个经销商遍布除西藏、新疆外的中国大部分地区。

（资料来源：https://www.douban.com/group/topic/45434306/）

有价值潜力的创意一般会具有以下基本特征：一是创新导向。创业意味着创新和变革。当一种创意性的想法被发现后，它可以被转换开发成为创新产品。从创新的内容看，创意更强调创新的人文内涵，创新不只是针对中间生产手段和工具的技术创意，更是对人的意义和价值的创造性响应；从创新的方式看，一方面更加强调创意是原生态的创新，另一方面则更加强调创意是“活”的创新。二是机会导向。创意能够点石成金，往往创造一个故事或者一个形象就能够成就一个企业，并获得巨大的经济效益。三是价值导向。好的创意要带来真正的价值，这是创意的核心特征。

【典型案例】

星巴克的第三空间

“我不在办公室，就在星巴克；我不在星巴克，就在去星巴克的路上。”这句著名的广告词绝妙地诠释出星巴克（Starbucks）“第三生活空间”（The third place）悠闲、舒适和浪漫的意境。

星巴克原来是一家开在咖啡豆集贸市场旁边，以出售高级咖啡豆为主的小店铺。舒尔茨加入星巴克后，很快接触到了咖啡市场的潜在需求。在一次偶然去米兰的途中，他见识到了意大利咖啡的花样繁多，以及意大利人对咖啡如同生活般的热爱。这让他敏锐地感觉到，这与美国人每天五大杯味道寡淡的咖啡生活有着巨大的不同。这两者截然不同的咖啡消费状态，让舒尔茨看到了潜在的巨大商业机会。

这就是，改变当时美国人以家庭自制咖啡为主的习惯，营造出古老的欧洲咖啡馆文化。“当时我的想法是，这可以让咖啡店变得高尚浪漫些，但是我没有想到的是，这正符合了人们对舒适、浪漫的社交场所的需求。”舒尔茨后来在回忆录中，为自己的灵机一动而感到庆幸。

正如霍华德·舒尔茨所说：“创新虽有无限商机，但必须切合实际，并具有启发性。否则，就会像烟火一样，绽放绚丽光泽后，逐渐消逝。”在与客户的互动之中创新，是星巴克的主要创新方式。

对于星巴克而言，咖啡店的目标客户是比较充满好奇心的成年人。一般来说，这样的人希望每次来星巴克都是惊喜和惊奇。因此，星巴克一直在强调的“体验”中，一种是硬件服务，一种是软件带来的不同的惊喜。比如，叫出客户的名字，提供不同口味的新饮料，客户可以寄放杯子在这里，来的时候把杯子拿出来，做出一杯新的饮料。还有新品种饮料的试喝，这都是 surprise 的一种体验。

除此之外，运输、服务等各个环节的创新，都给星巴克带来了巨大的利润。比如，他们发明了空气阀，能够在长途运输中，保证咖啡豆的质量。这个发明使得星巴克的开店范围获得快速的扩张，而同时，也保证了星巴克的产品质量。

（案例根据网络资料整理：https://sanwen8.cn/p/124XDlh.html）

2. 搜集信息

机会源自变化、变革、问题、缝隙等。当创意产生后，搜集相关信息、获取有价值的信息变得尤为重要。由于信息在创业机会识别过程中具有的核心作用，创业者在决定创业之前，必须首先了解自己是否拥有优越的能够获取信息的渠道。

3. 市场测试

每个机会都要做周密的市场调查有时显得不切实际，也许等你调查结束了，机会已经被别人捕捉了。但是，有时目标市场的真实需求难以捉摸，只有明确了市场需求，创业大道才能一路畅通。如何确定市场的真实需求？通常采用市场测试法，即将部分产品或服务拿到市场中进行检验。市场测试是一种比较特殊的市场调查，又不完全等同于市场调查，二者有一个分水岭：市场调查是询问消费者是否想购买，市场测试是看消费者实际是否购买。

4. 评价创业机会

从某种意义上讲，机会识别和机会评价是同步的，即创业者在对创业机会识别时也有意无意地进行评价活动。在他们的分析框架中，机会识别和机会评价并非完全割裂的两个概念，创业者在机会开发中的每一步，都需要进行评估。也就是说，机会评价伴随在整个机会识别的过程中。

Twitter：成功的关键因素

在机会识别的初始阶段，创业者可以非正式地调查市场需求所涉及的相关资源情况，直到断定这个机会是值得考虑的或是值得进一步深入开发的；在机会开发的后期，这种评价变得较为规范，并且主要集中于考察这些资源的特定组合是否能够创造出足够的商业价值。此外，商业模式设计也是机会识别和论证工作的一部分，尽管创业者在机会识别阶段难以设计出完整的商业模式。

创业是不拘泥于当前资源条件限制对机会的追寻，通过将不同的资源组合利用，开发机会，并创造价值的过程。简单地说，创业是在经历了机会的识别与开发之后，确定创业项目、撰写创业计划、开办企业、管理企业的过程。创业机会的识别和开发过程，往往贯穿于创业的整个过程。

第三节　创业机会评价

创业远不像想象中的那样简单，激情和梦想只是催化剂。面对创业机会，一定要三思而后行。将创业机会转化为创业行为需要付出各种成本，这是每个成功创业者的共识。

【案例思考】

“第一研究生面馆”的生意经

成都某校六名硕士研究生打算在著名景点——琴台故径边上开一家“六味面馆”。开业前两个月，他们六人分头到成都大街小巷的面店去“明察暗访”。两个月，他们看了几百家铺子，吃了一千多碗面。他们觉得成都的快餐吃得最多的还是面。第一家店还未开张，六位股东已经把目光放到了5年之后——开20家连锁店。他们要与肯德基、麦当劳较量。

说起他们面馆出奇制胜的法宝，挂名店长周黎黎快人快语道出，他们计划形成六大系列，30多种特色面点，还要不定期推出“秘密武器”。

然而，在李家沱小区开了5年面馆的陈剑先生对他们的创业前景并不看好：“我这个铺子60多个平方一个月的营业额就是两三万的样子，房租要开销3500，原材料10000多，煤和其他一些杂务要5000多，另外税费两三千，我都觉得压力大，赚不了多少钱。如果这群娃娃要搞啥子绿色食品、无公害蔬菜，原材料价格要比普通的高1倍，就是20000，这个样子想赚钱，我看悬得很！”

果然，仅仅经营了4个多月，面馆经营惨淡，当初号称的成都“第一研究生面馆”就这样草草收场了。

（资料来源：http://news.sohu.com/20041119/n223064427.shtml）

思考：你觉得案例中的“第一研究生面馆”失败的主要原因是什么？

小贴士：案例中的面馆在创业初期借用了“研究生”的名号红火了一时。但是，正如业内人士所言，几位创业者对市场前景、自身创业可投入的时间与精力、产品开发能力、市场推广能力等方面估计均过于乐观，盲目跟风创业，最终只能以失败收场。

一、创业机会评价技巧与策略

创业机会的时效性要求创业者必须适时分析评价，但创业机会的模糊特性导致创业机会很难被评价。有人干脆认为，识别、评价创业机会是创业天才的专属。他们认为，虽然创业机会的价值是可以定量分析的，但是在定量评价结果出来之前机会窗口已经关闭，创业机会已经被具有天才型商业敏感的人抓住了。其实，评价创业机会是一项创业者艺术才华和科学才能相结合的伟大工程。只有把自己的主观判断和客观分析相结合，才能不失时机地识别创业机会。

一般而言，创业机会可以从三个层次进行分析和评价：一是创业机会的核心特征——产品和市场；二是创业机会的支持要素——团队、资源和商业模式，这是创业机会评价指标的第二个层次，也是创业者或者创业团队能够有效开发创业机会的支持条件；三是创业机会的成长预期——财务指标和收获条件。

关于创业机会的评价指标，引用较多的是美国百森商学院蒂蒙斯教授的评价框架。该框架涉及行业和市场、经济因素、收获条件、竞争优势、管理团队、致命缺陷问题、个人标准以及理想与现实的战略性差异等分类指标，每一分类指标中都有不同的具体评价点。

二、创业机会评价方法

创业机会的评价方法可以简单地分为定性分析和定量分析。定性分析和定量分析角度不同，前者主要分析的是难以用数字衡量或者没有绝对衡量标准的因素，后者则是针对比较客观、容易量化的因素。

1. 定量分析

（1）标准打分矩阵

通过选择对创业机会成功有重要影响的因素，并由创业者与评估专家对每一个因素进行“极好（3 分）、好（2 分）、一般（1 分）”三个等级打分，最后求出每个因素在各个创业机会下的加权平均分，从而可以对不同的创业机会进行比较（表 2–1）。

（2）哈南·珀滕斯奥米特（Hanan Potentiometer）法

这种方法提供选项式问卷，并针对不同因素的不同情况，预先设定好权值，创业者可以通过填写问卷得到特定创业机会的成功潜力指标。对于每个因素来说，不同选项的得分范围从 –2 分到 2 分，通过对所有因素得分求和，得到最后的总分，总分越高说明特定创业机会成功的希望越大。通常，只有那些最后得分高于 15 分的创业机会才值得创业者进行下一步的策划，低于 15 分的都应被淘汰（表 2–2）。

表 2–1 标准打分矩阵表

标准	专家评分			
	极好（3 分）	好（2 分）	一般（1 分）	加权平均分
易操作性				
质量和易维护性				

（续表）

标准	专家评分			
	极好（3分）	好（2分）	一般（1分）	加权平均分
市场接受度				
增加资本的能力				
投资回报				
专利权状况				
市场的大小				
制造的简单性				
广告潜力				
成长的潜力				

表 2-2 哈南·珀滕斯奥米特（Hanan Potentiometer）法

序号	因素	分值
1	对于税前投资回报的贡献	
2	预计的年销售额	
3	生命周期中预期的成长阶段	
4	投资回收期	
5	占有领先者地位的潜力	
6	商业周期的影响	
7	为产品制定高价的潜力	
8	进入市场的容易程度	
9	市场试验的时间范围	
10	销售人员的要求	
11	从创业到销售额高速增长的时间	

2. 定性分析

（1）柏蒂（Baty）选择因素法

在这种方法中，通过11个选择因素的设定来对创业机会进行判断。如果某个创业机会只符合其中的6个或者更少的因素，这个创业机会就很可能不可取；相反，如果某个创业机会符合其中的7个或者7个以上的因素，那么这个创业机会将大有希望（表2–3）。

表2–3　柏蒂（Baty）的选择因素法

序号	选择因素	符合的因素（打√号）
1	这个创业机会在现阶段是否只有你一个人发现了	
2	初始产品生产成本是否可以承受	
3	初始的市场开发成本是否可以承受	
4	产品是否具有高利润回报的潜力	
5	是否可以预期产品投放市场和达到盈亏平衡点的时间	
6	潜在的市场是否巨大	
7	你的产品是否是一个高速成长的产品家族中的第一个产品	
8	你是否拥有一些现成的初始客户	
9	你是否可预期产品的开发成本和开发周期	
10	是否处于一个成长中的行业	
11	金融界是否能理解你的产品和客户对它的需求	
合计		

（2）蒂蒙斯（Timmons）机会评价法

蒂蒙斯提出的包括八大类53项指标的评价框架是现在应用得最广泛，同时也是公认的比较容易应用的框架。该方法针对不同指标做权衡打分，总体来说，还是比较科学的一种方法（表2–4）。

表 2-4 蒂蒙斯（Timmons）机会评价框架

经济因素	1. 达到盈亏平衡点所需要的时间在 1.5 年～2 年以下
	2. 盈亏平衡点不会逐渐提高
	3. 投资回报率在 25% 以上
	4. 项目对资金的要求不是很高，能够获得融资
	5. 销售额的年增长率高于 15%
	6. 有良好的现金流量，能占到销售额的 20%～30%，甚至更多
	7. 能获得持久的毛利，毛利率达到 40% 以上
	8. 能获得持久的税后利润，税后利润率要超过 10%
	9. 资产集中程度低
	10. 运营资金不多，需求量是逐渐增加的
	11. 研究开发工作对资金的要求不高
行业和市场	1. 市场容易识别，可以带来持续收入
	2. 客户可以接受产品或服务，愿意为此付费
	3. 产品的附加价值高
	4. 产品对市场的影响力高
	5. 将要开发的产品生命力长久
	6. 项目所在的行业是新兴行业，竞争不充分
	7. 市场规模大，销售潜力达到 1000 万～10 亿元
	8. 市场成长率在 30%～50%
	9. 现有厂商的生产能力几乎完全饱和
	10. 在五年内能占据市场的领导地位，市场占有率达到 20% 以上
	11. 拥有低成本的工艺供应商，具有成本优势
收获条件	1. 项目带来的附加价值具有较高的战略意义
	2. 存在现有的或可预料的退出方式
	3. 资本市场环境有利，可以实现资本的流动

（续表）

竞争优势	1. 固定成本和可变成本低
	2. 对成本、价格和销售的控制较高
	3. 已经获得或可以获得专利所有权的保护
	4. 竞争对手尚未觉醒，竞争较弱
	5. 拥有专利或具有某种独占性
	6. 拥有发展良好的网络关系，容易获得合同
	7. 拥有杰出的关键人员和管理团队
管理团队	1. 创业者团队是一个优秀管理者的组合
	2. 行业和技术经验达到本行业内的最高水平
	3. 管理团队的正直廉洁程度能达到最高水准
	4. 管理团队知道自己缺乏哪方面的知识
致命缺陷	不存在任何致命缺陷
创业者的个人标准	1. 个人目标与创业活动相符合
	2. 创业者可以在有限风险下实现成功
	3. 创业者可以接受薪水减少等风险
	4. 所创办的事业顺应时代潮流
	5. 创业者渴望创业这种生存方式，而不只是为了赚大钱
	6. 创业者在压力之下状态依旧良好
理想与现实的战略性差异	1. 理想与现实情况相吻合
	2. 管理团队已经是最好的了
	3. 在客户服务管理方面有很好的服务理念
	4. 所创办的事业顺应时代潮流
	5. 所采取的技术具有突破性，不存在许多替代品或竞争对手
	6. 具备灵活的适应能力，能快速地进行取舍
	7. 始终在寻找新的机会
	8. 定价与市场领先者几乎持平
	9. 能够获得销售渠道，或已经拥有现成的网络
	10. 能够允许失败

【主题小结】

真正的创业过程开始于商业机会的发现。如何从繁杂多变的市场环境中找到具有潜在价值的商业机会，进而开发并最终转化为新创企业，是创业者需要关注的重要内容。在这一主题中，我们讲述了什么是创业机会，创业机会的分类、特征以及来源，介绍了创业机会的识别方法以及常见的评估工具。

【实务演练】

创业机会识别与评价

描述：

学生经常苦于寻找机会，本练习会让他们思考如何挖掘周围的潜在机会。将学生带到教室外（也可以在室内进行，但是离开建筑物可以很好地打破常规），询问他们从周围看到了什么；然后鼓励学生思考有这些商机，让他们比比看谁能识别到最多的商机；接下来让他们思考应该如何利用这些商机来更好地改善人们的生活。学生将会开始意识到他们身边总是存在着大量潜在的机会，并开始思考应该如何将这些初步设想发展成为可能的商业概念。

学习目标：

（1）实践观察潜在机会。

（2）反思个体在观察和感知世界方面的差异。

（3）提高产生新创意的能力。

主题 2　市场调研与分析

【主题案例】

挖掘市场，抢抓机遇

在常人眼里，葡萄籽外壳坚硬，牲畜不吃，沤粪不烂，是没用的垃圾。为了处理掉堆积如山的葡萄籽，葡萄酒厂家一年不知要“垫”进多少费用。甚至有的厂家专门和种植户签订协议，只收葡萄，葡萄籽须由种植户拉走。

但是，在北京发展的郑州女孩张丽雯却不这样认为，她说：“葡萄籽不是垃圾，而是放错了地方的宝贝。所有的葡萄籽我全要了！”消息传出后，北京市大大小小的葡萄酒厂老板乐滋滋地找上门来，只要张丽雯收下一文不值的葡萄籽，都答应长期免费供应。

2009 年 8 月，张丽雯筹资 300 万元从法国采购回来一套压榨设备，建起了“葡萄籽榨油厂”。原来拿到农业大学硕士学位的张丽雯，从在世界著名葡萄酒产地法国波尔地区打过工的同学那里得知：葡萄籽是可以榨油的。葡萄籽油内含有 4% 左右的花青素，花青素具有很好的美容养颜的作用。葡萄籽中亚油酸含量在 70% 左右，还含有维生素 E、维生素 A 等多种人体需要的矿物质。葡萄籽油甚至比花生油的价值还高，在国外广为销售。

2010 年初，葡萄籽油一上市就成了抢手货。由于产品不愁销路，原料又不花钱，这一年张丽雯就赚了 500 多万元。

一下子赚了个盆满钵满的张丽雯，又遇到了新的麻烦——机器剥离出来的葡萄籽外皮渐渐地堆成了一座小山。相信葡萄籽不是垃圾的张丽雯，更不相信葡萄籽外皮成不了宝贝。果然，中国农科院的专家替张丽雯支了招：用葡萄籽外皮和杏仁壳混合，经过高温炭化、活化后加工成活性炭，每吨活性炭市场价 1.5 万元。于是，这一堆无人问津的葡萄籽外皮垃圾成了每吨 1.5 万元的活性炭！

张丽雯没有就此止步，她还要在活性炭上做文章。活性炭具有韧性强、不易变形的特点，将它压制成炭板后进行艺术加工，可成为市场上一个独特的卖点，每年仅炭雕艺术品一项就能卖到上百万元。

从葡萄籽到葡萄籽油，从葡萄籽外皮到活性炭以及炭雕艺术品的开发，葡萄籽的“油”可谓被张丽雯彻底“榨”干了。到 2012 年 6 月，短短的 3 年时间内，张丽雯从废弃的葡萄籽中挖掘出了 2000 多万元的惊人财富。

（资料来源：http://www.sz12355.com/gzdt/newsview.aspx?id=8a08c4c3-62c7-4c68-8f17-76faae5c1d29）

【案例讨论】

1. 你认为张丽雯成功的关键因素是什么？
2. 你从案例中得到哪些启示？

高手指路

知识经济时代的来临，既为创业者提供了机遇又带来了挑战。不同行业的迅速崛起，让创业者有了更多创业的选择方向，但由于选择众多也让创业者们乱了阵脚。创业者要能够运用现代市场营销理念来满足市场要求，增强适应创业市场不断变化的能力，最终实现创业梦想。

第一节 市场调研

互联网时代，市场上从来不缺少好创意、好点子。大批创业者投身创业大潮，每天都有一批新企业诞生，同时，也会有更多的创业企业死去。目前大多数创业者想法并不成熟，拍脑袋决策、闭门造车、摸石头过河是常态，缺少科学的方法降低创业的风险。那么，怎么才能让自己的创业更靠谱，成功率更高呢？第一步不是注册公司，而是进行充分的市场调研，验证你的想法。

一、市场调研的内容

市场调研的内容随着调研目的不同而各有侧重，本书主要从创业者寻找商机创办企业角度阐述其主要内容。

欧美国家市场调研特点

1. 用户痛点与需求调研

“知己知彼，百战不殆”，这里的“彼”指的是潜在用户。在创业的最初阶段，需要调研的是用户的需求和痛点，帮助自己找到市场的切入点。找到一个痛点单点切入，要比面面俱到的成功率更高。

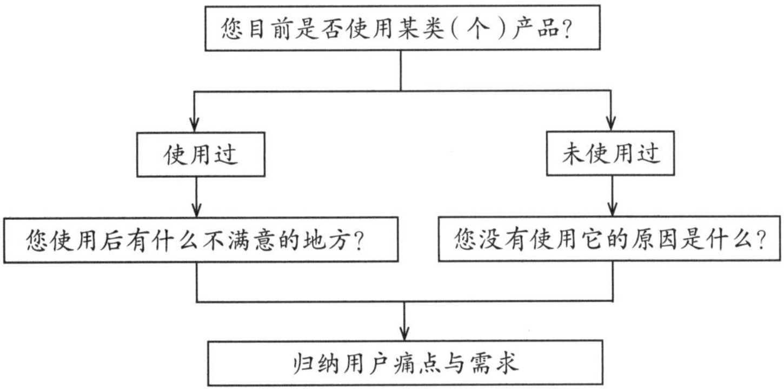

图 2–1 用户痛点与需求调研流程

2. 产品概念市场接受度调研

经过前期的需求和痛点调研，形成产品的初步概念（即产品的介绍），这个产品概念需要进行目标用户的接受度测试，正所谓“从用户中来，到用户中去”。之所以要开展目标用户市场测试，原因有以下几方面：一是可以帮助创业者客观评估项目潜力，反映目标用户对产品的需求度；二是可以帮助产品识别核心市场，找到最有可能购买产品的用户特征；三是可以帮助产品提炼核心卖点，作为未来的市场宣传点；四是可以帮助产品规避障碍风险，提前清除可能的购买障碍。

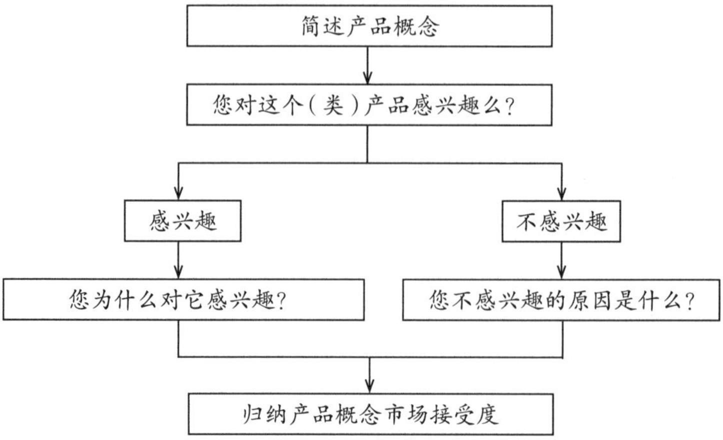

图 2–2　产品概念市场接受度调查流程

进行需求和痛点调研以及产品概念市场接受度调研后，产品能否进行下一步的开发，便有了明确的结论。如果市场接受度不高，那么说明创业者的想法还不成熟，需要完善或调整方向。

3. 产品开发阶段的用户体验调研

在互联网时代，产品开发一定尽量让目标用户参与整个过程。所谓用户参与，不是说让用户来设计，而是产品开发过程中要进行大量的用户体验测试。测试内容主要包括：产品（服务）功能点测试，产品外观、产品包装测试，产品（服务）价格测试，产品（服务）名称、产品 LOGO、产品 Slogan 测试等。

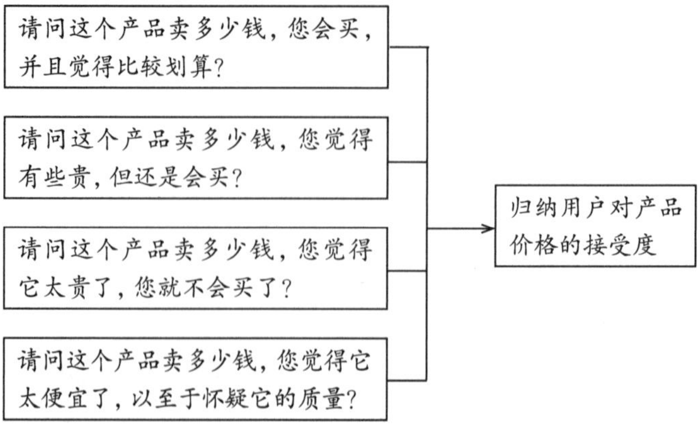

图 2–3　产品价格测试流程

产品开发是落实产品创意的环节，以用户为中心，让用户参与测试，更有助于创业团队开发出优秀的且符合用户需求的产品。

【案例思考】

中国人不喝冰红茶

一间宽大的单边镜访谈室里，桌子上摆满了没有标签的杯子，有几个被访问者逐一品尝着不知名的饮料，并且把口感描述出来写在面前的卡片上……当时任北华饮业调研总监的刘强组织了五场这样的双盲口味测试，他想知道，公司试图推出的新口味饮料能不能被消费者认同。

调查显示：超过 60% 的被访问者认为不能接受"凉茶"，他们认为中国人忌讳喝隔夜茶，冰茶更是不能被接受。刘强领导的调查小组认为，只有进行了实际的口味测试才能判断这种新产品的可行性。

等拿到调查的结论，刘强的信心被彻底动摇了，被测试的消费者表现出对冰茶的抵抗，一致否定了装有冰茶的测试标本。新产品在调研中被否定。

最后以旭日升为代表的冰茶在中国全面旺销，北华饮业再想迎头赶上为时已晚，一个明星产品就这样流逝于详尽的市场调查而与刘强擦肩而过。说起当年的教训，刘强还满是惋惜："我们举行口味测试的时候是在冬天，被访问者从寒冷的室外来到现场，没等取暖就进入测试，寒冷的状态、匆忙的进程都影响了访问者对味觉的反应。测试者对口感温和浓烈的口味表现出了更多的认同，而对清凉淡爽的冰茶则表示排斥。测试状态与实际消费状态的偏差让结果走向了反面。"

"驾驭数据需要系统谋划。"好在北华并没有从此怀疑调研本身的价值，"去年，我们成功组织了对饮料包装瓶的改革，通过测试，我们发现如果在塑料瓶装的外形上增加弧形的凹凸不仅可以改善瓶子的表面应力，增加硬度，更重要的是可以强化消费者对饮料功能性的心理认同。"

（资料来源：http://www.doc88.com/p-5701218720692.html）

思考： 1. 你觉得案例中北华饮业是否该进行用户体验测试？

2. 为什么开展了体验测试反而导致他们错失商机？

小贴士： 开展用户体验测试需要精心周密的准备与安排，将目标客户带入真实体验情境是其中的关键所在，否则就会出现用户体验偏差从而导致测试结果错误。

二、市场调研的方法

1. 从二手资料中搜集数据

二手资料为行业分析提供了收集信息的来源。例如商业杂志、新闻报道、图书馆、政府文件和互联网等都可以提供相关行业市场需求和竞争者情况的信息。在互联网上甚至可以通过群聊来收集非正式的原始信息。

商业数据总是有用的，可是创业者也需要慎重考虑为之付出的成本。一些大学的图书馆会提供一些免费的商业数据库，如万方数据库、中国知网数据库等。在考虑信息的原始来源或商业来源之前，创业者应该尽可能利用免费的二手资料。

【典型案例】

广东香蕉如何通过二手资料调查进入欧洲市场

广东某上市公司是专营新鲜水果、蔬菜等农产品出口的企业，主要出口的产品是香蕉，销往美国、西欧、日本等地。公司拟向西欧展开一次香蕉出口攻势。鉴于公司资源有限，只能把力量集中放在一个盈利潜力最佳的目标市场。

从历史情况分析，芬兰、瑞典、英国、瑞士、西班牙和葡萄牙都是进口香蕉的国家，公司的管理部门要求调查人员从中挑选一个国家作为自己的香蕉出口目标市场。

公司的调查人员从经合组织（OECD）所公布的贸易统计资料着手，开始二手资料调查。公司调查人员调查了近年来上述六国香蕉进口数量，并从市场规模、增长速度、单位价格三个方面进行综合分析得出，英国是盈利潜力最佳的市场。调查人员把调查结果提供给管理部门作决策参考，最终得到采纳，并顺利在英国打开了市场。

（资料来源：http://nuoha.com/book/155015/00022.html）

2. 从原始资料中收集信息

收集原始信息有许多方法，例如观察法、网络法、个人访谈、专题小组访谈法或实验法，还有一些经常使用的信息收集工具，例如调查问卷。

（1）观察法

观察法最为简单。创业者通过观察潜在顾客的购买行为来分析这些行为层面所传递的信息。

（2）网络法

网络法是通过行业领域的专家收集原始信息的一种非正式的方法，它的优点是调研成本较低。一项有关新企业的研究显示，最成功的企业（基于成长率）往往会通过网络、行业协会等集中关注有关竞争者、顾客和行业的信息。而不成功的企业更多地关注一般经济状况和人口统计方面的趋势，因此他们很少能察觉到在目标细分市场上正在发生的变化。

（3）个人访谈

个人访谈是调研最普遍的一种方法。比起观察法，它的成本很高，但是却更有可能产生有意义的信息。访谈可以通过面对面访问、电话、邮件或是在线聊天的方式来实现。这些方式有各自的优缺点，创业者在使用时应权衡利弊。

（4）问卷调查法

问卷调查法是一种常用的市场调研方法。它的优点是节省时间、经费和人力，调查结果容易量化，便于统计处理与分析，可以进行大规模的调查。问卷法的主要缺点是问题设计比较难，很多时候需要了解用户的意图、动机和思维过程。问卷调查这类问题往往效果不佳。而开放式的问题，回收质量、分析和统计等工作也会受影响。同时，问卷调查的回收率难以保证。

因为问卷法在分析过程中很重要，所以创业者即使没有关于设计问卷的经验也应该通过其他途径寻求帮助来完成它。

第二节　市场分析

市场分析是对市场规模、位置、性质、特点、市场容量及吸引范围等调查资料所进行的经济分析。对于创业者来说，市场分析主要包括市场机会分析、消费者市场分析以及竞争战略分析等方面。

一、市场机会分析

市场机会分析是通过市场调研，分析市场上存在哪些尚未满足或尚未完全满足的显性或隐性的需求，以便企业能根据自己的实际情况，找到内外结合的最佳点，从而组织和配置资源，有效地提供相应产品或服务的过程。

【典型案例】

日本汽车业何以占领美国市场？

日本汽车业成功地进入并占领美国市场，其重要原因之一，就是在对美国市场进行全面而深入的市场调研的基础上，成功地识别并把握了市场机会。20世纪60年代初，日本汽车商利用政府、综合贸易商社、企业职能部门，甚至美国市场研究公司广泛搜集信息。

通过市场调研，他们发现有机可乘：（1）美国人把汽车作为身份或地位象征的传统观念正在逐渐削弱，汽车作为一种交通工具更重视其实用性、舒适性、经济性和便利性；（2）美国的家庭规模正在变小，核心家庭大量出现；（3）美国汽车制造商无视环境变化，因循守旧，继续大批量生产大型豪华车，因而存在一个小型车空白市场。

于是，日本汽车商设计出满足美国顾客需求的美式日制小汽车，以其外形小巧、购买经济、舒适平稳、耗油量低、驾驶灵活、维修方便等优势敲开了美国市场大门。20世纪70年代的能源危机又为日本汽车拓展美国市场推波助澜。到80年代末，日本小汽车已在美国市场上取得了有力的竞争地位，市场占有率达35%。

［资料来源：吕艳玲．市场机会：分析、发现、评价和利用 [J]. 经济师，2000（1）］

对创业者来说，市场机会分析具有以下意义：

第一，市场机会分析是企业产品决策的基础。在企业市场营销组合中，产品是关键因素，它是最后进入消费领域、满足消费者需要的唯一手段，而价格、分销和促销是实现这一过程的辅助手段。所以，产品也可以说是市场营销组合的主体。因此，产品决策在企业市场营销策略中居于重要的地位。但产品决策的各个方面，尤其是新产品的开发与市场机会分析有密切关系。市场机会分析为它提出开发的方向，指明潜在的发展趋势，从而使产品开发在市场导向的基础上进行。

第二，市场机会分析是企业市场营销管理过程的出发点。在企业市场营销管理过程中，每一环节互相衔接，形成有机的结合。但市场机会分析处于市场营销管理过程的起点，它直接影响和制约着企业市场营销管理过程的各个环节。

第三，市场机会分析也是企业制定战略规划的重要依据。企业战略规划是确定企业任务、目标和具体发展方向的重要工具。在企业制定战略规划时，其首要的任务是确定企业经营方向，即企业目的是什么，而除了考虑其他因素外，市场机会分析也是确定企业目的的重要依据。通过市场机会分析，企业目的才能符合市场的变化。

【典型案例】

好饭好菜送上来

“红高粱”挑战麦当劳的雄心壮志，是非常遥远的回忆了。但现在，中国真的出现了自己的大规模快餐销售企业——丽华快餐。

丽华快餐没有选择中式快餐连锁店，而是选择了竞争程度相对较低的工作快餐市场。丽华的成功，改变了人们对工作快餐市场作坊式操作、低价位、低利润、无法标准化操作的成见。丽华为了实现规范流程、快速供应，在国内率先采用电脑接线传输系统和无线电对讲系统等手段，还引入了中文寻呼系统，成为中国最早使用电脑网络下单的快餐公司之一。丽华还大胆地让客户采用手机短信订餐，并实现了订餐的标准化。它“一份能送，一千份也能送”的承诺，改变了以往服务业只关注大客户，而忽视小客户的做法。因为实现了规模效应，丽华还在工作快餐市场上，率先尝试使用大众传媒——电视广告和平面广告与目标消费群体进行沟通。丽华的成功在于其营销创新能力和进取精神，以及它对小客户的尊重。

（资料来源：www.hrsalon.com 职场交流社区）

二、消费者市场分析

消费者市场分析是指在对市场环境（政治、法律、社会、文化、技术）、人口特征、生活方式、经济水平等基本特征进行研究的基础上，运用各种市场调研技术和方法，对消费群体通过认知、态度、动机、选择、决策、购买、使用等阶段实现自身愿望和需要的研究。

通过对消费者市场的分析与研究，可以了解消费者的心理过程、需求、动机、习惯和消费趋向，有助于企业制定市场营销组合策略，也可以为企业进行市场细分和市场定位、进而选择目标市场提供依据，对企业确定市场营销目标也具有重大意义。

消费者市场分析主要包括三方面：

1. 消费者需求分析

通过问卷、访谈、座谈、讨论、观察、写实等调查形式和手段，对目标消费者（包括个体和组织）进行全面研究，挖掘出消费者的潜在需求，帮助企业正确地进行产品定位和目标市场定位，减少企业在产品选择和市场选择上的失误。在充分调查研究基础上，进一步评估潜在市场的吸引力，评估企业在该市场的竞争力，并制定相应的营销策略。

2. 消费行为与态度分析

研究不同群体的消费者对某一类产品（或场所）的消费心理、消费行为、消费需求、消费动机、消费决策过程以及信息获取渠道等，可以作为企业产品市场定位以及营销决策的重要依据。

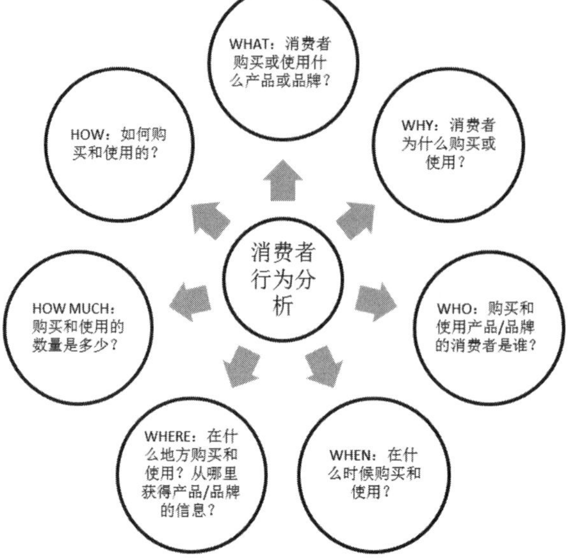

图 2–4　消费者行为分析内容

3. 客户满意度分析

开展客户满意度分析的目的是考察消费者对企业产品和服务的满意程度，包括满意率、顾客忠诚度、顾客抱怨以及他人推荐率等重要评价指标。

【典型案例】

OTC（非处方药）市场消费者行为分析

随着新的医疗保险办法的实施，药品分类管理办法的出台，非处方药品目录的公布，病人自主治疗意愿的增加，大量零售药店出现了。消费者从公开渠道购买非处方药物的机会大大增加，药品零售额快速增长，非处方药市场充满机遇。

越来越多的制药企业进入零售市场，希望通过广告和促销，建立自己的非处方药品牌，获得经济效益。在这一领域获得成功的关键是公司直接向消费者进行营销的能力，即制定有效的非处方药市场营销策略并付诸实施的能力。

1. OTC 药品的购买者是谁?

OTC 药品的概念和特点决定了 OTC 药品的购买者是：成年人；有一定的疾病判断能力，能较为准确地判断病的类别和病情严重程度，有一定的药品使用经验；

在经济上有一定的来源，可以自主支配药品费用；文化程度高的人和医疗保健意识更强的人；工作节奏快的人。

2. 消费者购买什么样的OTC药品？

消费者购买OTC药品是因为治疗的疾病类别、制造商、品牌、价位、剂型、包装等的不同而存在区别，还因为是否进入医疗保险报销目录而有不同购买决策。消费者对一个产品的把握一般有三方面的知识：有关产品属性和特征的知识，使用产品的积极结果或收益，有助于消费者满意或达到目的的产品价值。消费者对OTC产品的认识也一样，这三方面知识的结合形成了他们对OTC产品的认识。OTC产品属性有包装外观、说明书、药品外观及开启的方便性、服用方便性、口感等，OTC产品利益有疗效、副反应、起效速度及安全性等，OTC产品价值有品牌地位。

调查显示，进入医疗保险目录对于OTC药品的推广很重要：当消费者经常使用的某种疗效不错的公费药变为自费药时，享受公费医疗的消费者中有近一半人会从公费药中寻找替代药，而不会自费购买这种药，只有近13%的消费者会自费购买这种药。目前的非处方药尚未受到公费报销的限制，公费报销品种目录中有不少是非处方药。研究表明，有2/3的非处方药是通过医生处方开出的，从而获得了医疗保险公司的补偿。

3. 该市场消费者为何购买？

消费者购买OTC药品的原因有以下几点：治疗小病痛；方便；省时；节约费用。99%的消费者表示：他们去药店最主要的原因是得了小毛病，自己能够察觉症状并且判断缓解的程度。所以服用OTC药品是消费者治疗日常小病最常用的方法。患者使用OTC药品对自身一些常见的、轻微的小病症进行自我治疗，大大节省了他们去医院排队看病、等待治疗的时间。

（资料来源：http://www.yy21.net/news/14186.html）

三、竞争战略分析

竞争战略分析的主要目的在于了解竞争对手的经营状况，了解目标客户的未来需求以及发现新的消费点和新的客户群，最终达到在未来市场竞争活动中占据主导位置。在激烈的市场环境中，竞争战略分析已成为每个企业必须进行的一项市场活动。本书着重介绍波特五力模型和SWOT分析两种竞争战略分析方法。

1. 波特五力模型

波特五力模型是迈克尔·波特（Michael Porter）于20世纪80年代初提出的，他认为行业中存在着决定竞争规模和程度的五种力量，这五种力量综合起来影响着产业的吸引力以及现有企业的竞争战略决策。五种力量分别为供应商的议价能力、购买者的议价能力、新进入者的威胁、替代品的威胁、同业竞争者的竞争程度。

竞争战略在一定意义上源于企业对决定产业吸引力的竞争规律的深刻理解。任何产业，无论是国内的或国际的，无论生产产品的或提供服务的，竞争规律都将体现在这五种竞争的作用力上。因此，波特五力模型是企业制定竞争战略时经常利用的战略分析工具。

【典型案例】

波特五力模型分析小米手机的成功

近几年，智能手机的发展速度非常迅猛，已有较长历史的三星、索尼、苹果等大公司瓜分着手机销售市场的份额。在这样的市场环境下，国产手机显得几乎没有介入与发展的机会。然而，小米手机以其相当实惠的价格、不低于其他品牌智能手机的使用性能，广泛获得了消费者的钟爱。下面将利用波特五力模型对小米公司的竞争环境及其获得成功的原因进行分析。

1. 购买者的议价能力

购买者在选择手机品牌时考虑的是在相同使用性能上的价格比较，如果手机定价相对过高则会直接影响销售量，这一点上，体现了购买者对手机公司的议价能力。小米手机在功能与价格之间找到了契合点，使原本购买高出其价格一两千元的智能手机用户以及与其价格相同购买非智能手机的用户选择了购买小米手机。

另外一个方面，小米公司一直在构建自己的产业布局，从最初的智能手机开始，到后来推出的“智能手环”“智能插座”以及“智能血压计”，每一个产品都能够实现智能化并且可以与小米手机进行互联以及信息传递。这让消费者在选择时并非会考虑价格因素，反而是对小米品牌的好感度上升，甚至是趋向于购买小米手机以及相关产品。这种对公司形象的树立也很好地吸引了更多的购买者，从而让购买者并不看重其议价能力，这对公司的竞争环境产生了非常好的影响。

2. 供应商的议价能力

作为低价、高性能的智能手机，小米能够以比其他手机公司低出很多的价格销售，其中供应商的议价能力这个影响因素是最为关键的。小米公司自己并没有任何的制造工厂，其供应商主要是夏普、索尼等大公司。小米公司与这些曾经在手机市场有着相当地位然而目前逐渐衰弱的公司联合，一方面借用这些公司成熟的技术制造出性能不错的手机，得到手机质量的保证，另一方面也是由于这些公司在手机市场的衰败而导致其供应的议价能力并不会非常强。小米公司选择不同的公司来合作提供上游零件产品以及有着不同代工企业的选择，也保证了不会受单一供方的约束，以至于每个单方面的供方都不会成为唯一的合作伙伴，一定程度上限制了其议价能力。

另外，小米公司始终保持着内部设计以及开发的独创性，仅仅将代工这一不涉及技术产权的内容交给相关工厂去做，这样也保证了供应商所提供的元部件并不会具有太大的技术产权的价值加成。

3. 现有竞争者的竞争能力

小米手机现已存在的竞争者还是非常之多的，例如目前占据相当大市场份额的三星公司，以及目前发展实力非常强的苹果公司。小米手机相比于传统的大公司来说，其优势在于它并没有生产工厂，其加工过程完全利用其他供应商的工厂来做，这样在一定程度上降低了产业升级换代所需要的代价与成本。另外，小米公司对于苹果这样销售额非常大的手机制造商来说，其主要的优势就在于性价比，而且作为国产品牌，小米手机也逐渐受国内消费者的青睐。

4. 潜在进入者的竞争能力

小米手机以低价、高性能获得成功之后，给整个行业的手机公司带来了相当大的触动，也在一定程度上降低了手机公司销售时的利润。与此同时，也有许多与小米手机同时期或者比小米手机更早面市的一些品牌，企图复制小米公司的阶段性成功。然而，这部分企业试图进入小米公司已构建好的市场还是有一定的难度的。一方面，小米公司销售渠道已经建立完善，饥饿营销的销售模式在一定程度上也被购买者所接受，而此时，其他新兴的手机公司很难从已有的销售渠道以及模式上找到突破口，如果再照搬小米的成功模式，消费者不一定会买账。另一方面，小米公司已构建好全面的发展布局，从小米手环到其他智能家居的相关产品，小米公司已然将其用户牢牢抓紧，并且从一种主动式销售转换成被动式销售，更多的用户是信任小米公司的产品而主动选择。在这种现状下，其他潜在的竞争者能造成的竞争力也就非常微弱。

5. 替代品的威胁

两个处于同行业或不同行业中的企业，可能会由于所生产的产品是互为替代品，从而在它们之间产生相互竞争行为，这种源自替代品的竞争会以各种形式影响行业中现有企业的竞争战略。对于替代品，作为最先进技术（如芯片、硬件、软件等）的应用者和开发者，小米公司有很大的优势，尤其是最为重要的性价比。

（资料来源：https://wenku.baidu.com/view/ce1decaeed630b1c58eeb57f.html）

2. SWOT 分析

所谓 SWOT 分析，即基于内外部竞争环境和竞争条件下的态势 SWOT 分析法分析，就是将与研究对象密切相关的各种主要内部优势、劣势和外部的机会和威胁等，通过调查列举出来，并依照矩阵形式排列，然后用系统分析的思想，把各种因素相互匹配起来加以分析，从中得出一系列相应的结论，而结论通常带有一定的决策性。运用这种方法，可以对研究对象所处的情境进行全面、系统、准确的研究，从而根据研究结果制定相应的发展战略、计划以及对策等。

S（strengths）是优势，W（weaknesses）是劣势，O（opportunities）是机会，T（threats）是威胁。按照企业竞争战略的完整概念，战略应是一个企业“能够做的”（即组织的强项和弱项）和“可能做的”（即环境的机会和威胁）之间的有机组合。

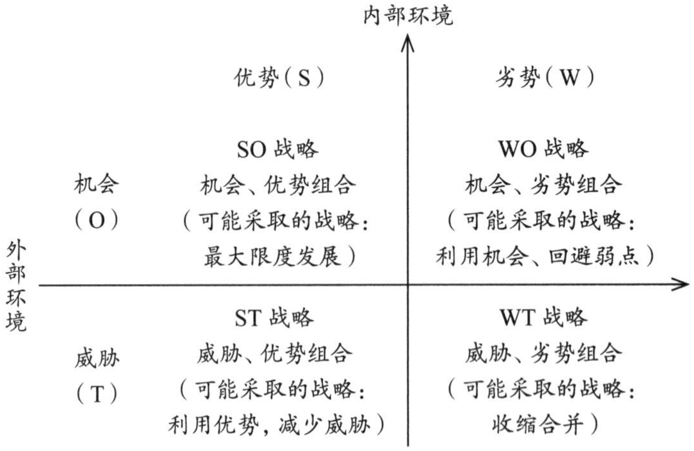

图 2–5　SWOT 分析矩阵

【典型案例】

三只松鼠的 SWOT 分析

安徽三只松鼠（中外合资）电子商务有限公司，是中国第一家定位于纯互联网食品品牌的企业。

公司于 2012 年 2 月在安徽芜湖国家高新区注册成立，是以坚果、干果、茶叶等森林食品的研发、分装及 B2C 品牌销售为主的现代化新型企业。最初的团队是由 5 名创始人组建，到目前公司全国雇员超过 1600 余人，其中来自全国的电商运营团队 200 余人，平均年龄 23.5 岁，是全国最年轻的电商团队。当前三只松鼠网络渠道全面覆盖天猫、淘宝、京东、1 号店、QQ 网购、美团、唯品会、聚美优品等各类渠道，并已建成国内华南、华北、华东三大物流中心，可实现日处理订单量10万单，并实现全国60%区域的消费者次日达极速物流服务。现在已成为中国销售规模最大的食品电商企业，2014年销售额破10亿。

下表是该公司的SWOT分析情况：

	优势 1. 前期广告营销成功； 2. 品牌形象良好； 3. 员工队伍创新活力度高； 4. 充足的投资支持； 5. 产品质量高； 6. 顾客满意度、忠实度高。	劣势 1. 只做线上销售并且严重依赖于天猫平台，线下市场份额被抢占； 2. 供应链不稳定，供货危机多发； 3. 公司管理制度不完善，管理层缺乏管理经验； 4. 所采取的广告营销方式的后发力量不足； 5. 新员工培训指导不足。
机会 1. 休闲食品市场规模不断扩大； 2. 互联网大数据的利用，充分了解消费者心理。	利用优势把握机会 1. 增加产品种类； 2. 维护老客户，发掘新客户； 3. 继续利用员工的创新优势，抢占未来的市场份额。	利用机会克服劣势 1. 利用大数据，增设热销地的仓储点； 2. 发掘消费者新需求，尝试进行线下销售，扩大市场份额。
威胁 1. 休闲零食市场产品同质化严重； 2. 行业进入门槛低，潜在的竞争者进入； 3. 营销方式被现有竞争对手模仿； 4. 国内的无序竞争状态，竞争者采用低价策略。	利用优势回避威胁 1. 利用已产生的规模生产效应，尽可能阻止潜在的竞争者加入； 2. 利用投资，加强产品独特性的研发。	将劣势降到最小避免威胁 继续创新营销方式，保持独特性。

战略一：强化品牌营销，保持品牌独特性

网购文化在全社会的兴起，是电商产业发展的大好时机。

松鼠公司要继续利用电商的互联网广告转化优势、信息交流平台，将营销平台分散化，不能仅依靠于天猫淘宝，要将微信、微博、视频网站等视作重要营销平台，全方位深入扩大品牌的影响范围。加大对动漫营销的投入，吸引儿童和青少年，带动儿童青少年的购买欲望，将其家长转化为客户。同时儿童青少年也是未来的潜在客户，强化品牌营销有利于企业未来的长远发展。

战略二：革新生产技术，拓宽分销渠道

坚果食品市场的进入门槛低，且现阶段不同商家的产品正趋于同质化的发展。在做好产品营销的情况下，松鼠公司要加大产品的研究投入，生产更符合消费者口味的坚果食品等。

为了保持产品的新鲜度而放弃拓展线下分销渠道，导致线下市场被其他竞争者抢占，实为有待商榷的做法。其实保持产品新鲜度与增设线下分销渠道并不矛盾，只要加大仓储的布局，尽可能在全国范围内寻找更多优质的原材料产地，完善物流供应链，就可以同时兼顾产品新鲜度和线下分销渠道。线下销售市场不能被低估，线下销售市场集合了大批喜欢现挑现买的中老年客户，他们的闲暇时间充裕，并不极力追求网购送货上门的便利。我国正逐步进入老龄化社会，中老年客户群体会继续扩大，所以线下分销渠道的设置十分有必要。

战略三：预测消费需求，抢占未来市场

大数据时代的到来，使预测消费者的未来消费需求更加成为可能。数据分析决定成本控制和投资回报率，三只松鼠通过前期的推广已经获得了大量经验和数据，今后需要进一步优化已有的数据资料，提前预测消费者的需求变化，及时推出新产品，安排生产，提前一步抢占市场，进而取得优势。

战略四：完善公司部门制度

各个部门，都有自己的岗位职责，只有确定各个部门的职责，才能够促使企业正常地运行，促使企业正常地发展。目前三只松鼠主要面对的困境就是部门建设的不稳定，一旦有大量的新员工应聘，企业就大幅改动部门的设置，这对于公司的稳定发展来说十分不利。在完善公司的部门制度时，企管部需要扮演重要角色。

1. 与人事部门进行密切协调，提出部门内岗位配置意见，对部门工作进行合理分工；

2. 对部门职工进行培训、指导，提升部门团队能力；

3. 监督、检查、考核职工的工作绩效，完善内部分配，激发职工的工作积极性；

4. 落实公司有关规定和制度，不断提高部门的服务质量。

（资料来源：https://wenku.baidu.com/view/da6bb0a31eb91a37f1115cfd.html）

【主题小结】

在这一主题，我们从初创企业的角度介绍了市场调查和分析的主要内容与方法。对于创业者来说，充分的市场调查与分析可以帮助创业者对创业机会进行识别，明确产品定位与营销策略。利用科学的方法开展市场调查和分析可以降低创业风险，提升创业成功率。

【实务演练】

请设计并发放一份快速消费品的市场需求调研问卷并对调查结果做简要分析。

调查的具体要求：

1. 明确调查的目的；
2. 设计调查表时，应该注意简明扼要；
3. 设计问题时，应该注意围绕调查目的；
4. 调查表尽量使用选择题，但是也需要提供开放问题；
5. 在整个调查表中保持评分标准的一致性；
6. 注意调查表的逻辑顺序。

主题 3　启动资金预算与筹措

【主题案例】

如何做创业资金预算

对于已经成熟并走上正轨的大公司而言，年终算账一点儿都不难。而对于创业者，算账就没那么容易了，因为总是有想不到的支出，又总是入不敷出。

许多早期创业公司的 CEO 们都懒得算账，他们会借口说："未来是很难预测的，现在再怎么算也不管用，还不如把时间和精力先放在做业务上。"这句话貌似潇洒，实际上是因为心里没有底气。如果你拿不出清晰的财务预算，这样的企业是不会有哪个机构的投资人愿意往里面砸大钱的。换句话说，投资人考验一个创业者本领的大小，归根到底是看他（她）有没有精准判断未来的能力，"算命"准不准。

财务预算里看得出一个创业公司的命运。但是，对于那些产品还没上市、分文无收、入不敷出的初创公司，如何来做财务预算呢？

小田和小甜就面临这样的问题，他们毕业后打算在某学校附近开一家田甜咖啡馆，主要消费者为学生人群。针对学生消费的特点，咖啡馆以咖啡和甜点搭配套餐为主要产品。由于小田和小甜均为酒店专业毕业的学生，所以他们对财务计划一窍不通。我们来帮助他们制定吧。

【案例讨论】

1. 假如田甜咖啡馆就在你的学校附近，你估计小田和小甜需要多少启动资金？
2. 你认为小田和小甜的启动资金可以从哪里得来？

高手指路

创业初期诸事繁杂，需要注意和处理的事情很多，但无论如何，资金肯定是其中最重要的部分。俗话说“巧妇难为无米之炊”，现代企业管理也一直强调资金是一家公司的血液。财务预算能看得出一个创业公司的命运。创业公司的财务预算也不是一成不变的，要根据运营情况相应地进行调整，使之更符合现实、更加优化，如果实际情况和预算总是相差甚远，要及时找出原因，使情况迅速好转，否则应该当机立断停下来，重新考虑创业公司未来的策略。对初创企业来说，往往可以做两份预算：一份是“保守的”预算，这样创业者能对创业公司的底线胸有成竹，即使出现不测也不会大惊小怪；另一份是“乐观的”预算，看看在理想的情况下，是否能做得更好更快，迅速把企业做强做大。

第一节 创业财务基本知识

一、创业成本

准备创业，就必须在投入资金之前了解创业的成本。创业成本指企业在一定的城市或地区，进行投资和维持经营所发生的与经营项目相关的各种特定耗费，也称为创业成本费用或创业费用。

创业者在准备创业之前，可能会对创业成本有个大体的估计。但是，这种估计的数字对于创建可行性商业计划和真正启动企业而言是不够具体的。准确测出所需的资金是创业成功的关键点之一，低估所需成本，在项目盈利前可能就用光了钱，而导致项目提前结束；高估了成本，就会让创业者一直忙于筹钱，难以将项目实施起来。

二、创业成本预算

任何一个创业项目的启动都离不开资金的支持，估算出创业启动最低的资金需求即为创业成本的预算。

要想知道项目启动需要多少资金，必须准确估算最初几个月项目运营需要消耗多少成本。每个项目的情况不同，而且对不同类型的项目来说，成本构成也不同，因此，创业成本预算并没有一个通用的估算方法。

三、创业成本费用构成

为了做好创业成本预算，需要列个创业成本费用清单。这个清单越详细越好，以便能够找出项目在创业阶段有可能需要消耗的所有费用，这样才能做到心中有数，掌控自如。

做好创业成本预算，就要集思广益，想出项目所需要的一切费用，从有形的商品（比如库存、设备和固定设施等）到专业的服务（如装修、广告和法律事务），所有费用均应包括在内。

把项目所有开支都罗列出来后，还需要评估一下这些开支是否必须。可以根据项目各类支出的必要性排序，然后慎重决定哪些开支是必需的，哪些可以暂时不列入预算内。将项目创建必需开支的费用列入预算中，就可以估算出创业所需要的最低成本。

创业项目所需的费用一般包括如下内容：

1. 经营场所

经营场所就是创业项目必需的场地、建筑物。不同的项目，经营场地和建筑物不尽相同，所需要的经营硬件与办公设施也有所不同。如饮食店、旅馆等适宜在人流比较密集的中心地区；图书、文具、体育用品、照相等服务于大众文化娱乐的项目适宜选择在机关团体与学校所在地周边；而对于互联网、软件、咨询、策划、市场研究、图书出版等现代信息服务业而言，则可选在人口稀少价位偏低的地段。创业者可选择购买建筑物或者租赁营业场所来准备项目的经营场所。

2. 硬件设备

硬件设备是指项目所需的机器设备、工具器具、办公设施家具等。即使是选择在家创业，也要准备必需的办公用品，诸如电话、传真、计算机、货柜货架和维修工具等。创业者可根据自身的经济条件和项目本身的业务需要，购买或者租赁办公设备。

3. 库存

生产类创业项目需要原材料来生产其产品，也需要在销售过程中留存一定的商品以备销售旺季之需；商业类创业项目需要有足够的商品保证销售运营的顺利进行；服务类创业项目也需要一些原材料和商品维持经营。这些所需的原材料和商品即为库存。创业项目预计的库存越多，所需的维护和保管的费用也越多。因此，要将库存降到最低限度，以保证流动资金的流动性。

4. 人工费用

人工费用是指用人单位依据国家有关规定和劳动关系双方的约定，以货币形式和非货币形式支付给员工的全部劳动报酬，包括工资奖金、社会保险费、劳动保护费、福利费，也包括与员工解除劳动关系时支付的一次性补偿费等。

5. 营运成本

营运成本是项目在营运期间需要支付的成本费用，包括所需支付的保险费用和办公费用，其中保险费用包括在发生财产损失、业务中断和自然灾害等情况时提供财产保护的费用；办公费用包括办公文具、水电费、电话费、互联网服务费、招待费、差旅费、清洁以及设备维护费用等。

6. 营销费用

营销费用就是项目营销需要支付的宣传材料、广告活动、门牌标志以及客户招待（会务）费用。

7. 服务费用

服务费用即为项目所需支付的律师、会计或者其他咨询顾问费用以及经营许可或者执照费用等。

【案例思考】

张恒先生和他的砖厂

张恒先生在建筑行业打工几年后，积累了一定人脉和资金，在某城市的郊区建了自己的小砖厂，向当地的建筑工地提供建筑用砖。他的砖每块售价 1 角钱，由于砖的质量不差，价钱也比别的砖便宜，张恒先生的砖销量很好。但是现在他却越来越担心，因为在创业的这几个月里，虽然他的砖源源不断地被运到了工地，但是他不但没有赚钱，还亏了不少。他决定采用更大胆的促销活动来增加他的销售额，每块砖只卖 9 分钱。结果，砖的销售量大幅度提高，但是他亏的却更多了。张恒先生懊恼极了。

思考：你觉得造成张恒先生亏本的原因可能出在哪里?

小贴士：低价促销策略是很多企业迅速占领市场的法宝。但对于初创企业来说，如果没有雄厚的资金实力，以低于成本价格参与市场竞争往往会造成资金流断裂、企业破产的后果。

第二节　创业启动资金预算

一、创业启动资金及其分类

启动资金是用来支付创业项目所必需的场地（房屋和建筑物）、办公家具和设备、生产机器、生产用材料以及开业所需费用（广告、工资、水电、通信等费用）的资金总和。

启动资金按照其使用流向分为固定资金和流动资金，其中固定资金又包括固定资产投资和开办费。

1. 固定资产投资

固定资产投资包括创业项目所需要购置的价值较高、使用期限较长的实物资产，比如房屋和建筑物、机器设备、运输设备、工具器材等。

由于固定资产投资的金额较大，除了必不可少的物品外，初创企业应尽量减少投资固定资产以降低项目的经营风险。

2. 开办费

开办费主要包括企业注册登记费、税务登记费、资产评估费、市场调查费、咨询费和技术资料费以及开办期间支付的工资、办公费等。

3. 流动资金

流动资金是创业项目运转后所需支付的资金。包括工资、材料费、广告和销售费用、租金、保险费、电费、办公费、交通费等。流动资金的特点是不同时期的金额变化大，但需要短时间内支付。

二、创业启动资金预算

1. 固定资产投资预算

创业项目的固定资产投资主要包括项目用地、房屋与设备两类。

项目用地和房屋可以通过四种方式取得：一是购买土地建房，可以满足项目的需求，但是时间长成本高；二是直接购买土地和房屋，简便快捷，但是成本也较高；三是租用土地和房屋，所需资金较少，但是不够稳定；四是在家创业，既简便成本又低，但是仅适合对用地与设备要求较低的项目，同时，在家创业容易使生活和工作受到打扰。创业者可以根据自己的实际情况和资金的多少选择其中的一种方式或者几种方式组合进行固定资产的投资。

设备投资包括项目需要的机器、工具、工作设施、车辆和办公家具等。设备投资同样可以选择购买和租用方式，也可以部分购买部分租用。

2. 开办费预算

开办费中的企业注册登记费、税务登记费、资产评估费、市场调查费、咨询费和技术资料费等可以根据有关部门的收费标准进行预算；而开办期间支付的工资、办公费可以根据开业时间和市场行情进行预算。

3. 流动资金预算

流动资金是指项目运转所需的日常开支，主要用于支付原材料和商品、促销费用、工资薪酬、租金、保险费、办公管理费用等。适当的流动资金储备能使项目在运转过程中从容地应对各种费用的支付。一般来说，在项目取得收入之前，需要至少准备三个月的流动资金以备不时之需。为了更准确地预算流动资金，创业者应该对项目规模有一个大概的估算，并根据项目规模制定一个尽量详尽的现金计划表。

【典型案例】

小溪和杨杨旗袍加工店的创业资金预算

小溪和杨杨从职业学校服装设计与加工专业毕业后，打算自己创业，开办一家私人定制旗袍加工店。经过市场调查和咨询取得的相关资料，估算了旗袍店3个月的资金需求量，进行了启动资金测算。如下表所示。

表 2-5　旗袍加工店创业资金预算表

类别	项目	数量	单价 / 元	金额 / 元
固定资产投资费用	房屋装修	30 平方米	500	15 000
	缝纫机	2 台	5000	10 000
	锁边机	1 台	5000	5000
	电脑绣花机	1 台	5000	5000
	蒸汽熨斗	1 台	200	200
	蒸汽挂烫机	1 台	500	500
	剪刀	2 把	100	200
	模特衣架	10 个	300	3000
固定资产投资费用	实木衣架	5 个	300	1500
	工作台	2 个	5000	10 000
	办公桌椅	2 套	1000	2000
	电话机	1 台	300	300
	小　计			52 700
开办费	登记注册和营业执照费			200
	市场调查费、咨询费			300
	培训费、技术资料费			500
	小　计			1000
流动资金	房屋租赁费	30 平 *3 月	10000	40 000[①]
	原材料	100 米	100	10 000
	包装袋	60 套	10	600

（续表）

类 别	项 目	数 量	单价／元	金额／元
流动资金	缝纫材料费			500
	水电费			300
	保险费			150
	维修费			100
	通信费			50
	广告费用			500
	办公用品			100
	小 计			52 300
	合 计			106 000

（备注：①根据租赁市场行情，租赁房屋首次需要支付 3 个月的租金和一个月租金额的押金，每月租金 10 000 元，首次需要支付 40 000 元。）

三、启动资金预算注意事项

1. 创业启动资金不是越多越好

创业者仅需要根据创业项目的规模预算资金需求量即可，创业启动资金并不是越多越好，因为资金的使用是需要付出成本的。比如创业的资金是借入的，则需要支付利息。即使是使用自有资金进行创业也是需要付出代价的，因为自有资金被用来创业就等于放弃了其他投资机会，也就放弃了其他投资机会所带来的收益。

2. 要把不确定费用计算进去

在估算创业启动资金时，最后在固定资产和流动资产的总和上，还要把总额乘以一个系数作为不确定费用，一般估算企业的不确定费用为 3%—5%，建议创业者按 5%—10% 计算即可。这个不确定费用，是为了应对那些意料之外的支出。

【延伸阅读】

来自财富资产管理公司的建议

绝大多数创业者在投入创业前，通常都会有一个大概估算，对需要的资金进行预计。但要想制作出可行的商业计划并顺利启动业务，仅仅估算是不够的。你还需要精确计算出所需资金。低估了资金需求，创业者很快就会捉襟见肘。高估了成本，又可能因无法凑齐启动资金而拖延。所以，做精准的创业前资金预算尤为关键。

深圳某财富资产管理公司总经理李天斌指出，小额投资项目需要的资金分为几部分：首先是项目本身的费用，比如学某项技术的费用、某个项目的加盟费用等；其次是经营设备、工具等购置费用，这是指项目在经营过程中所需要的辅助设备和工具；还有经营周转所需要的资金也需要计算在内。运行一个项目，至少要准备三四个月的经营周转资金，包括人员工资、水电费、电话费、材料费、广告费、维修费等。此外还有房租，房屋装修费、流动资金，以及营业执照、其他类似的费用。

在分清了起步资金的组成后，创业者还需要充分了解当地市场行情，再做出计算。在此过程中，李天斌建议，与你的同行和供应商要多交流，他们可能会成为你研究创业成本问题时不错的信息来源。此外，聘请创业顾问也是不错的办法，一个合格的创业顾问能提供关于启动资金的相关建议，甚至为你做很多调查，也可以帮你将自己的调查变成有用的财务预测和具体方案。

（资料来源：选自《每日商报》2014 年 8 月 29 日）

第三节　创业启动资金来源

一、创业融资的一般渠道

如何选择合适自己的创业融资渠道?

融资是指企业从自身生产经营及资金运用情况出发，根据未来经营发展的需要，通过一定的渠道或方式筹集资金，以满足后续经营发展需要的一种经济行为。

到哪里寻找资金的决策是复杂的，这一决策选择将依赖于创业者的个人偏好、企业性质、企业所处行业、企业的行业经验、公司财务状况和绩效以及公司的融资类型等。

初创企业需要根据自身资金需求的特征选择切实有效的融资策略和融资渠道。创业融资渠道主要有以下几种。

1. 自筹资金

自筹资金包括的范围非常广泛，主要有创业者（或合伙人、股东）自有资金、向亲朋好友借用资金等不通过第三方正式投资的融资方式。在我国，自筹资金是一种非常重要的创业资金来源，特别是对一些中小企业的创业者来说，自筹资金在所有的融资渠道中所占比例最高。

2. 风险投资

风险投资是初创企业获得资金的常用途径。获得风险投资的程序较为烦冗。创业者需要提交商业计划书，还要证明企业具有稳定的管理结构。大多数风险投资机构会要求获得初创企业的股权，这就意味着他们想要拥有创业者公司的股份，以此换取提供种子基金。不过风险投资可以充分地提供企业所需资金，确保创业者成功实现自己的创业想法。

3. 银行贷款

创业者随时都可以尝试从本地的银行贷款。如果创业者的企业有贷款还款记录的话，这个办法的效果会更好。此外，创业者也可以通过获得个人贷款来解决企业开支。不过如果没能如期偿还贷款，这么做可能会对自己的信用有负面影响。以下是增加获得贷款机会的几个诀窍：

① 将初创企业改为公司制；

② 通过申请小额贷款来建立信用记录；

③ 使用抵押来确保获得贷款。

4. 天使投资

天使投资是初创企业融资的不错选择，这种融资通常没有多少附加条件。这些投资人的投资目标是帮助初创企业取得成功。不过，天使投资人也不会白白把钱掏出来。作为投资条件，他们可能要求加入公司董事会。大多数天使投资人需要评估创业者的商业计划书。因此，创业者提交的计划书要能让他们对创业者的事业感到振奋。比如，如果某个天使投资人对人类移民太空感兴趣，那么创业者就要说明企业的新产品如何将这一目标变成可能。

【延伸阅读】

天使投资与风险投资

天使投资与风险投资都是提供追加价值的长期权益投资，都主要以高风险高收益、具有巨大增长潜力的科技型创业企业为投资对象，并在适当的时机以股权套现。

1. 投资动机的比较

获取高额的投资回报可以说是风险投资的唯一目的。但对于天使投资而言，除了投资的经济利益之外，其投资动机里面还存在许多非经济性因素。这些非经济性因素主要有传授创业经验的渴望、获得乐趣和激情、通过投资建立人际网络、挑战自己心智以便保持敏捷的商业思维能力、通过投资于健康产业创造社会福利等。

2. 在创业企业融资中的作用比较

天使投资和风险投资在创业企业融资中的作用是互补性的，但天使投资在创业企业早期阶段的融资中占据了主导型地位。风险投资由于是一种制度化的投资，它能够以私募方式吸收各方面的资金来扩大资本规模，由于风险投资较强的资本实力和单纯的盈利动机，因此其主要投资于中后期的创业企业。

3. 运作方式的比较

（1）投资活动的主体不同。天使投资的投资主体是天使投资人，他们用自己的资金投资于创业企业。在风险投资中，投资活动的参与主体是由职业经理人团队组成的风险投资家，用于投资的风险资本来自向机构或者个人投资者募集的风险基金。

（2）尽职调查的方式不同。在风险投资中，风险投资家往往组成一个团队，对将要投资的创业企业进行很长时间的跟踪考察，花费大量的精力进行详尽的价值评估和投资可行性分析。而在天使投资中，天使投资人对投资项目的选择更多的是根据自身的专业知识和经验，以及一般的市场趋势进行判断。

（3）投资的地域范围不同。天使投资人所投资的绝大部分项目都是位于其居住地附近，而对于风险投资来说，其投资项目的地域范围则较为广泛。

（4）项目投资合同的差异。在风险投资中，风险投资家和创业企业签订的投资合同非常正式化和规范化，合同一旦签订，双方协商的空间非常小。而天使投资人与创业企业签订的投资合同在内容和形式上则更加灵活，在执行过程中还留有更多协商和调整的空间。

（5）对创业企业的监督和参与管理的程度不同。天使投资人在创业企业中扮演非常积极的间接管理者角色。风险投资家虽然也会参与创业企业的管理，但他们更多是为创业企业提供外在的增值服务。

（6）退出战略的不同。风险投资基金一般都有一个固定的投资期限，通常是3—7年，风险投资家必须在风险基金的投资周期内退出在创业企业中的投资。天使投资在退出战略上则没有明确的时间约束，其在退出时机的选择上更加灵活。

［资料来源：涂峰．天使投资与风险投资的比较分析 [J]. 科技创业月刊，2006（6）］

5. 融资租赁

融资租赁是指承租方向租赁公司提出租赁申请，租赁公司按照承租方的要求引入资产交给承租方长期使用。这是一种以设备为载体，集贸易、金融、租借于一体的新型融资方式。相对于银行贷款等其他债权形式的融资方式，融资租赁具有三大特点：租赁物所有权与使用权分离；融资与融物相结合；租金的分期回流。根据融资租赁自身特点，融资租赁不需要较高的资信担保，不过多地看重承租人的资本结构、偿债能力，而是看重承租方是否能够利用租赁资产产生足够的现金流量来偿还租金。只要承租方能够达到此要求，就可以从租赁公司获取租赁设备，从而降低企业的融资、经营及财务风险。这种融资方式让那些急需资金购买生产设备或进行生产线更新，却因资信问题而无法借贷融资的企业看到了希望的曙光。

6. 政府扶持性政策

除了以上几种比较常用的融资方式以外，创业者还要善于利用自身特点，寻找政府的政策性扶持。如专门针对初创企业的小额担保贷款；专门针对科技型企业的科技型中小企业技术创新基金；专门为中小企业“走出去”准备的中小企业国际市场开拓资金；以及其他众多的地方性优惠政策等。因此，善于利用这些政府扶持性政策，也是小企业的创业者需要考虑的重要融资途径。

7. 民间借贷

民间借贷是初创期小企业重要的融资方式之一。由于该融资方式具有简便快捷、信息对称、易于协商解决等特点，所以在个别地区，如浙江温州、台州等地，民间借贷几乎成为初创期小企业融资的唯一渠道。

如近年兴起的“××贷”网站，它定位于一种透明阳光的民间借贷，是中国现有银行体系的有效补充。借款人把自己的借款原因、借款金额、预期年利率、借款期限列在上面，投标人可以根据其显示的信用等级及个人详情进行投标。

8. 众筹

众筹即大众筹资或群众筹资，香港译作群众集资，台湾译作群众募资，是指用团购+预购的形式，向网友募集项目资金的模式。众筹利用互联网和 SNS 传播的特性，让小企业、艺术家或个人向公众展示他们的创意，争取大家的关注和支持，进而获得所需要的资金援助。相对于传统的融资方式，众筹更为开放，能否获得资金也不再是由项目的商业价值作为唯一标准。只要是网友喜欢的项目，都可以通过众筹方式获得项目启动的第一笔资金，为更多小本经营或艺术创作人提供了无限的可能。

【延伸阅读】

众筹的类型

众筹融资大致可分为捐赠众筹、回报众筹、债权众筹和股权众筹四种类型。

1. 捐赠众筹是指在筹资过程中投资者不获得任何实质性的补偿，捐赠众筹主要适用于红十字会等非政府组织对特定项目募捐或提供戴帽贷款。由于 NGO 发起的特定项目款项具体用途明确且具有社会公益性，并在项目运作中保持较高的透明度，出资人往往更愿意捐赠。捐赠众筹所涉及的项目一般金额相对较小。

2. 回报众筹是一种基于预购和奖励的筹资方式。这也是国内目前最为流行的众筹类型。预购众筹是指项目发起人通过在线发布拟推出产品或服务信息，并辅助以优惠价格，对此产生兴趣的投资者可以选择支付购买，从而完成项目融资。这在一定程度上能够替代传统的市场调研，并直接进行需求的有效分析。奖励众筹与预购众筹的不同之处在于项目发起人向投资者不提供增值产品或服务，通常是以象征性奖励作为回报，如印有 LOGO 的文化衫、VIP 资格等。奖励众筹主要应用于电影和音乐等创意项目的融资。

3. 债权众筹是指项目发起人通过众筹平台承诺在约定时间内对若干投资者偿还其出资金额的筹资方式。众筹网站在当中主要发挥借款中介作用，但也有网站提供还款担保。债权众筹与 P2P 网贷不同，P2P 网贷强调的是资金需求者和资金供给者的自动撮合，投资额多少不定，而债权众筹每位投资者投资额均等，相对弱化了风险。

4. 股权众筹是指项目发起人以出让股权的方式换取投资者出资。股权众筹中项目发起通常为初创企业，而众筹网站则充当类似证券交易一级市场角色，投资者获得股权回报，与项目发起人共担风险，共享收益。

［资料来源：刘志坚，吴珂 . 众筹融资起源、发展与前瞻 [J]. 海南金融，2014（6）］

二、融资方式的一般选择策略

在刚刚起步的企业内，筹措资金会占用创业者相当多的时间和精力，并且常常需要几个月的时间来完成资金的筹措。对创业者来说，选择恰当的融资方式十分重要。而融资方式并没有一个固定的标准，每家企业和每个企业所有者都有独特的要求和条件，而且其所处行业的结构和面临的挑战也各不相同。例如，对于餐馆这类企业，标准化的商业贷款可能就难以适用，而对于一些技术型企业，可能需要进行股权融资。

对于初创企业来说，存在三种让企业募集成长所需资金的方法。

1. 收益融资

如果企业赢利并且有正现金流，那么企业可以使用其中部分利润以实现融资扩张。这种融资方式将确保企业在不背负过多负债的情况下得以持续成长。

2. 股权融资

如果企业是公司制企业，那么企业可以通过证券市场或者证券市场之外的渠道公开发行股票来募集资金。购买股票的投资者获得了企业的股权。其他类型的企业也可能存在股权投资者。股权融资主要渠道有自有资本、朋友和亲人、风险投资及天使投资等。

3. 债权融资

任何类型的企业都可以基于企业及其所有者的信誉借款。公司制企业可以出售债券，然而小企业这样做则会很难而且成本较高。购买了债券的投资者按照其借给公司的资金数额获取利息。债权融资主要渠道有银行贷款、发行债券、租赁、朋友和亲人等。

【典型案例】

乔布斯与苹果公司的股权纠葛

过度地依赖股权融资也可能会将创业者带入深渊，就像美国电脑公司的联合创始人史蒂夫·乔布斯的经历一样。因为乔布斯和他的伙伴史蒂芬·沃兹尼克都是没有钱的年轻人，无法获得债权融资。所以，为了募集资金，他们出售了公司的股权。到了 20 世纪 80 年代末，苹果公司已经非常成功，这时乔布斯请来百事公司的高管约翰·斯库利担任苹果公司的首席执行官。但是，斯库利成功地说服董事会将乔布斯视为公司的破坏性力量，并通过股东投票将乔布斯从其所创建的公司中赶了出去。

当然，到 1997 年，乔布斯受邀重返苹果电脑公司并担任公司的临时 CEO，2000 年乔布斯被股东选举担任公司的永久 CEO 。

（资料来源：Steve Mariotti，Caroline Glackin . 创业管理 [M]. 彭代武，陈昀，译 . 北京：电子工业出版社，2012）

【延伸阅读】

常见的融资策略

1. 不同类型的创业企业融资策略

（1）制造业型的创业企业，大多数处于劳动密集型的传统行业，从业人员多，劳动成本占用大，产品附加值低，资本密集度小，技术含量不高。一般投资收益率较低，但资金需求相对也较小。大多数要依赖信贷资金，直接融资难度较大。

（2）高科技型的创业企业，具有高投入、高成长、高回报和高风险的特征。其资金来源主要是“天使投资”和各种“风险投资基金”，性质多数属于权益资金。

（3）服务业型的创业企业，其资金需求主要是存货的流动资金占用和促销活动上的经营性开支，资金需求数量小、频率高、周期短、随机性大，但风险相对也较小，其主要融资方向是中小型商业银行贷款。

（4）社区型的创业企业，包括街道手工工业，具有一定的社会公益性，因此，比较容易获得政府的扶持性资金。另外，社区共同集资也是一个重要的资金来源。

2. 不同发展阶段创业企业融资策略

（1）种子期。创业者可能只有一个创意或一项尚停留在实验室的科研项目，所需资金不多，应主要靠自有资金、亲朋借贷，吸引“天使”投资者，也可向政府寻求一些资助。

（2）创业期。企业需要一定数量的“门槛资金”，主要用于购买机器、厂房、办公设备、生产资料、后续研究开发和初期销售等，所需资金往往较大。由于没有经营和信用记录，从银行申请贷款的可能性甚小。这一阶段的融资重点是吸引股权性的机构风险投资。

（3）成长期。企业拥有较稳定的客户和供应商及良好的信用记录，利用银行贷款或信用融资已比较容易。但由于发展迅速，需要大量资金进一步开发和市场营销。为此，企业要在债务融资的同时，进行增资扩股，并为上市做好准备。

（4）成熟期。企业已有较稳定的现金流，对外部资金需求不再特别迫切。此时的工作重点是完成股票的公开发行上市工作。

3. 不同资金需求特点的企业融资策略

（1）资金需求的规模较小时，可以利用员工集资、商业信用融资、典当融资；规模较大时，可以吸引权益投资或银行贷款。

（2）资金需求的期限较短时，可以选择短期拆借、商业信用、民间借贷；期限较长时，可以选择银行贷款、融资租赁或股权出让。

（3）资金成本承受能力低时，可以选择股权出让或银行贷款；承受能力强时，可以选择短期拆借、典当、商业信用融资等。

（资料来源：http://www.xjzsks.com/chuangye/a/51461.html）

三、大学生创业启动资金的常见来源

1. 个人储蓄

个人积蓄也称自我融资。对创业者来说，资金永远是稀缺资源，依靠自有资金起步永远是最稳妥的办法。成功创业者大都有执着坚韧的创业精神，一旦发现有价值的创业机会，他们会放弃常人羡慕的“铁饭碗”，还会注入自己的积蓄甚至是全部家底而不去考虑失败后怎样维持基本的生活用度。

这样的决绝态度其实在无形中形成了一种鼓舞：创业团队因此获得凝聚力，员工拥有了千金难买的精神动力。这也是不少企业初期面临困境时员工不离不弃、甘心付出的一个原因。在众多创业者中，来自富裕家庭，创业前有着可观积蓄，能够在创业时提供无忧保障的人只占了很少一部分。大部分创业者，尤其是生存型创业者并不宽裕，他们的积蓄仅能维持初期基本的开销。所以，个人积蓄只能是创业融资短效的途径，对初创企业的作用十分有限。

2. 亲朋好友筹措资金

当限于资金困境时，人们首先想到的，同时也是最先能向自己伸出援助之手的，是家人、亲戚和朋友。中国有讲人伦、重亲情的传统，这为创业者融资奠定了亲族第一、朋友第一的根基。创业初期，创业者即便想通过银行贷款、风险投资等正规融资形式获得资金，也往往因为无法提供一定的资产抵押和可靠的信誉而不能达成融资目的。这时，向身边的家人、亲戚和朋友借钱是十分自然而有效的途径。

创业者和亲戚朋友之间的亲情和友爱关系使他们相互之间易于接触，这样就有助于克服不熟悉的投资者所面临的不确定性。当然，这种方式的弊端也是显而易见的，即容易出现纠纷。对此，创业者应当全面考虑投资的各种影响和风险，要将家人或朋友的贷款与其他投资者的资金同等对待，最好做到私事公办。

3. 银行贷款

银行往往只对扩张期和成熟期的企业感兴趣。创业圈有这么一句话：“当你需要银行贷款时银行很苛刻，而当它需要你的时候，你的企业已经步入正轨了。”这并非要创业者远离银行，即便在初期得不到合适的银行贷款，创业者也要与银行建立起良好的关系，因为企业到了一定规模的时候仍然离不开银行的支持。那么，比较适合创业者的银行贷款形式又有哪些呢？一般来讲有三种：抵押贷款、质押贷款和信用贷款。

（1）抵押贷款

抵押贷款是以一定的物资作抵押实现银行贷款的一种经济行为。包括不动产抵押贷款、动产抵押贷款、无形资产抵押贷款等。创业者可以将土地、房屋等不动产作抵押，也可以将股票、国债、企业债券等银行认可的有价证券以及金、银、珠宝、首饰等动产作抵押，还可以进行无形资产抵押（适用于拥有专利技术、产品的创业者）。

抵押贷款金额一般不超过抵押物评估价的 70%。如果创业需要购置沿街商业房，可以以拟购房屋作抵押，向银行申请商业用房贷款，贷款金额一般不超过拟购商业用房评估价值的 60%，贷款期限最长不超过 10 年。

（2）质押贷款

从质押范围看，像存款单、提货单、商标权、工业产权等都可以作质押。创业者只要能找到属于自己的权利，以这些权利为质押物，就可以申请获取银行贷款。

（3）信用贷款

信用贷款要靠创业者、企业自身或者亲人的良好信誉。一般只有经过一定历史积累的有信誉的企业才能做到这一点。

如今，随着我国创业环境的变化，已经涌现出一些新的业务类型，如个人生产经营贷款、个人创业贷款、个人助业贷款、个人小型设备贷款、个人周转性流动资金贷款和个人临时贷款等类型。

4. 风险投资

对于那些刚起步的企业，一无资产、资金作担保或抵押，二无从传统融资渠道获得资金，但它们拥有前景广阔的高科技产品的技术。这时，就需要另辟蹊径来吸引风险投资商的目光。

风险投资有广义和狭义之分，广义泛指一切具有高风险、高潜在收益的投资，狭义的则是指以高新技术为基础，生产与经营技术密集型产品的投资。从投资行为的角度来讲，创业投资是把资本投向蕴藏着失败风险的高新技术及其产品的研究开发领域，旨在促使高新技术成果尽快商品化、产业化，以取得高资本收益的一种投资过程。从运作方式看，是指由专业化人才管理下的投资中介向特别具有潜能的高新技术企业投入风险资本的过程，也是协调风险投资家、技术专家与投资者的关系，利益共享、风险共担的一种投资方式。

5. 创新基金和政策

创新基金和政策属于国家和地方有关创新创业的融资支持，也称政府背景融资。主要包括科技型中小企业技术创新基金和针对特定群体的创业基金。

（1）科技型中小企业技术创新基金

该基金是由政府批准设立的一项专门用于培育、扶持和促进科技型中小企业技术创新的政府专项基金，财政拨款及其银行存款利息是其资金来源。其宗旨首先是支持技术创新；其次是鼓励技术创业、培养技术创业企业家；最后是引导社会资金、加速科技成果转化。

创新基金的建立，一方面通过直接助资缓解科技型中小企业创新资金的不足；另一方面是通过引导和示范，吸引和带动各级政府、金融机构加强对科技型中小企业创新活动的关注和支持，带动符合市场经济规律、服务于科技型中小企业技术创新的投资融资体系的建立，以此缓解科技型中小企业融资困难的状况。

（2）针对特定群体的创业基金

特定群体包括大学生、留学生、海归等高学历群体和下岗职工、妇女、农民工等弱势群体。他们或为就业压力，或为人生理想，或为生活所迫，或为自我价值走上创业的道路，但大都因为资金不足伤透脑筋。对此，国家和地方各级政府、高校等专门开辟通道，设立了专项创业基金，旨在鼓励他们创业，以形成带动作用。

6. 其他融资方式

除了上述融资途径外，创业者还可以通过典当融资、租赁融资、孵化器融资、集群融资、供应链融资等创新性的渠道进行融资。

【案例思考】

小李应该如何筹措资金

小李是一名酒店管理专业的高职学生，准备毕业后开一家面包坊。他有7000元的个人储蓄，按照小李的预算，这还差得很远。起初，小李感到很沮丧，随后，他就开始动脑筋想办法。小李想到也许他可以通过购买二手设备来降低初始投资，同时，他也在考虑：从长期来看这样做是否值得，如果设备的维修成本很高，或配件不再生产了，该怎么办？他四处搜索当地的分类广告寻找二手的设备，看看究竟可以节省多少钱。根据调查，小李开始计算初始投资预算，并想办法筹措资金。

思考：假如你是小李，最后仍有一部分资金不能筹措到，这时有朋友说如果你愿意把公司的股份给他一些，他就给你一张支票把资金缺口补上。你愿意把公司的股份卖给朋友吗？为什么？

小贴士：以出让部分股份来吸引投资是目前民营企业筹措资金的方式之一，甚至在许多民营企业的初创阶段起了至关重要的资金支持作用。这种方式的优点是资金具有永久性，无到期日，不需归还。但是这类投资人很复杂，有的人直接参与企业的日常经营管理，也有的人只是作为股东关注企业的重大经营决策。创业者要充分考虑这种方式对日后企业成长的影响，以及如何收回股权的问题。

【主题小结】

本主题主要介绍了启动资金测算与筹措方面的知识，包括如下内容：一是创业成本、创业成本费用、创业资金、固定资金、流动资金、开办费、固定资产投资等基本概念；二是创业成本费用的构成和预算；三是创业融资渠道和选择；四是创业启动资金筹措的来源。

【实务演练】

根据自身情况和创业意愿，构思一个创业项目，进行市场调查，列出创业项目的启动资金，并对资金的来源及比例进行分析。

要求：

1. 构思的创业项目应具有可行性。
2. 根据市场调查，列出创业项目的创业成本清单，并预算启动资金。
3. 进行创业资金来源分析。

主题 4　创业团队组建与管理

【主题案例】

许飞和他的创业团队

上海市浦东新区崂山路 288 号是许飞创立的公司“质鼎国际设计”的所在地。质鼎国际设计从事中高档家装、别墅、样板房、商业空间的装修设计。2013 年 8 月到年底实现总产值 500 万元，在网上的装修论坛拥有不错的口碑。成立未满一年，质鼎成绩斐然。这家员工平均年龄 25 岁的新公司，何以迅速成长？

大学期间参加创业比赛的经历让许飞对创业有了一定的认识，也看到了创业的前景。毕业前后，他去过软件公司实习，也去过建筑工程类的国企工作，最终他决定创业。由于热爱建筑，在校期间又获得了上海市和全国的职业院校技能大赛建筑工程算量项目的一等奖，一家装修设计公司的雏形出现在许飞的脑海中。没有过多犹豫，他离职后便到朋友的公司里观察公司的运作模式和报价体系，汲取公司运营的经验。

2013 年春天，许飞正式开始实行他的创业计划。他将原本计划买房的钱拿来当启动资金，接着注册公司、为公司选址、招聘员工。

他到母校挖掘志同道合的人才，同时通过网上招聘，逐步筛选员工。质鼎团队在创业之初只有 8 人，目前达到 20 人，其中包括了 15 名设计师，他们的平均年龄仅有 25 岁。那么，如何带好这样一支团队呢？

许飞说：“要用心经营。我们是年轻的设计师，年轻的好处是有想法、有创意，对市场流行更敏锐，能把握流行趋势。”许飞的公司会定期举行学习沙龙，设计总监每次会出一些专业领域内的思考题，让大家展开讨论，比如怎么对阳台做一些个性化的设计？地面是贴地砖还是铺地板？地砖的铺贴怎样防水？贴地砖、铺地板是传统做法，是不是还可以有创意的做法？这样的“头脑风暴”能起到交流学习的目的，并保持员工学习的动力。“当客户有需求时，我们的设计师就能马上拿出好几套不同的备选方案来。”许飞说。

作为年轻的老板，许飞还注重员工团队精神和沟通能力的培养。下班后的聚会让员工之间更默契，并保持活力。接下来，为加速业务发展，许飞计划继续扩大公司团队，增至30人左右，并要求新进设计师切实为公司带来效益。“如果新来的设计师在两个月之内不能为公司带来效益，将不能被留用，这是不可逾越的底线。”许飞的要求非常严格。

［资料改编自：储天依．创业梦想坚守者．成才与就业 [J]. 上海教育报刊总社，2014（9）］

【案例讨论】

1. 许飞的创业团队有什么优势？

2. 与个人相比，创业团队的优势在哪里？

3. 许飞采用了哪些有效的方法进行团队管理？这些方法对团队成员有哪些好处？

高手指路

叔本华说：“单个的人是软弱无力的，就像漂流的鲁滨逊一样，只有同别人在一起，他才能完成许多事业。”如果时间回到五到十年前，一个人创业并设立公司，而后在公司的发展过程中逐步引入其他核心团队成员的情况仍是比较普遍的。但是随着创业竞争的加剧、创业节奏的加快、人才争夺的白热化，多位创始人联合创业的现象已成为近期的趋势。且从实践的角度来看，联合创业的成功率远高于个人创业。

第一节　创 业 团 队

一、团队与群体

团队并不等同于一般意义上的群体，二者根本差别在于：团队中成员所做的贡献是互补的，而群体中成员间的工作在很大程度上是互换的。简单地说，在团队中离开谁都不行，在群体中离开谁都无所谓。具体表现在：团队的成员对是否完成团队目标一起承担成败责任并同时承担个人责任，而群体的成员则只承担个人成败责任；团队的绩效评估以团队整体表现为依据，而群体的绩效评估则以个人表现为依据；团队的目标实现需要成员间彼此协调且相互依存，而群体的目标实现却不需要成员间的相互依存性。此外，团队较之群体在信息共享、角色定位、参与决策等方面也进了一步。

因此，团队是群体的特殊形态，是一种为了实现某一目标而由相互协作依赖并共同承担责任的个体所组成的正式群体。具体而言，团队由两个或两个以上具有不同技能、知识和经验的人所组成，具有特定的工作目标，成员间相处愉快并乐于在一起工作，互相依赖、技能互补、成果共享、责任共担，通过成员的共同协调、支援、合作和努力来完成共同目标。真正的团队不只是徒有其名的一群人，而是总能超过同样的一组以非团队模式工作的个体集合，尤其是当绩效由多样的技能、经验和判断所决定时更是如此。

在一个团队中，每位成员往往都具有不同的优势和劣势，在团队中发挥的作用也不尽相同。把具有某些特性的成员安排在最能够发挥其个人潜能的位置上，则有利于实现团队功能的最大化。

二、创业团队

李嘉诚曾说过：“创业合作必须有三大前提：一是双方必须有可以合作的利益；二是必须有可以合作的意愿；三是双方必须有共享共荣的打算。”当今社会，一个不争的事实就是，这不再是个人英雄主义的时代，取而代之的是团队，团队是英雄的最小单位。特别是大学生创业，它所要求的能力远超过个人所拥有的。因此，创业要想成功，拥有一支优秀的创业团队非常关键。

创业团队不仅仅是简单的团队，他们拥有共同的目标和价值观，在工作中相互依赖、相互补位，对创业企业的未来负责。他们在创业企业中处于决策和主要执行者的位置。一般而言，核心创业者、执行者和被雇佣者组成创业团队。

与其他创业团队不同的是，大学生创业团队的成员素质普遍较高，都接受过不同专业领域的系统学习和训练，能较快地实现自身的创业目标；大学生创业团队之间既有竞争又有不同行业间的互助，这也是与以往传统的创业模式所不同的。

【延伸阅读】

创业团队的5P

创业团队需具备五个重要的团队组成要素，简称为5P。

目标（Purpose）。创业团队应该有一个既定目标，为团队成员导航，知道要向何处去。没有目标，这个团队就没有存在的价值。目标在创业企业的管理中以创业企业的远景、战略的形式体现。

人（People）。人是构成创业团队最核心的力量。三个及三个以上的人就形成一个群体，当群体有共同奋斗的目标就形成了团队。在一个创业团队中，人力资源是所有创业资源中最活跃、最重要的资源。因此，应充分调动创业者的各种资源和能力，将人力资源进一步转化为人力资本。

目标是通过人员来实现的，所以，人员的选择是组建创业团队中非常重要的一个环节。在一个团队中可能需要有人出主意，有人定计划，有人实施，有人协调不同的人一起去工作，还有人去监督创业团队工作的进展，评价创业团队最终的贡献，不同的人通过分工来共同完成创业团队的目标。在人员选择方面要考虑人员的能力如何，技能是否互补，人员的经验如何。

创业团队的定位（Place）。创业团队的定位包含两层意思：

其一是创业团队的定位。创业团队在企业中处于什么位置，由谁选择和决定团队的成员，创业团队最终应对谁负责，创业团队采取什么方式激励下属。

其二是个体（创业者）的定位。作为成员在创业团队中扮演什么角色，是制订计划还是具体实施或评估；是大家共同出资委派某个人参与管理，还是大家共同出资共同参与管理，或是共同出资聘请第三方（职业经理人）管理。体现在创业实体的组织形式上，有合伙企业和公司制企业两种形式。

权限（Power）。创业团队中领导人的权力大小与其团队的发展阶段和创业实体所在行业相关。一般来说，创业团队越成熟，领导者所拥有的权力相对越小，而在创业团队发展的初期阶段，领导权则相对集中。高科技实体多数是实行民主的管理方式。

计划（Plan）。计划有两层含义：第一，目标最终的实现需要一系列具体的行动方案。因此，可以把计划理解为达到目标的具体工作程序。第二，按计划进行可以保证创业工作顺利开展。只有在计划的约束下，企业才会一步一步地靠近目标，从而最终实现目标。

（资料来源：郑伟．大学生创业指导教程 [M]. 北京：机械工业出版社，2012.）

三、创业团队的重要性

1. 团队意识与创业绩效高度关联

团队意识与创业绩效的关联度几乎达到 90% 以上。具有团队意识的创业者往往很早就开始建立团队，并且绩效普遍较好；而一些不具有团队意识的创业者，虽然创业较早，但是业绩增长有限。大量的实证研究表明，团队创办的企业在存活率和成长性两方面都显著高于个人创办的企业。一项针对 104 家 20 世纪 60 年代创办的高科技企业的研究报告指出，在年销售额达到 500 万美元以上的高成长企业中，有 83. 3% 是由创业团队建立的；而在另外 73 家停止经营的企业中，近一半是由单个创业者发起的。

2. 团队成员是创业绩效的保证

就大学生创业者而言，他们创办的企业多数规模小，成员少。这些企业平均规模在 12 人左右，团队核心成员在 2—5 人，运行机制灵活、高效。优秀的创业团队是创业成功的法宝，是创业成功的资本。从创业的创新意义来说，创业团队可以提供更多的想法，并且创业团队还有助于对这些想法开展讨论，因而创业团队更有利于创新观念的产生。从新创企业的运作管理而言，创业团队也因其具备较个人创业更多的知识、技能或经验而带来更加有效的管理。

调查表明，创业一年内的团队绩效明显低于创业超过一年的团队。而一些没有建立团队的创业者，虽然创业较早，但业绩增长是有限的。以互联网创业中的 C2C 网店代表“柠檬绿茶”为例，他们的理念是“要走得远，就得选择一些人一起走”，所以很早就开始建立了团队。也正是团队的力量，才让这家在 2003 年以 500 元起家的化妆品网店成长为员工突破 300 人、销售额过 5000 万元的网络零售中型企业。

3. 团队文化特性影响创业绩效

创业团队成员的共同兴趣、爱好和友谊能够帮助他们渡过创业初期的难关，并且在这个过程中慢慢学会经营企业所需要的各种知识和技能。创业团队的文化能产生两方面的潜在影响：首先，创业文化能够激发创业热情，感染团队的积极性；其次，良好的创业氛围可以带来更好的自我解剖、相互信任、更高的相互期望和合作，这些氛围有利于创业团队能力的发挥；再次，创业团队的亲情、友情文化能够使团队在面对困难、矛盾的决策时，通过激发成员间的坦诚与合作而使决策更加高效。

4. 团队的高效沟通有助于提高绩效

创业团队成员之间难免发生冲突，有关战略绩效目标或其他重大问题的冲突需要创业团队成员通过沟通来解决，创业团队成员之间的交流有助于提高新创企业的绩效。面对面的交流能促进创业团队成员关系融洽，有利于创业团队做出能被广泛理解和接受的决定，并形成合力来完成成员间相互依赖的任务，最终必然有利于企业绩效的提高。

【实用链接】

团队能力自测

团队沟通能力是指团队成员与其他团队成员间进行积极沟通以协助相互间行动的能力。请通过下列问题对自己的该项能力进行差距测试。

1. 你一般如何得知他人的真实想法？（　　）

A. 与其直接沟通　　B. 根据他的行为作出判断

C. 我总是能猜到

2. 你如何看待沟通在团队中的作用？（　　）

A. 沟通能达成目标　　B. 沟通能协调行动

C. 沟通能够达成共识

3. 你如何向团队成员下达行动指令？（　　）

A. 双向沟通，确定目标　　B. 根据成员能力进行分配

C. 直接规定其按期完成

4. 你如何避免团队沟通过程中的信息失真？（　　）

A. 对信息进行反馈和确认　　B. 通过书面形式进行沟通

C. 清晰表达自己

5. 作为管理者，你一般与团队成员进行怎样的沟通？（　　）

A. 以非正式沟通为主　　B. 非正式与正式沟通各占一半

C. 以正式沟通为主

6. 你如何避免语言表达时产生歧义？（　　）

A. 对表达内容进行确认　　B. 换种表达方法

C. 对内容产生歧义的词语进行解释

7. 作为上级，你如何对下属进行批评？（　　）

A. 用含蓄的方式提醒　　B. 先表扬后批评

C. 直接告知其错误，要求改正

8. 你如何看待你与他人沟通对第三人产生的影响？（　　）

A. 有可能使第三人产生误解　　B. 有比较微弱的影响

C. 和第三人没有关系

9. 你如何理解团队协作过程中的沟通？（　　）

A. 沟通促进协作　　B. 沟通是协作的方式之一

C. 默契可以代替沟通

10. 作为管理者，你如何提高团队沟通效率？（　　）

A. 建立沟通机制　　B. 及时沟通　　C. 定期沟通

分析：

计分：选 A 得 3 分，选 B 得 2 分，选 C 得 1 分。

1. 得分 24 分以上，说明你的团队沟通能力很强，请继续保持和提升。

2. 得分 15～24 分，说明你的团队沟通能力一般，请努力提高。

3. 得分 15 分以下，说明你的团队沟通能力很差，亟需提升。

（资料来源：郑晓燕．创业基础案例与实训（第二版）[M]. 成都：西南财经大学出版社，2015）

四、大学生创业团队的特征

大学生创业团队通常是由拥有并得到某项技术、产品的专利或新创意的某个核心创业者组织和建立起来的。核心创业者通过在大学的人际关系网，邀请不同专业背景的同学、朋友、亲戚等组成创业团队。大学生创业团队是特殊的团队组建形式，大学生创业者的本质特征使其呈现出以下特点。

马云：世界上最好的团队是唐僧团队

1. 有共同的目标和愿景

团队成员具有共同的价值观是一个团队有凝聚力的标志，团队成员可以为了共同的目标相互理解、相互妥协、相互依赖、相互补位。在这种情况下，个人目标会适时地服从团队目标，从而能够在短时间内团结起来向着团队的目标前进。

就大学生创业团队而言，核心创业者的目标和价值观通常决定了团队价值观的导向。作为团队的领袖，核心创业者倾听团队成员的意见和建议，他们的思想和行为能够直接影响团队成员，并且能快速做出决定，引导、调整团队目标，尽可能地让团队成员服从和认可。

2. 知识共享

知识共享就是学习共享、信息共享和技术共享。尤其在人类进入互联网时代，知识的传播速度和更新速度是过去任何时代无法比拟的。大学生创业团队在创业过程中如果不能快速地互通有无，快速地建立团队内部的信息、知识、技术共享机制，那么知识的交换成本和传递成本将不可避免。因此，创业团队作为学习型组织，应通过建立内部知识、信息、技术共享平台，使用互联网以及大数据技术，将内部的知识交换、传递成本降到最低。

同时，知识共享平台本身的功用，可使团队成员在知识、技术和信息方面能够得到来自团队成员及时的支持和帮助，加强团队成员之间的相互信任和相互依赖，使团队成员之间能够传授知识、交流经验、共同学习，通过这样的方式达成团队的目标。

3. 分工明确

在创业团队中，只有成员分工明确，才能各司其职，从而达到团队成员内部交易成本最低。创业团队成员除了核心创业者以外，不能都是技术型人员，还应包括市场型人员、协调型人员等，优秀的创业团队成员有各自的角色分工，而且这种分工通常是创业团队在经过一些具体事件之后形成的，包括成功和失败的经验。

第二节　创业团队组建与管理

一、创业团队的组建

1. 创业团队的人员组成

创业团队的成员通常包括战略决策者、市场开拓者、技术研发者和管理协调者。

战略决策者就是核心创业者，对于团队所处的内部环境及外部环境进行理智的分析，决定未来创业企业的发展方向。市场开拓者的职责是根据决策者制定的目标进行市场分解，对目标市场进行定位，并且对客户进行开拓和维护。技术研发者的职责则是根据目标以及市场反馈的数据和信息，就符合创业企业发展目标和市场需求的产品和技术进行研发。管理协调者的职责是建立团队中的各种规章制度，使创业团队成为有规则、有纪律、目标明确的团队，同时

创业团队如何选人

管理协调者也会对团队成员中的矛盾进行协调，从而保证团队的整体氛围，能够保持步调一致、共同前进。

【案例思考】

从桃园结义到突然散伙

2012年年底，俞昊然在美国伊利诺伊大学香槟分校的宿舍写出了“泡面吧”的原始代码。这是一个类似于Code Cademy的在线教育网站，提供在线虚拟编译环境，并以游戏化的过关方式教授用户编写程序。严霁玥自纽约大学教育学专业毕业，辞去工作加入团队；正在北京大学读研究生的王冲离开学校也加入团队。俞昊然负责技术，王冲负责融资，王冲和严霁玥负责运营，公司核心团队形成。2013年年底，“泡面吧”成立众学致一网络科技（北京）有限责任公司，引入天使轮融资100万元，2014年4月底，网站正式上线。2014年6月17日，这个创业团队突然散伙。从桃园结义到反目成仇，暗流涌动，散伙双方各执一词，如罗生门。其争论焦点主要集中在两方面：

一是创始人不全职。“泡面吧”的团队配置中存在一个重大瑕疵，就是创始人不全职。俞昊然一边在美国念书一边编写“泡面吧”代码，属于兼职身份；而王冲和严霁玥全职，在国内负责“泡面吧”的产品运营和融资。在“泡面吧”和天使投资人签署的融资协议中，有专门针对俞昊然的条款，要求其必须在2014年6月30日前回国进入全职创业的状态，如果俞昊然不能按时履行约定，他就会被解聘，名下的股权也将收归天使投资人所有。

二是股权之争。据报道，在创业初期，俞昊然与王冲等人拟定了一份协议，实际上算是一份创业意向书，规定了分工、股权、期权和决策机制等问题，但这份意向书并未签署。长期以来，俞昊然都认为自己是“泡面吧”当仁不让的老大，持有公司最大的股权。但在融资的过程中，王冲作为与投资人接触和谈判的主要人员，逐渐成为公司的一号人物。在工商登记注册资料中，“泡面吧”初始股权结构为：王冲占65%，俞昊然占25%，严霁玥占10%。俞昊然作为创始人，对这一股权分配方案显然不满。

谈判未达到满意效果，俞昊然放弃了谈判，并做了几件比较激进的事情，包括删除了Github（代码托管网站）上的全部代码，自己保留了一个副本；拟好了发给全体员工和投资人的邮件，要“说出真相”，并设定在一个半小时后自动发出，等等。俞昊然提出了他的条件：第一，要回美国完成学业；第二，要做CEO；第三，要做大股东。最终，双方谈判未果，王冲和严霁玥离开“泡面吧”团队，项目 A 轮融资失败，1 亿元人民币纸面财富蒸发。

（资料来源：http://www.jiemian.com/article/836825.html）

思考：你从“泡面吧”创业团队的散伙中得到什么启示？

小贴士：“泡面吧”是许多创业团队经历的缩影，集中体现了创业团队经常发生的问题。创业首先是人合，其次是力合，也就是选对人，做对事。全心投入是创业的基本要求，不愿全职，却要享受联合创始人的股份和权益，这不仅对于全职投入的其他创始人不公平，而且占用的股权对未来公司招募高管、融资都会产生非常不利的影响。同时，每一位创业者都有自己习惯的思维和行为模式。如何善用长处，规避短处，也是创始人必须考虑的问题。创业团队在基本素质上要做到齐心协力，在专业素质上要做到能力互补。

2. 创业团队的维系

创业团队的人员流失率非常高，这已经是一个普遍的现象。据国外的一家研究机构对 100 家成长最快的小公司所做的调查发现，其中有一半的创业团队无法在公司头 5 年中顺利存活；而另一家机构在他们所研究的 12 个团队的个案中发现，只有两家在创立 5 年后创业团队还保持创立初期时的完整。

创业团队分裂最容易发生在企业从创业初期向稳定发展阶段过渡的时期。创业初期的特征是组织的创立者将所有的精力都投入到生产和市场的技术活动中，以求得在市场中的生存，企业的组织是非规范化和非官僚制的，工作时间较长，大家为了生存而奋斗，不太计较个人的得失。当企业度过生存期，组织开始提出明确的目标和方向，部门也随着权力层级、工作分派及劳动分工而建立。企业在由创业初期向稳定发展期过渡的这段时间中，随着企业从不规范转变到正常经营管理状态，创业团队中的一些矛盾就很容易暴露出来，而这些矛盾正是创业团队分裂的主要原因。

首先，随着企业规模的增长，有些成员的能力已经不适应更大规模、更规范的企业经营管理的需要。随着企业进入一个规范发展的时期，自身素质和能力的制约反而会成为企业发展的阻力。在这种情况下，创业团队很有可能走向分裂。其次，创业团队成员的经营理念与方式不一致，团队思想没有统一，有些成员不认可公司的目标和策略，价值观冲突，导致创业团队解散。再次，创业成员之间因为性格、个性、兴趣不合，导致磨合出现问题，创业活动难以正常开展，创业团队解散。最后，团队在创立初期没有确定一个明确的利润分配方案，随着企业的发展、利润的增加，在利润分配时出现争议导致创业团队解散。从人力资源管理的角度看，建立优势互补的创业团队是保持创业团队稳定的关键。

在创建一个团队的时候，不仅仅要考虑相互之间的关系，更重要的是考虑成员之间的能力或技术上的互补性。在团队已经组建以后，无论是有核心主导的创业团队还是群体性的创业团队，要保持其稳定性必须注意以下几点：

（1）创业团队一定要形成一致的创业思路，成员要有共同的目标愿景，认同团队将要努力的目标和方向，同时还要有自己的行动纲领和行为准则。

（2）要以法律文本的形式确定一个清晰的利润分配方案。把最基本的权利界定清楚，尤其是股权、期权和分红权，此外还包括增资、扩股、融资、人事安排、解散等与团队成员利益紧密相关的事宜。

（3）在团队中建立信任与宽容。在创业过程中，不可避免地会发生矛盾和冲突，而信任与宽容会帮助创业团队避免不必要的任务和程序冲突。创业团队要做的不只是团队建设，因为它要学习有效地共同工作，减少恶意的冲突。在决策机制下进行的沟通，以及对机制的使用和管理会帮助团队建立信任和宽容。这些机制会使人产生期望，对期望的运用、监控和调整就能建立起相互信任。

（4）有控制的授权。团队之所以能有效运作，在很大程度上归功于团队内部成员享有充分自主的决策权限，包括能够制定生产目标、自主雇佣员工、评估绩效等。但是充分的授权并不等于不需要领导和管理，授权应分阶段有计划有控制地进行，避免混乱。创业团队的主要领导应以灵活方式逐步放权，并不断对团队的绩效进行评估。

（5）适当运用集体决策。集体决策既能够满足创业团队成员不同的参与要求，又能够集结众人的智慧，使决策更优化，因而在很多情况下，它具有个人决策无法比及的优点，尤其在跨功能团队中，几乎每一名成员都来自不同的职能部门，专业和技能互为补充，一项任务的完成在知识和信息如此分散分布的情况下，集体决策变得更为重要，但应注意集体决策“议而不决”的致命弊病。

（6）要保证团队成员间畅通的沟通渠道，进行持续不断地沟通。团队开始工作时要沟通，遇到问题时要沟通，解决问题时也要沟通，有矛盾时更要沟通。沟通的时候要多考虑团队的远景目标和未来的远大理想，多想有利于团队发展的事情。

任何一个创业者都不可能在一开始就建立起有效的团队。团队的形成就如同个人的成长一般，也会经历不同的发展阶段。很多时候，团队是在企业创立一定时间以后随着企业的发展逐步形成的，而且在这一过程中还进行不断的调整。

【实用链接】

防止团队散伙的十原则

在理念上要正确。要坚信组织能够健康发展下去，不要一开始就想着失败，尤其不要用“只能共苦，不能同甘”“天下没有不散的筵席”“过河拆桥”等来支配自己的思想。脑子里有这种想法本身就为失败埋下了种子。

持续不断地沟通。企业发展的不同阶段都需要充分有效的沟通。有不同的看法，不要在公开场合辩论，不要把矛盾展示给下属。

发现小人钻空子，坚决开除。领导之间的矛盾，不要让下属来评论、来解决。如果双方沟通有困难，就主动寻找外方的力量来解决，但不要露出太明显的痕迹。如果发现有组织中的小人利用领导之间的矛盾分歧以达到个人的目的和损害组织利益，那就毫不犹豫地坚决开除。

就事论事。当双方矛盾冲突发展为两个阵营的矛盾、外力也不能解决时应停止争论，停止人事变动，就问题来解决问题，不要就人来讨论。

换种环境换心境。双方应出去郊游、散心，不要纠缠在矛盾之中。毕竟双方同是莫逆之交或是血缘关系和姻亲关系等，是世界上最紧密的关系，大家撇开工作问题和事业上的矛盾，出去多讨论些人生话题、休闲话题，把利益看淡一些。

丑话说在前面。最初创业时就把该说的话说到，该立的字据一定要立到，把最基本的责权利说个明白透彻。尤其是股权、利益分配更要说清楚，包括增资、扩股、融资、撤资、人事安排、解散等。

及时协调立据。任何事情都不可能在最初计划周全，事情随时都有可能变化。企业运营过程中，遇到新问题新矛盾一定先说清楚立下字据再行动，千万不要先干再说，因为事情发生后都是朝着对自己有利的一方考虑。先干再说，看似快了，其实埋下了祸患的种子，将来就不是速度快慢的问题，而是风起云涌、企业组织的颠覆性变动。

不要太计较小事。难得糊涂对创业合作的各方都是保养自己心灵的“鸡汤”和企业组织运转的润滑剂，这与丑话在前和及时立据看似矛盾，其实不矛盾。后者讲的是在没有形成事实的情况下的做法，前者是说事实已经形成了就不要太计较了，计较也于事无补。

不要轻易地考验对方。创业者团队合作不是一件容易的事情，不考验还会出事，更何况有意考验对方，对方很难经得起考验。考验不但毫无意义，而且还容易伤和气，心理上出现裂痕。所以，既然是合作，就要相信对方，考验是以不信任为前提的。

始终向前看。创业合作过程中，遇到问题矛盾应向前看，向前看利益是一致的，因为成功会给大家带来更丰厚的收获。盯住眼前的事情不放，只能是矛盾越来越多，越来越复杂。而回头看，回忆起合作中的不愉快，会使你伤心，丧失前进的斗志和动力。只有向前看，成功的希望激励着合作各方捐弃前嫌，勇往直前，抵达成功的彼岸。

（资料来源：高万里，柏文静 . 创业基础 [M]. 北京：中国人民大学出版社，2015）

二、创业团队的管理

成功创立一个企业除了有好的团队精神外，还要对团队进行管理。我们常说“没有规矩不成方圆”，这就说明一个好的团队需要管理，否则团队成员就会各干各的，没有一点团结协作的精神。那么，如何管理团队呢?

1. 设立共同的团队目标和愿景

团队的形成必有其原始的目标，不论是有形的或是无形的，它是指引团队方向的明灯。从另一个角度思考，任何一个团队要将价值分享真正落实在日常的工作上，就必须遵行目标管理的结构。有效设定目标体系、建立团队共识，这样才有助于团队取得最终目标。

【典型案例】

于辉的两次创业

2008 年 1 月于辉离开了他工作 6 年的电视编导岗位，开始了自己的动漫创业之路。他首先选择了自己相对熟悉的视频制作行业，并凭借自己多年的工作经验，成立了向量动漫科技有限公司。于辉意识到引进人才的重要性。通过寻访和几次面谈，他打动了 5 名在动漫行业已有七八年工作经验的技术人才，组成了创业团队。为了激励成员，于辉把公司的股份分配给了他们。

此后一年，公司虽然经营得不错，但存在业务区域小、代工市场小的问题。于辉意识到构建自己的商业模式比低头赚眼前的钱更重要。经过半年的思考，他提出放弃传统代工的低利润市场转而投入自主研发新项目的建议。但股东们怕放弃现有市场投入创新项目会导致过去的成绩付诸东流，一致反对这种挑战和尝试。这时团队的发展理念与自己的战略发生了严重的冲突，分道扬镳不可避免。终于，几个技术人员离开了公司，并带走了所有设备及大部分运营资金，这个靠利益维系起来的团队最终还是以割袍断义收场。

第一次组建创业团队的失利让于辉痛定思痛，他认为团队成员除了要具有专业技术外还要与自己志同道合、拥有共同理念。另外，工作经验丰富的人往往故步自封、墨守成规，而大学生却恰恰相反，有着敢于创新的拼搏精神。于是，他把目光放到了大学生身上。这一次他不再单一地以分干股的利益方式邀请他们加入团队，而是从利益与信念并重的角度向大学生们发出邀请。

为了带好这支队伍，于辉一边做老板一边做老师，每天都与团队成员一起进行工作总结，鼓励大家说出自己的想法。这样不仅活跃了气氛，增进团队了友谊，还能产生好的创意。就这样，这个几乎破产的公司在这十来个年轻人的努力下开始运营起来，有时候他们甚至几个月发不出工资，但是所有人咬紧牙关，坚持创新和重建商业模式。终于，在 2009 年，他们成功研发了“安全教育体感模拟系统”，获得了教育部专家的认可，并得到联合国教科文组织的采购与推广。他们成功了！

回望两次组建创业团队的经历，于辉深刻认识到，有共同愿景，愿意团结奋斗的人才能真正走到一起。用什么样的人才，选择什么样的方式组建团队以及如何管理对创业者来说是尤为重要的。

（资料来源：杨华东 . 中国青年创业案例 2[M]. 北京：清华大学出版社，2012）

2. 鼓励团队成员主动为团队目标献计献策

主动为团队献计献策就是要大家畅所欲言，共同为建设好团队而出谋划策。作为团队管理者，要营造自由发言的活跃气氛，让团队成员能够参与团队管理。相信只要团队成员齐心协力，和谐共进，团队建设一定会取得成功，也必将彰显团队的魅力和风采。

3. 明确团队成员的角色

在一个团队中，团队成员只有明确了自己的角色才会做好自己的本职工作，并且明白自己的工作对团队目标的达成会有什么样的贡献。他们不会刻意逃避责任，不会推卸分内之事。同时，分工合作更容易促进团队成员之间的相互期待和信赖，产生唇齿相依、荣辱与共的意识。

4. 引导团队成员互相沟通

高效团队的打造，内部沟通必不可少。作为团队管理者要引导大家互相学习，信息与经验共享，互相沟通，让内部成员间的感情得到交流，从而避免内讧，是团队高效协作的“黏合剂”。

5. 信任团队成员

团队管理者要让团队成员能够心往一处想、力往一处使，真正形成一个高绩效的团队，建立信任关系。如果团队成员之间互相猜疑、互相不信任，那么这个团队怎么有可能进行有效的合作？怎么有可能形成一个高效率、富有凝聚力和战斗力的团队呢？所以团队成员要互相信任、支持，这才是团队合作的沃土。

6. 学会赞美员工

赞美是一种美德，它不需要付出很多的代价和力气，却能给人一种支持和力量。它可以让团队成员鼓起勇气，克服困难，建立自信心。人人都喜欢赞美，因为这是一种精神享受；人人都喜欢赞美，因为很多人都把尊重和荣誉看成是自己的第二生命。一句赞美的话胜过一剂良药，不仅使员工心情舒畅，而且缩小员工和管理者之间的距离，从而使员工更好地服从管理。

7. 主动倾听意见

主动倾听意见有两层意思，首先是团队管理者要主动倾听团队成员的意见，其次是团队成员要主动倾听别人的意见。主动倾听意见不仅可以开拓思维，促进团队目标的实现，还可以建立团队成员之间相互尊重、相互帮助的精神。

8. 主动和团队成员讨论问题

成功的团队管理者会把工作的内容拿出来讨论，包括工作的背景、目标、难度，目前可用的资源等，要求大家统统发言，根据每个人的经验和观点进行分析，要让每个人对团队有一个比较全面的了解，彼此之间展开热烈讨论，这样有助于谋求更好的解决方案。

【延伸阅读】

创业团队中的领导者

在创业团队中，领导者的作用更加重要。而这种领导者，并不是单单靠资金、技术、专利来决定的，也不是谁出好的点子谁当领导者。这种领导者是团队成员在多年同窗、共事过程中发自内心的认可。许多创业团队在很短的时间内就消亡了，很重要的原因就在于创业团队的领导者其实根本不是一个合格的领导者。

创业团队中合格的领导者应该具有以下的品质和特征：

首先，合格的领导者应该有博大的心胸，能宽厚待人。一个人的心胸决定了他所能达到的事业高度。宽容是合作者首先必备的一种道德品质。

其次，合格的领导者应懂得如何把握合作，懂得什么是合作分寸的度。创业团队的成员能够从这种合作中体会合作带来的快乐、喜悦和丰收的硕果。

再次，合格的领导者一定是一个有大局感、有方向感的创业者。一个合格的领导者不用事必躬亲，但一定能够审时度势，在关键的时刻指明正确的方向。

最后，一个合格的领导者一定是一个有着强大人格魅力的人，他通过塑造愿景、坚定信念来凝聚人心，使创业团队齐心协力，共同奋斗。比如，通用电气公司的韦尔奇、海尔集团的张瑞敏、阿里巴巴的马云等都是具有如此人格魅力的人。

（资料来源：裴琦．众创时代：互联网＋创业 [M]. 广州：华南理工大学出版社，2016）

三、创业团队的社会责任

加拿大不列颠哥伦比亚大学尚德商学院院长、创业学教授丹克尔· F. 莫佐克非常强调社会责任对于一个创业者的重要性，“没有人能脱离社会、脱离社区而取得成功。但不幸的是，现在有相当数量的年轻企业家，他们认为自己的责任只是使股东权益最大化，除此之外别无他物。但这真是大错特错了”。“每个人都对环境负有不可推卸的责任，有孩子的人可能更有体会，谁希望让自己的孩子生活在一个污染日益严重的环境之中呢？环境问题是公司需要关注的。此外，像世界上最穷困的人们的生活、像整个世界的发展趋势，等等，这些都是不容忽视的。”

“承担社会责任不是一个企业做出的选择——这不是什么可做可不做的事情，这是任何一家公司都必须要负起的责任。”莫佐克说，“企业，只有担当起社会责任，才能和世界一起前进、发展。”

企业社会责任问题日益受到各国政府和民众的广泛关注。新的《中华人民共和国公司法》（以下简称《公司法》）第 5 条明确要求，公司从事经营活动必须“承担社会责任”，公司理应对其劳动者、债权人、供应商、消费者、公司所在地的居民、自然环境和资源、国家安全和社会的全面发展承担一定责任。新的《公司法》不仅将强化企业社会责任理念列入总则条款，而且在分则中设计了一套充分强化企业社会责任的具体制度。可见，企业社会责任在我国具有了法律地位。

企业社会责任（ Corporate-Social-Responsibility，CSR ）的概念已经被广泛接受，但目前还没有一个统一的定义。从国际组织对企业社会责任给出的定义可以看出，其基本内涵和外延是一致的，是指企业在创造利润、对股东利益负责的同时，还要承担起对企业利益相关者的责任，保护其权益，以获得在经济、社会、环境等多个领域的可持续发展能力。利益相关者包括企业的员工、消费者、供应商、社区和政府等。企业得以可持续经营，仅仅考虑经济因素对股东负责是远远不够的，必须同时考虑到环境和社会因素，承担起相应的环境责任和社会责任。

【延伸阅读】

企业社会责任四层次框架

社会学家卡罗尔在20世纪70年代后期提出了企业社会责任四层次框架。最基本的层次也是企业首要的责任是经济责任，包括为股东提供投资回报、为员工创造工作并提供合理报酬、进行技术创新、扩大销售等。但企业的经营活动应当在法律要求的框架下进行，应遵守法律法规，法律责任是企业应承担的第二层责任。虽然经济责任和法律责任都包含了伦理规范要求，但社会还是期望企业遵守法律明文规定要求之外的伦理规范，包括尊重他人、维护员工权益、避免对社会造成伤害、做正确的事情等，伦理责任是企业应承担的第三层责任。第四层也是最高一层责任是企业自行裁判的责任，这完全是一种自愿履行的责任，社会期望、法律规范甚至伦理规范并没有对企业提出明确的要求，企业拥有自主判断和选择权来决定具体的企业活动，例如慈善捐助、支持当地社区发展和帮助妇女儿童残疾人等弱势群体。

（资料来源：宁佳英．大学生创业管理[M]. 广州：华南理工大学出版社，2012）

在欧美发达国家，企业承担社会责任已经从当初以处理劳工冲突和环保问题为主要追求，上升到实施企业社会责任战略以提升企业国际竞争力的阶段。在实践上，随着企业社会责任运动的发展，越来越多的企业通过设立企业社会责任委员会或类似机构来专门处理企业社会责任事项，越来越多的企业公开发表社会责任报告。对西方国家的创业者及企业来说，承担企业社会责任就是要积极参与企业社会责任运动，贯彻执行由此衍生的SA8000等各种企业社会责任国际标准。

在我国，强化企业的社会责任是一个紧迫的现实问题，是经济全球化后中国企业提高国际竞争力面临的一项新的挑战。我国新企业在创建伊始就应清楚地认识到，推行企业社会责任是人类文明进步的标志，劳工权益保护不仅是西方国家的要求，也是现代企业的历史使命，符合我国《劳动法》等许多现行法规的要求。创业者应该在积极参与和关注企业社会责任运动、企业社会责任国际标准出台的同时，从以下几个方面着手提高承担企业社会责任的意识和能力。

（1）制定实施体现企业社会责任的竞争战略。突破传统的企业竞争战略，在勇于承担企业社会责任的同时，打造企业新的竞争优势，是我国新一代创业者的必然选择。

（2）把企业社会责任建设融入企业文化建设中。企业文化建设其实是企业发展战略的一部分，既可以提高企业竞争能力，也可以使人在工作中体会生命的价值。

把企业社会责任作为新时期企业文化整合和再造的重要内容，已成为国际企业文化发展的大趋势。

（3）把社会责任的理念付诸实实在在的行动。在企业的日常经营管理过程中，不仅要对股东负责，对员工负责，还要对客户、供应商负责，对自然环境负责，对社会经济的可持续发展负责。

【主题小结】

在第4主题中，我们介绍了团队的概念与特征，团队是由两个或两个以上具有不同知识、技能和经验的人所组成的、具有特定工作目标的群体。接着，提出了如何组建高效稳定的创业团队，并对创业团队的管理提供了方法和建议，最后还对创业团队的社会责任进行了探讨。

【实务演练】

团队建设小游戏

1. 人山人海

两笔支撑就是一个“人”字，人与人互相支持，才称之为人，所以团体间的互相帮助是非常重要的。这个小游戏就可以帮助我们增强彼此之间的友谊和互助精神。

游戏规则和程序：

（1）让两个同学背靠背坐在地上，然后两人双手相互交叉，合力使双方一同起立。

（2）以此类推，可以多人一起参加这个游戏，最后达到全体同学一起游戏，全体一起起立的效果，称之为人山人海。

相关讨论：

（1）你能仅靠一个人的力量就完成起立的动作吗？

（2）如果游戏学员双方能够保持动作的一致性，是不是完成动作就容易多了？

总结：

团队合作会产生比单个人相加更大的力量，这一点是毋庸置疑的，但是如果团队中有人与集体的步调不一致，就会产生很多负面的影响，扯大家的后腿。

2. 导航塔

本游戏通过让大家建造一座导航塔，更好地发挥团队合作精神，并促进大家创新思维的发展。

游戏道具：纸杯、报纸、透明胶带、吸管、橡皮筋、手工剪刀

游戏规则和程序：

（1）将学生分成6—8人一组。

（2）老师宣布每个小组的任务是要为本组组建一座导航塔，越高越好。

（3）分发道具；宣布在规定时间内发动成员的创新意识搭建导航塔。

（4）注意：所建的塔要接受其他组选出的检验员的检验，以吹不倒而且最高为胜利。

相关讨论：

（1）在建塔的过程中，你们组有没有想出什么绝妙的想法可以让塔垒得更高？

（2）你的小组是如何工作的？你的塔为什么最低？从高塔本身而言我们获得了什么团队管理的启示？

主题5　盈利模式分析

【主题案例】

尚客优:“免费住酒店”颠覆酒店盈利模式

一家名为“尚客优”的酒店可以免费住宿的消息在互联网上被大肆传播,赚足了众人的眼球。看似亏本的买卖背后有着极为精明的盈利逻辑。“尚客优”免费住宿的模式就是互联网思维在“作祟”。

2009年,“尚客优”成功注册,并开辟了三线城市连锁酒店市场。2010年1月,第一家“尚客优”连锁酒店营业,将连锁酒店概念带入三线城市。2015年3月,“尚客优”旗下酒店总数达到1013家,迈入连锁酒店千店巨头行列。截至目前,“尚客优”全国门店数量已超1300家,分布在200多座城市。经过数年的发展,“尚客优”已成为中国二三线城市连锁酒店第一品牌、中国十大连锁酒店品牌,分店规模排名全国第六。

“尚客优”精选酒店以互联网思维为导向,推出了免费住酒店模式,其倡导的“住酒店不花钱”的全新玩法,不仅符合互联网的免费潮流,切合年轻人的消费心理,而且以优异的市场表现获得了酒店行业年度十大创新品牌称号,足见“住酒店不花钱”这个颇具互联网范儿的概念已经被业内人士和广大消费者所认可。

首先,“尚客优”提供免费入住的酒店是旗下的中档酒店品牌“尚客优精选酒店”,这个品牌除了满足客户正常在酒店吃饭睡觉的需求之外,还把自助早餐、咖啡厅、商店各个功能区融合进酒店的大厅,且每一项都以独立品牌对外经营,这么一来,酒店配套服务设施得到整合,客单价也有效提高。

其次，免费入住具有条件限制，即消费者需要在酒店消费一定的金额。商品可以是“尚客优”精品酒店房内的物品，消费者体验完酒店后，发现酒店的商品不错，即可扫描二维码，在网上买到相应的产品。

最后，等客户在酒店安顿好准备出门购物时，他会发现这家酒店大厅的商品五花八门，完全满足了他想购买特产以及相关产品的需求。如果嫌东西太多不好带，客户还可以在网上下单购买。

以上就是“尚客优”利用免费入住进行盈利的基本逻辑。“尚客优”将酒店打造成了巨大的流量入口，走上了一条低成本与多元化盈利的道路。“住酒店不花钱”的概念是“尚客优精选酒店”探索互联网 + 酒店的试水之作，亦是“尚客优”多年来探索酒店新盈利模式的集中体现。

通过和家具厂商及第三方品牌建立深度合作，“尚客优”在行业内率先完成了服务内容的迁移和变革，即从提供以住宿为核心的服务转变为“线下体验、线上消费”的体验式产品分享平台。在“尚客优”的产品构想中，精选酒店不止提供高品质住宿服务，而且提供满足商旅出行甚至工作生活需要的综合性消费服务。

（资料来源：http://sc.winshang.com/news-554399.html）

【案例讨论】

1. 传统酒店是如何盈利的？
2. “尚客优”酒店是怎么利用互联网思维进行盈利模式突破的？
3. 你认为酒店在盈利上还能做哪些尝试和突破？

高手指路

传统观念认为，酒店的核心服务就是住宿，酒店只要把住宿体验做好就可以打造溢价品牌。事实上，住宿只是商旅出行当中最基础的环节，在此之上还有购物、餐饮、娱乐、工作等刚性需求。在过去，这些需求分别由不同的商业载体来满足，而到了互联网时代，随着信息技术的发达和跨界融合的进步，这些刚性需求有了共生、共存、共赢的可能。传统观点认为，酒店需要对客人的安全负责任，于是在设计酒店时更注重安全性和私密性。然而在今天，通过把酒店作为流量入口，把大厅作为消费中心，把客房作为体验中心，“尚客优”成功将精选酒店的商业价值打造成了互联网时代的体验式电商平台。借助网站、App、自媒体等常规线上打法，一个几乎没有边际的消费生态圈逐渐浮出水面。

第一节　商 业 模 式

一、商业模式

商业模式就是为实现客户价值最大化，把能使企业运行的内外各要素整合起来，形成一个完整、高效，且具有独特核心竞争力的运行系统，并通过最优形式满足客户需求、实现客户价值，同时使系统达成持续盈利目标的整体解决方案。简单来说，商业模式就是企业基于价值创造的基本逻辑，描述企业如何创造价值、传递价值和获取价值的基本原理。其核心是企业价值创造的过程。

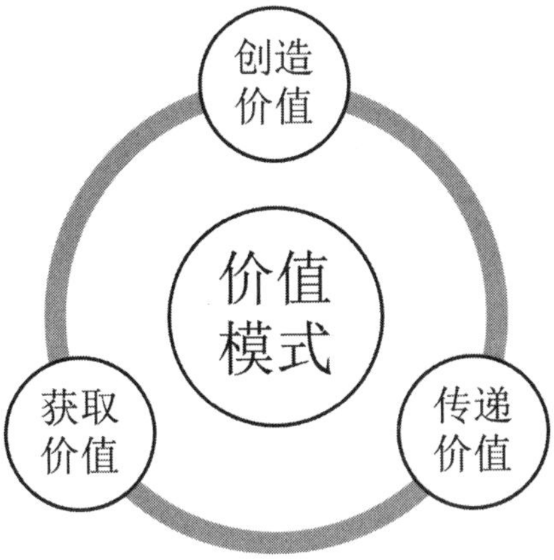

图 2-6　商业模式的基本逻辑

二、商业模式的构成

我们把企业的商业模式归结为“四个层面，九个构成要素”。从企业运营的角度出发，商业模式涵盖四个层面：客户、提供物（产品 / 服务）、基础设施、财务。每个层面下又可以细分出不同的子要素：客户层面包含客户细分、渠道通路、客户关系；产品（服务）层面体现为企业所要向客户传递的价值主张；基础设施层面涵盖了核心资源、关键业务、重要伙伴；财务层面主要从企业的收入来源和成本结构考虑。无论何种类型企业的商业模式，都可以看作这四个层面、九个构成要素不同的组合方式的结果。

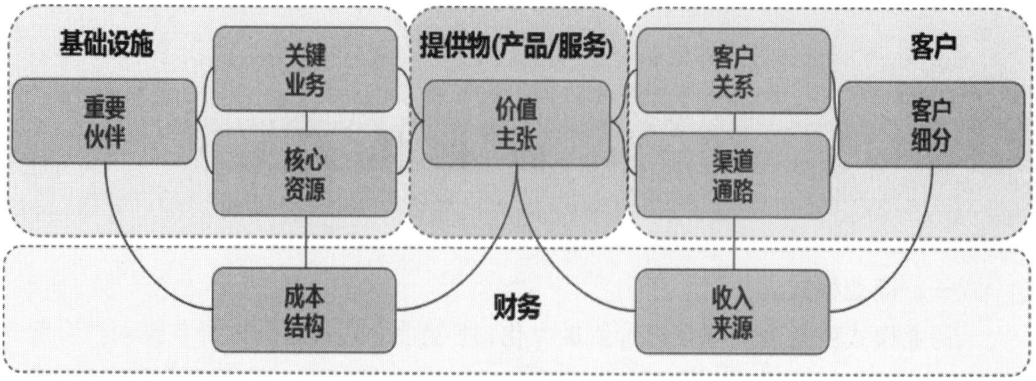

图 2–7　商业模式的构成

（1）价值主张：我能帮别人解决什么问题。

（2）客户细分：我能帮助谁。

（3）渠道通路：我怎么宣传自己和交付服务。

（4）客户关系：我怎么和对方打交道。

（5）核心资源：我是谁，我拥有什么。

（6）关键业务：我要做什么。

（7）重要伙伴：谁可以帮助我。

（8）收入来源：我能得到什么。

（9）成本结构：我要付出什么。

这四个层面涵盖了企业整个运营活动过程，九个构成要素之间也体现着紧密的逻辑关系。价值主张是整个商业模式的核心，在明确企业所要出售的产品或服务后，企业要考虑何时何地用何种方式进行生产，在价值链上选择做哪些自己擅长的业务，凝聚、积累核心资源对关键业务活动形成支持，并通过外部合作关系获取互补性资源和优势支持整个生产过程，最终创造出价值。另一方面，企业对自身想要服务和有能力服务的对象进行筛选和细分，并在合适的时间使用最便捷的渠道向企业的目标客户传递企业核心价值主张。同时，维护良好的客户关系是使价值实现的关键力量，从而最终实现价值，获得利润。

【实用链接】

互联网企业商业模式九要素框架

如果一个互联网企业能够对下列表格中的问题给出详细精准的答案，那么企业就能成功找到自己在价值创造结构中的定位及所能起到的作用，并能明确企业的收入来源和向客户传递的价值，以及企业的商业模式是如何运作、创造并体现价值的。这样一来，互联网企业可以更加明确自身的商业模式和价值运作的规律，有助于其构建更加适合自己的商业模式。

（资料来源：李伟华．互联网企业商业模式比较研究 [D]. 河北：河北工业大学，2014）

表 2–6　互联网企业商业模式构成要素

层面	商业模式构成要素	相关内容	要解决的问题
产品 / 服务层面	价值主张	互联网的应用使企业可以向用户传递哪些新的价值？它能解决企业面临的新问题吗？	向客户传递价值是什么？
客户层面	客户细分	互联网使企业面临的客户群体发生什么变化？能改变企业向客户提供的产品或服务吗？	向哪些客户群体传递价值？
	渠道通路	互联网可以使企业通过什么方式接触到用户？	用什么方式向客户传递价值？
	客户关系	互联网使企业如何在细分市场建立和维护客户关系？	与客户建立什么样的关系类型？
基础设施层面	核心资源	互联网对企业已有核心资源有何影响？需要凝聚哪些新的资源？	企业应如何保持竞争优势？
	关键业务	互联网如何帮助企业执行原来的活动？企业还必须进行哪些新的业务活动？	企业中哪些业务活动能够真正创造价值？
	重要伙伴	互联网对企业已有的合作伙伴关系和合作网络有什么影响？企业需要做出什么改变？	与什么企业合作？为了实现什么价值？
财务层面	收入来源	企业利用互联网提供的哪些产品或者服务让客户愿意付费？客户以何种方式付费？各种收入来源占总收入的比例是多少？收入是否具有持续性？	企业的盈利渠道有哪些？盈利情况如何？
	成本结构	互联网引发了哪些新的成本构成？	企业成本结构如何？

第二节　盈利模式

一、盈利模式

从商业模式的角度来看，盈利指按照利益相关者划分的企业的成本结构、收入结构、利益机制以及它们之间相互组合关系的相对固定的形式。在商业模式中，无论是价值创造还是价值传递，都是为了价值获取服务的，即为盈利服务。

盈利模式是企业借助自身核心竞争力，以客户需求为导向为目标客户提供价值，通过一系列经营活动，最终实现企业利润和价值的动态有机过程。其中，企业如何利用自身资源，通过哪些活动，提供不易被竞争对手模仿的产品来为客户创造价值是盈利模式成功的关键。

盈利模式遵循着一个最基本的经济学原理：P（盈利）=R（收入）−C（成本）。在商业活动中所取得的收入 R 只有比企业为取得这些收入所付出的全部成本 C 高，才有盈利，企业才能生存和发展下去。

总之，盈利模式的核心就是企业利润来源的路径组合。

二、盈利模式的构成要素

任何企业的盈利模式都可以简化为五个基本要素——价值对象、价值主张、价值创造、价值实现、价值保护。需要注意的是，盈利模式的各构成要素及其关系不是一成不变的，而是动态演变和相互作用的。几乎所有的盈利模式都是一个或者若干个要素不同形式的组合，但是无论要素之间如何组合，以及组合所得的盈利模式是如何不同，它们都有一个共同目的——获得长期利润。

1. 价值对象——利润对象

价值对象是指企业提供的产品或服务的购买者和使用者群体，他们是企业利润的唯一源泉，解决的是向哪些用户提供价值。价值对象决定了企业的市场定位。

企业可以使用市场细分来确定提供价值给客户，并且要能提供差异化的价值。但是即使企业具有好的定位并提供价值给客户，企业可能依然不盈利，其原因是多方面的。例如供应商讨价还价能力、购买者讨价还价能力、现有竞争者威胁、潜在进入者威胁、替代品威胁的竞争力量因素，这些因素在市场上的相关定位等原因都会对企业的利润产生影响。企业在定位其市场位置时要先考虑这五种因素，然后决定是否提供价值给客户。

2. 价值主张——利润点

利润点是企业在为了达到利润目标的情况下，根据目标客户的需求，提供给特定客户的产品或者服务。它是企业达到目标利润的最基本要素，是企业盈利模式的重要组成部分。好的利润点：一是要对目标客户的需求偏好有清晰的界定；二是要为构成利润源的客户创造价值；三是要为企业创造价值。它解决的是向客户提供什么样的价值。

利润点又分为基础利润点、期望利润点、附加利润点以及升级利润点四个层次。其中基础利润点是客户购买的服务和利益的基本载体；期望利润点是客户购买时通常希望和默认的属性和条件；附加利润点是指增加的服务和利益，是唯一可以区别于竞争对手的手段；升级利润点是指产品或服务的全部附加部分和升级的部分。

3. 价值创造——利润杠杆

利润杠杆即盈利的措施，是指企业为了实现目标利润或为得到更大的盈利而进行的具体生产经营活动。它必须与企业的价值结构相关，回答的是“企业能够提供哪些关键性的活动，企业该如何吸引更多的用户”的问题。“围绕用户需求提供差异化，让用户满意的服务”是利润杠杆设计的主要原则。

所有的盈利模式要想获得成功都必须拥有其核心业务。企业价值的创造和提供、与市场的对接、客户关系的维护和其超额利润的获得，都有赖于企业的核心业务。企业的核心业务由盈利模式的价值结构决定。一般而言，企业拥有的核心业务既可能是一种，也可能是多种。

4. 价值实现——利润来源

如果价值对象是盈利模式的心脏，那么价值实现就是它的大动脉。企业的收入来自为每个种类的潜在客户群提供其确实想要的，并愿意为之买单的价值。一个盈利模式可以包括两个不同类型的收入来源：一个是通过客户一次性支付获得的交易收入；一个是经常性收入，即客户为了获得其长期价值而形成的持续支出。

利润来源可以划分为主要利润源、潜在利润源以及辅助利润源。要想拥有一个良好的企业利润来源，就需要具备几个条件，包括：拥有一定的企业规模；能够全面掌握住目标客户或者说利润源的期望、要求以及喜好；企业在发展客户的时候，与其他企业相比较来说，拥有自身不错的竞争优势。

5. 价值保护——利润屏障

利润屏障主要是指企业具有的阻止其客户资源被竞争者抢夺的能力。利润屏障能够帮助企业在市场上稳定地位，在一定的程度上预防企业自身利润缩水。利润屏障与利润杠杆同样表现为企业投入，但利润杠杆是撬动“奶酪”为我所有，而利润屏障是保护“奶酪”不为他人所动。它解决的是“企业如何保持持久盈利”。

设置利润屏障要注意以下五个方面：现有替代品生产商、潜在进入者、供应商、买方、竞争对手。如果要设计实用的盈利保护措施，要对以上五个方面进行仔细的调查，得出有效的实施方案。这样，才能在一定的程度上帮助企业稳住产品销售市场，保持盈利收入。

盈利模式的这五个构成要素是相互联系、相互依存、不可或缺的一个有机整体。具体归纳如下：

表 2–7　盈利模式构成要素

构成要素	解决的问题		具体内容
价值对象——利润对象	向谁提供价值？目标客户特点如何？		通过市场细分来确定目标客户人群，并且要能提供差异化的价值
价值主张——利润点	向目标群体提供什么产品或服务？		企业根据价值主张来提供产品和服务，让客户了解其价值主张，进而使公司、客户和其他利益相关者都获得利益
价值创造——利润杠杆	企业怎么创造价值？怎么向客户提供服务和产品？		所有盈利模式只有拥有核心业务才能获得利润，企业价值的创造、客户关系的维护、市场的对接和其超额利润的获得都依赖于企业的核心业务
价值实现——利润来源	企业收入来源于哪里？		如果价值对象是盈利模式的发动机，那么价值实现就是输油管。企业通过为顾客提供其期望得到的价值来获取收益
价值保护——利润屏障	资源和能力	企业怎么获得竞争优势？	企业间的竞争就是产品和服务的竞争，没有资源作为基础，企业的发展无从谈起；反之，虽然企业资源雄厚，但是没有能力作为支撑，其资源也无法有效地转化为产品和服务，也就没有竞争优势可言
	持久性	企业如何保持竞争优势？	核心能力能保证企业在竞争中保持领先地位，其具有不易模仿和不易替代的特性，因此这也形成了阻止竞争对手模仿和取而代之的障碍，进一步巩固了企业在竞争中的领先地位

三、盈利模式的特征

企业都需要选择一个适合自己的盈利模式。那么，怎样才是成功的盈利模式呢？由于各行业的宏观和微观经济环境处于不断变化的状态中，没有一个单一的特定盈利模式，能够保证在各种条件下都产生优异的财务结果。美国艾森哲咨询公司通过对 70 家企业的盈利模式研究分析发现，没有一个始终正确的盈利模式，但却发现成功的盈利模式至少具有三个共同的特点。

第一，成功的盈利模式要能提供独特价值。有时候这个独特的价值可能是新的思想，而更多的时候，它往往是产品和服务独特性的组合。这种组合要么可以向客户提供额外的价值，要么使得客户能以更低的价格获得同样的利益，或者以同样的价格获得更多的利益。例如，美国的大型连锁家用器具商场 Home Depot，就是将低价格、齐全的品种以及只有在高价专业商店才能得到的专业咨询服务结合起来，作为它的商业模式。

第二，胜人一筹的盈利模式是难以模仿的。企业通过确立自己的与众不同，如对客户的悉心照顾、无与伦比的实施能力等，来建立利润屏障，提高行业的进入门槛，从而保证利润来源不受侵犯。如直销模式，人人都知道其如何运作，而且每个商家只要愿意，都可以模仿其做法，但能不能取得与之相同的业绩则完全是另外一回事，这就说明了好的盈利模式总有一个环节是很难被人模仿的。

第三，成功的盈利模式是脚踏实地的。脚踏实地就是实事求是，就是把盈利模式建立在对客户行为的准确理解和假定上。例如，企业要做到量入为出、收支平衡，这看似不言而喻的道理要年复一年日复一日地做到却并不容易。现实中的很多企业，不管是传统企业还是新兴企业，对于自己的钱从何处赚来，为什么客户看中自己企业的产品和服务，乃至有多少客户实际上不能为企业带来利润，反而在侵蚀企业的收入等关键因素，都不甚了解。

第三节　互联网时代下的盈利模式

传统企业往往会把他们以客户为中心的定价作为经营战略的关键甚至是核心部分。但当他们面对互联网时代突然出现的免费模式时，所有基于既定企业边界设计出来的盈利模式全部崩溃了。其根本原因在于，从工业时代到信息时代，企业形态发生了根本性的变化，以工业时代中的企业思维造就的许多战略、盈利模式在新的信息时代中已经或将要走到尽头。在互联网时代，移动互联网的出现使企业变得无边界，盈利模式自然会发生根本改变。企业无边界，体现的就是开放交互。开放交互颠覆了传统的观念与模式，从原先封闭的体系变成一个开放的体系，从原来与企业内外各方面进行博弈的关系，变成一个交互的关系。从这一点上来说，在互联网时代，盈利模式更加多元化，更加开放自由。

一、互联网盈利模式

互联网的盈利模式基本可分为流量获取和流量变现两大部分。互联网企业通过聚合内容，向用户提供服务，以此换取用户流量，并且通过一定的变现方法将用户流量转变为收入。其中，流量获取的基础是满足用户的需求。一般来说，面向普通消费者的互联网产品，在信息、社交、娱乐和购物四个领域满足用户需求。与此同时，在每个领域都衍生出一定的与用户流量相关的互联网产品和其满足的需求。如下表 2–8 所示。

表 2–8　互联网产品及其满足的需求

类别	产品形态	代表产品
信息	新闻资讯	搜狐、网易、新浪、腾讯、凤凰等
	搜索服务	百度、360、搜狐、谷歌等
	垂直信息	智联招聘、搜房网、百合网等
社交	论坛	天涯社会、豆瓣网等
	即时通信	QQ、微信、阿里旺旺、YY 语音等
	邮箱	网易邮箱、QQ 邮箱、139 邮箱等
社交	社交	微博、QQ 空间、微信、人人网等
娱乐	游戏	传奇、征途、穿越火线、天天酷跑等
	视频	优酷、土豆、爱奇艺、乐视、哔哩哔哩等
	音乐	酷我、酷狗、QQ 音乐、虾米、音悦台等
	阅读	起点中文网、纵横中文网、17k 小说等
电商	直接销售	京东、亚马逊、1 号店、苏宁易购等
	电商平台	淘宝、天猫等
	团购	美团网、大众点评网、百度糯米等

不仅如此，还出现了一些平台型产品，间接满足了用户需求，其中包括内容分

发平台和电商导购平台。内容分发平台是在用户与内容生产者之间建立桥梁，帮助内容生产者将内容传递给用户，帮助用户找到优质的内容，满足用户信息获取、娱乐、社交和购物等需求，如 App Store。而电商导购平台本身并不销售商品，通过将各种电商购物网站的信息收集聚合，帮助消费者方便找到目标商品，如“一淘网”就是这类的代表。

与此同时，互联网流量变现并不多，一般只有广告、增值服务和交易佣金三大类。

第一，广告。广告是一种最容易变现，但变现能力相对较低的模式。只要有流量，就可以通过广告进行变现。广告是很多互联网企业最主要的收入来源。互联网企业都会提供各种形式的广告服务，如门户网站新浪、搜狐、腾讯等的 Banner 广告；谷歌、淘宝搜索页面的匹配广告；Facebook 等的社区广告。

第二，增值服务。增值服务是难度最大，但变现能力最强的变现模式。其核心在于为大多数用户提供免费的服务，然后通过收费的增值服务获取收入。增值服务的具体表现形式有很多种，常见的如虚拟形象、游戏道具、VIP 特权等，这种模式的核心在于降低用户使用门槛，满足用户的基本需求，然后有技巧地设计增值服务内容，这种模式对于企业的产品设计能力要求较高，若操作得当，能获得极高的收益。

第三，交易佣金。佣金和分成都不是互联网发明的名词，这些形成已久的商业规则在互联网行业被沿用，形成了互联网的盈利模式之一。这种互联网盈利模式是帮助客户达到某种目的，然后收取佣金，或者按照一定的比例从客户的收入中分成。交易佣金模式在互联网发展早期比较普遍，当时的代表就是易趣网，随着免佣金的淘宝网的崛起，交易佣金模式在面向普通消费者的互联网产品中很少使用。然而，随着移动互联网的兴起，交易佣金模式在移动数字内容的销售中焕发新生，代表产品为 App Store。

滴滴打车盈利模式研究

二、常见的电子商务盈利模式

由于各个企业获取盈利的途径千差万别，因此各自的盈利模式也不尽相同，不存在标准的盈利模式。下面介绍一些电子商务企业常见的盈利模式，供创业者学习、思考，为以后自己确立创业项目的盈利模式作一个参考。

1. 售价差价型盈利模式

通过线下连锁店面销售产品，以规模效益和渠道效益，在产品的批发进价中取得低成本，通过营销等手段增加产品价值，最终获得产品和服务的差价，以此获益。代表企业有宏图三胞、五星电器等。

2. 广告收益型盈利模式

这种模式没有实体店，也不直接销售产品。它是通过对各大电商平台的销售信息加以收集和分析，给出降价信息和购买建议，通过广告投入和营销推广，为自身线上平台带来大量的客户浏览量，以此来吸引电商平台与其合作，获得广告收入、平台使用费等收益。代表企业有蘑菇街等。

3. 会员型盈利模式

通过对会员与非会员的差异化服务待遇，为会员提供优惠价格、增值活动、贵宾体验等全面便捷的增值服务，来获取庞大的固定消费群体和忠实的客户，从而产生收益。代表企业有阿里巴巴、京东商城等。

4. 平台商品抽成型盈利模式

通过对平台使用商铺的服务划分等级，提供不同的平台服务，从而对商铺销售的收入加以不同比例的抽成，以此获得收益。因此，加盟商户的利润就是其收入的来源。代表企业有淘宝商城、天猫商城。

当今电影院的盈利模式

5. 混合型盈利模式

其收入来源的形式广泛，包括了销售差价收益、平台广告收益、会员收益等多个方面，从线上平台的收益到线下实体店的收益，各种形式混合，形成自身独特的盈利模式。代表企业包括苏宁易购、国美电器等。

【典型案例】

淘宝网的盈利模式分析

一、淘宝网简介

淘宝网由阿里巴巴集团于2003年5月10日投资4.5亿元创办。目前业务跨越C2C、B2C两大部分。淘宝网是按照最基本的贸易规则和需求来构建的网络服务平台，它可以比较容易地适应各类行业的需要。从当前淘宝涉足的范围来看，可以说是涵盖了可以公开进行贸易的几乎所有行业和产品种类。

二、淘宝商业模式

（1）免费。

（2）资金安全保证：第三方信用担保“支付宝”。

（3）信用保证：信用评价、交易管理等。

（4）物流保证：我国民营物流业的发展及其自建的物流渠道。

（5）人性化的网购环境：阿里旺旺、交易规范、退货制度、闲置交易、社区文化等。

（6）服务功能：功能不断地完善，提供个性化服务。

三、盈利模式分析

淘宝的价值创造结构就是买卖双方的交易，一旦交易生成，淘宝就可利用支付宝获得利润。

五个基本构成要素，即利润对象、利润点、利润杠杆、利润来源、利润屏障。

1. 利润对象——淘宝的目标客户

利润对象是指企业提供的产品或服务的购买者和使用者群体。针对互联网贸易服务平台的特点，淘宝从另外一个角度确认了自己的目标客户，那就是要服务于中小企业以及与之相关的市场需求。这不是一个脉络十分清楚的定位，但却很符合时代和市场的需要。一方面，中国有数量庞大的中小型企业在苦苦地寻求全国以至全球的市场机遇；另一方面，国内和国际上急速增长的需求也在积极地寻找合适的采购对象。

2. 利润点——支付宝

利润点是指企业可以获取利润的产品和服务。它解决的是向用户提供什么样的价值。淘宝的利润点就是在既能满足买方需求偏好又保证了买卖双方交易利益的情况下，利用支付宝的第三方服务获取利润。

3. 利润杠杆——商品种类多及优惠活动

利润杠杆是指企业生产产品和服务以吸引客户购买和使用企业产品或服务的一系列活动，必须与企业的价值结构相关，它回答了企业能够提供的关键性活动有哪些。淘宝的商品门类多，也设有折扣券、现金折抵券、积分兑换礼品等活动来保证客户愿意购买商品。

4. 利润来源——会员费、广告收入及金融收入

利润来源是指企业的收入来源，即从哪些渠道获取利润，解决的是收入来源有哪些的问题。淘宝的主业务是会员收费以及相关的企业站点和网站推广收益。另一个收入来源是网络广告，为商户做广告收取费用。其次，支付宝中的闲置和沉淀资金及开展的金融业务都会产生金融收入，这和淘宝的交易量和交易价格有直接联系。

5. 利润屏障——进入门槛低

利润屏障是指企业为防止竞争对手掠夺本企业的利润而采取的防范措施。它解决了如何保持持久盈利的问题。在初期，淘宝的进入门槛非常低，以很低的费用或免费的方式吸引了大量的会员。伴随着互联网的发展和企业网络商务需求的稳定成长，淘宝会聚的大量信息和会员，逐渐显示出价值。淘宝在这一阶段，推进和完善其主业务链，并提供一系列围绕主业务的相关增值服务，形成对固有会员的强大黏

性和对潜在客户的强大吸引力，这是其他交易平台短时间内难以做到的。

（资料来源：洪涛 . 电子商务盈利模式案例 [M]. 北京：经济管理出版社，2011，03）

【主题小结】

在第 5 主题，我们介绍了商业模式和盈利模式以及互联网经济下常见的盈利模式。商业模式是企业基于价值创造的基本逻辑，描述企业如何创造价值、传递价值和获取价值的基本原理。它由九个要素构成，分别为：价值主张、客户细分、渠道通路、客户关系、关键业务、核心资源、重要伙伴、成本结构、收入来源。而盈利模式的核心是企业利润来源的路径组合，包括价值对象、价值主张、价值创造、价值实现、价值保护五个要素。互联网盈利模式基本分为流量获取和流量变现，流量变现一般只有广告、增值服务和交易佣金三大类。常见的电子商务企业的盈利模式有售价差价型盈利模式、广告收益型盈利模式、会员型盈利模式、平台商品抽成型盈利模式、混合型盈利模式。

【实务演练】

网上商店的盈利模式

请同学们在淘宝网上模拟开设自己的网店，并就自己的网店做相关报告，报告内容主要包括店员分工介绍、店铺介绍、网店特色、盈利模式分析。

要求：在作盈利模式分析时，请从五个构成要素出发，介绍清楚利润对象、利润点、利润来源、利润杠杆和利润屏障。

主题 6　风险分析与规避

【主题案例】

孔雀机构遭强拆

2016 年 4 月 21 日，位于深圳南山区的知名众创空间孔雀机构所在建筑被物业公司拆除。孔雀机构是知名度较高的本土众创空间。在被拆前，其占地面积已发展到 3000 多平方米，在该平台上孵化的项目达到三四十个。

陈鹏福于 2013 年创办了孔雀机构。一开始的情况非常不错，用三个半月就实现了入驻率达到 78%，半年后，其入驻率达到 90% 以上。2014 年 5 月，孔雀机构于蛇口开辟了第二个办公地点，经营了一年后入驻率就达到了 96%。

2014 年 5 月到 2015 年 5 月间，孔雀机构发展稳定，两个办公地点提供了稳定的现金流。租金收入占整体收入的 65%，其他的创业服务和创投基金带来的收入占 30% 到 35%。

但稳定的表象之下是脆弱的抗压能力。2015 年 8 月，广东打造自贸区前海蛇口片区，孔雀机构在蛇口的办公地点附近变成了施工工地，噪音和粉尘污染严重，导致入驻率从 95% 降低至 50%，孔雀机构被迫于 2016 年 1 月关闭了位于蛇口的办公地点。

这意味着孔雀机构必须按照之前的协议给从蛇口退出的入驻团队赔偿，总计超过 260 万元。再加上先期已投入的押金、装修款等，这些损失给孔雀机构带来了很大的资金压力。

除此之外，孔雀机构面临的压力还有大幅上涨的租金成本，办公场所由 102 元 / 月 / 平方米涨到了 160 元左右。物业公司希望孔雀机构以 165 元 / 月 / 平方米续约，但遭到了拒绝。

此时孔雀机构的资金链已经断裂，开始拖欠房租。于是就发生物业公司强拆办公室的一幕。

至于颇受关注的政府补贴，陈鹏福是这么说的："我们在去年底获得了两笔政府奖励，都是已经公示了的，其中一笔是 40 万元，来自南山区政府，很快就到账了；另外一笔 100 万元来自深圳市政府，到账时已经离拆除没有几天了，这笔款没能派上用场，很遗憾。"

（案例选自今日头条：财经 2016 上半年创业公司失败案例，值得"镜鉴"！http://www.toutiao.com/i6309373068485591554/）

【案例讨论】

1. 你认为是哪些原因，造成了孔雀机构被强拆的命运？
2. 你认为孔雀机构创业所遇到的风险可以避免吗？

高手指路

在创业过程中，由于创业环境的多变性和不确定性，创业机会的复杂性，创业企业的多样性，创业者及其创业团队的能力不足，以及创业投资者实力有限等因素而导致了创业结果的不确定性。虽然不确定性是创业企业必须面对的现实，但创业风险规避仍然有章可循。

第一节 创业风险

一、创业风险

美国著名创业学专家蒂蒙斯在其提出的创业模型中认为，创业过程就是创业机会、资源、团队之间高度配置适当的动态平衡过程。但随着时空的变迁、机会模糊、市场不确定性、资本市场风险及外在环境等因素的冲击，这三个要素也会因为相对地位的变化而产生失衡的现象。这种失衡现象称为创业风险。

对于风险的理解，一般有两个角度，一是强调风险表现为结果的不确定性；二是强调损失的不确定性。前者属于广义上的风险，说明未来利润多寡的不确定性，可能是获利（正利润）、损失（负利润）或者无损失也无获利（零利润）；后者属于狭义上的风险，只能表现为损失，没有获利的可能性。

二、创业风险的类型

按创业风险来源的主客观划分，分为主观创业风险与客观创业风险。主观创业风险是指由于创业者的心理、自身素质导致的创业失败的可能性；客观创业风险是指由于市场、政策、经济发展和竞争对手等客观因素导致创业失败的风险。按照创业风险的内容，可以划分为市场风险、技术风险、管理风险、财务风险等。

1. 市场风险

市场风险就是指由于市场的不确定性导致创业者或创业企业遭受损失的可能性，主要包括项目选择和市场营销两方面。

（1）项目选择风险。由于市场的需求量、市场的接受时间、产品的扩散程度、市场价格等诸多因素存在不确定性，会使项目选择具有一定的风险性，即市场能否接受新创企业的创业项目的不确定性。首先，市场需求有真需求和伪需求之分，市场需求量一般是潜在的、未知的，只能预测，如果没有做认真的市场调研，或者预测的方法不科学，都会导致预测的结果与实际存在很大的差距。其次，新产品推向市场后，消费者有一个了解和接受的过程，如果研发和生产新产品投入大量资金和人力，而宣传又缺乏有效手段，创业就会因这个过程过长而导致失败。

（2）营销风险。在企业市场推广方面，如果制定的营销策略不合适，营销模式不能适应市场的变化，或者营销成本过高，都会使企业产品或服务难以达到预期的销售效果，最终导致创业失败。

【典型案例】

“E 洗车”的伪客户

E 洗车上线于 2014 年 11 月，主营互联网预约到店洗车、上门洗车服务。上线 3 个月后，用户上百万，合作商家 3000 家，日均订单突破 1.5 万，峰值达到 3 万，移动端下单占比达到 7 成。高速增长时，有 40% 的订单源自二次以上消费。2015 年 3 月，E 洗车获中国平安 2000 万美元 A 轮融资。但是，2015 年 9 月，E 洗车就宣布关闭了上门洗车业务。

在北京，洗一台车的成本至少是 30 元，包括：洗车工人提成、固定工资、保险加中介费摊销、物料消耗及税款等。综合成本算下来，上门洗车的定价会比到店洗车更贵。

洗车 O2O 行业的预期盈利模式是：用补贴方式吸引用户，然后向其他业务转化。进入这一领域的 O2O 公司长时间做活动，1 元洗车，甚至是 0 元洗车屡见不鲜。E 洗车也推出过“1 分钱洗车”活动。但是，烧钱买来的用户并不具有黏性，多数是因为便宜而使用的非目标用户，一旦补贴停掉，大部分客户就流失掉了，这样的需求其实是在补贴下的伪需求。

（资料来源：http://www.rcgus.com/leatherfans/1953428.html）

2. 技术风险

技术风险是指由于技术方面的因素及其变化的不确定性而导致创业失败的可能性。

（1）技术的不确定性。一项技术变为现实的产品或服务需要经历从研发到商品化的过程。新技术和产品的设想往往很有吸引力，但能否按照设想的预期目标开发出来，具有非常大的不确定性。任何一个技术障碍都可能使新产品夭折。创业过程中耗尽资金和时间却仍然没有攻破技术难关的案例很多。

（2）技术的周期性。随着科技的飞速发展，新科技层出不穷，现有的新技术能够存在多久，是否会很快地被另一种新技术所替代，这些都存在技术周期的不确定性。

（3）技术的独占性。企业所拥有的新技术在产品生产和市场运营过程中，在初期具有技术的独占性。它可以使企业很容易地获得丰厚的利润并占领市场。但技术也很容易被竞争对手所模仿和复制，使其逐渐失去独占性，从而给企业带来风险。

（4）技术管理的风险性。技术管理主要是指对技术人员的稳定性以及技术储备、知识产权和技术档案的管理。如果新创企业技术管理不善，那么在技术成果转化的过程中，就容易因为知识产权被抢注而造成侵权问题。因此，新创企业要注意对掌握核心技术的人员和技术骨干进行管理，避免技术的流失。

【典型案例】

宋某侵犯商业秘密案

商业秘密是企业的财产权利，关乎企业的核心竞争力，对企业的发展至关重要，有的甚至直接影响到企业的生存。

2009 年至 2013 年，宋某作为研发团队成员，参与了梅花生物科技集团公司对色氨酸生产技术开发的研发工作，并签订了相关保密协议。工作期间宋某私自复制了一份色氨酸提取工艺试生产总结的电子版并存放在自己的笔记本电脑中。2013 年宋某辞职后以网名“梅花”在互联网“发酵人论坛”上发帖，公布色氨酸提取的技术方案。

经鉴定，梅花公司色氨酸提取技术是不为公众所知悉的技术信息，系梅花公司的商业秘密，被宋某披露的信息与梅花公司色氨酸提取工艺试生产总结中记载的相关信息实质上相同。经审计，梅花公司色氨酸生产技术研发成本为 1600 余万元。

宋某侵犯商业秘密罪一案，由河北省廊坊市公安局侦查终结，宋某于 2015 年 5 月 28 日移送至廊坊市人民检察院审查起诉。廊坊经济技术开发区人民检察院于 2015 年 7 月 3 日向法院提起公诉。同年 9 月 7 日，廊坊经济技术开发区人民法院以侵犯商业秘密罪判处被告人宋某有期徒刑 5 年，并处罚金 50 万元。

（资料来源：2015 年度检察机关保护知识产权十大典型案例
http://www.spp.gov.cn/xwfbh/wsfbt/201605/t20160505_117267.shtml）

3. 管理风险

管理风险是创业企业因管理不善而导致的风险，主要来源于创业团队的整体素质、主要领导者的决策组织能力、关键员工的流失等。

（1）创业团队构建与团队管理风险。创业初期，创业团队的构建和维系对创业成功发挥着关键作用。成功的创业团队应该是一支优势互补的创业团队，这种互补既包括专业方面的互补，也包括性格方面的互补。在专业互补方面，创业团队应该由技术专家、管理专家、财务专家、营销专家等组成。在性格互补方面，则既要有性格外向、善于沟通的成员，也要有性格内向、做事细致的成员；既要有争强好胜、具备领导力的成员，也要有甘于做配角、发挥参谋作用的成员。

团队在组建方面的风险包括：团队成员的整体素质、团队的整体组织协调能力、团队环境适应能力和团队整体创新能力。如果一个团队没有共同的创业愿景和目标，没有和谐的团队关系，没有恰当的角色分配，必然导致创业的失败。

【案例思考】

“某功夫”的潜在风险

麦当劳、肯德基在国内大受欢迎，中餐连锁企业一直愤愤不平，不断有人跳出来挑战洋快餐。十几年前红遍全国的“红高粱”早已不知所终，而“某功夫”却似乎真的有点功夫，连锁店面越来越多。

1994 年，蔡甲和好友潘甲在东莞长安镇开了一间“168 蒸品店”，后来逐渐走向全国连锁，并于 1997 年更名为“双种子”，最终更名为“某功夫”。“某功夫”的股权结构非常简单，潘甲占 50%，蔡甲及其妻潘乙（潘甲之姐）各占 25%。2006 年 9 月，蔡甲和潘乙协议离婚，潘乙放弃了自己的 25% 的股权换得子女的抚养权，这样潘甲与蔡甲两人的股权也由此变成了 50%：50%。

2007 年，“某功夫”引入了两家风险投资基金：内资的中山联动和外资的今日资本，共注入资金 3 亿元，各占 3% 的股份。这样，融资之后，“某功夫”的股权结构变成：蔡、潘各占 47%，VC 各占 3%，董事会共 5 席，构成为蔡甲、潘甲、潘乙以及 VC 的派出董事各 1 名。

引入风险投资之后，公司要谋求上市，打造一个现代化公司管理和治理结构的企业是当务之急。“某功夫”在蔡甲的主持下，推行去“家族化”的内部管理改革，以职业经理人替代原来的部分家族管理人员，先后有大批老员工离去。公司还先后从麦当劳、肯德基等餐饮企业共引进约 20 名中高层管理人员，占据了公司多数的要职，基本上都是由蔡甲授职授权，潘甲显然已经被架空。根据董事会章程，高层任免必须经过董事会表决，并有半数以上股东的确认才能生效。很显然，蔡甲获得了两家风险投资方的支持，占到董事会五分之三的席位，基本上决定公司的重要决策。

尽管“某功夫”的业务还在不断发展，店面还在不断增加，但管理层的矛盾还没有一个最终的结果。创始人、大股东之间的矛盾一天没有得到妥善解决，就有可能在某一天成为一个炸弹，引爆大家的共同利益。

“某功夫”投资人今日资本的徐甲曾说过，三个人一起创业，各占三分之一股份，这种模式95%会失败，她建议最好是一个大股东连同几个小股东的合作模式。在“某功夫”的案例中，VC投资人暂时通过董事会结构确保蔡达标的实际控制权，但公司最终会成为那成功的5%吗？我们拭目以待。

（资料来源：http://www.xuexila.com/chuangye/gushi/472478.html）

案例思考：创业公司股权结构该如何设计？你觉得“某功夫”应该在哪些地方下功夫以规避可能的团队风险？

小贴士：创业者通常采用两种方式确定公司的股权结构，一是按照股东的出资比例进行分配，二是在股东之间平均分配。前者容易触发股东贡献和持股比例不匹配的问题，后者则会削弱核心创始人对公司的控制力，影响公司的决策效率。鉴于创业公司初期股东和管理层通常是重叠的，股权分配时需要考虑三个因素，分别是：股东于资源层面的贡献、股东于公司治理层面的把控以及公司未来的融资造血空间。当然，上述三个因素仍有分解的空间，比如资源就可以按出资、投入时间细化，出资又可以按照货币、实物、知识产权等对公司的价值进一步细化。

（2）创业者自身素质带来的风险。创业初期，创业者的素质和能力对创业活动的顺利开展起着举足轻重的作用。创业者应该具备成功创业者的特质，例如商业激情和创造性，信心、责任心和决心，警觉性、领导力、观察大局的能力、自我决策的能力和时间观念等。创业者还需要具备创业所必需的基本素质和能力，包括：强烈的创业精神和创新意识、高度的社会责任感和艰苦奋斗的意志等。创业者尤其还需要具备优秀的决策能力和组织能力。决策对创业至关重要，因为一旦决策失误，就会给所创企业带来巨大的损失，甚至导致创业的失败。

成熟的创业者都具有风险意识。新创企业在生产经营过程中，创业者容易因为过度追求短期的经济效益，而将主要精力放在产品项目的创新上，以至于忽视了管理创新、制度创新、服务创新和企业文化建设，从而导致企业在经营发展中其他风险的出现。

（3）关键人才流失的风险。拥有专门技术、控制重要资源、具有特殊才能、掌握核心业务的员工，虽然人数不多，但却掌握着一个公司生死存亡的命脉，这些人员的流失会对公司发展产生深远的影响。

4. 财务风险

财务风险是指因资金不能适时供应而给企业带来的风险，主要体现在筹资和现

美味七七倒闭 生鲜电商领跑者为何成了“先烈”

金流两个方面。对于新创企业来说，不能有效预防财务风险，极易导致创业失败。

（1）筹资风险。一是需要资金时，能不能及时足额筹集到资金带来的风险。资金供求的变化，银行信贷政策的调整，民间金融市场的变化等，都会给资金筹措带来不确定性，当企业急需资金时，由于不能按计划筹措到足够的资金，会给企业带来严重的危机。二是资金利息成本的负担给新创企业带来的风险。很多企业是从民间借贷筹措资金的，民间借贷资金的利息一般比较高，当企业利润不能达到预期目标时，会给企业造成损失，甚至导致企业倒闭。

（2）现金流的风险。指创业企业在运行过程中出现因资金短缺而导致损失的可能性，企业的现金流包括经营活动现金流量、投资活动现金流量和筹资活动现金流量。

经营活动，是指直接进行产品生产、商品销售或劳务提供的活动，它们是企业取得净收益的主要交易和事项。投资活动，是指固定资产的购建和非现金资产的处置活动。筹资活动，是指导致企业资本及债务规模和构成发生变化的活动。

在现代企业的发展过程中，决定企业兴衰存亡的是现金流，最能反映企业本质的也是现金流，在众多价值评价指标中基于现金流的评价往往是最具权威性的。中国现行破产法明确规定，企业因经营管理不善造成严重亏损，不能清偿到期债务的，可依法宣告破产，即达到破产界限。这与以往的“资不抵债”是两个不同概念，通过现金流量分析，若企业不能以财产、信用或能力等任何方式清偿到期债务，或在可预见的相当长期间内持续不能偿还，即使该公司尚有盈利，也预示企业已濒临破产的边缘，难以摆脱破产的命运。

【延伸阅读】

大学生创业的风险主要有哪些

风险一：项目选择太盲目

大学生创业时如果缺乏前期市场调研和论证，只是凭自己的兴趣和想象来决定投资方向，甚至仅凭一时心血来潮做决定，一定会碰得头破血流。

大学生创业者在创业初期一定要做好市场调研，在了解市场的基础上创业。一般来说，大学生创业者资金实力较弱，选择启动资金不多、人手配备要求不高的项目，从小本经营做起比较适宜。

风险二：缺乏创业技能

很多大学生创业者眼高手低，当创业计划转变为实际操作时，才发现自己根本不具备解决问题的能力，这样的创业无异于纸上谈兵。一方面，大学生应去企业打工或实习，积累相关的管理和营销经验；另一方面，积极参加创业培训，积累创业知识，接受专业指导，提高创业成功率。

风险三：资金风险

资金风险在创业初期会一直伴随在创业者的左右。是否有足够的资金创办企业是创业者遇到的第一个问题。企业创办起来后，就必须考虑是否有足够的资金支持企业的日常运作。对于初创企业来说，如果连续几个月入不敷出或者因为其他原因导致企业的现金流中断，都会给企业带来极大的威胁。相当多的企业会在创办初期因资金紧缺而严重影响业务的拓展，甚至错失商机而不得不关门大吉。

另外如果没有广阔的融资渠道，创业计划只能是一纸空谈。除了银行贷款、自筹资金、民间借贷等传统方式外，还可以充分利用风险投资、创业基金等融资渠道。

风险四：社会资源贫乏

企业创建、市场开拓、产品推介等工作都需要调动社会资源，大学生在这方面会感到非常吃力。平时大学生应多参加各种社会实践活动，扩大自己人际交往的范围。创业前，可以先到相关行业领域工作一段时间，通过这个平台，为自己日后的创业积累人脉。

风险五：管理风险

一些大学生创业者虽然技术出类拔萃，但财务、营销、沟通、管理方面的能力普遍不足。要想创业成功，大学生创业者必须技术、经营两手抓，可从合伙创业、家庭创业或从虚拟店铺开始，锻炼创业能力，也可以聘用职业经理人负责企业的日常运作。

创业失败者基本上都是管理方面出了问题，其中包括：决策随意、信息不通、理念不清、患得患失、用人不当、忽视创新、急功近利、盲目跟风、意志薄弱等。特别是大学生知识单一、经验不足、资金实力和心理素质明显不足，更会增加在管理上的风险。

风险六：竞争风险

寻找蓝海是创业的良好开端，但并非所有的新创企业都能找到蓝海。更何况，蓝海也只是暂时的，所以，竞争是必然的。如何面对竞争是每个企业都要随时考虑的事，而对新创企业更是如此。如果创业者选择的行业是一个竞争非常激烈的领域，那么在创业之初极有可能受到同行的强烈排挤。一些大企业为了把小企业吞并或挤垮，常会采用低价销售的手段。对于大企业来说，由于规模效益或实力雄厚，短时间的降价并不会对它造成致命的伤害，而对初创企业则可能意味着彻底毁灭的危险。因此，考虑好如何应对来自同行的残酷竞争是创业企业生存的必要准备。

风险七：团队分歧的风险

现代企业越来越重视团队的力量。创业企业在诞生或成长过程中最主要的力量来源一般都是创业团队，一个优秀的创业团队能使创业企业迅速地发展起来。但与此同时，风险也就蕴含其中，团队的力量越大，产生的风险也就越大。一旦创业团队的核心成员在某些问题上产生分歧不能达到统一时，极有可能会对企业造成强烈的冲击。

事实上，做好团队的协作并非易事。特别是与股权、利益相关联时，很多初创时很好的伙伴都会闹得不欢而散。

风险八：核心竞争力缺乏的风险

对于具有长远发展目标的创业者来说，他们的目标是不断地发展壮大企业，因此，企业是否具有自己的核心竞争力就是最主要的风险。一个依赖别人的产品或市场来打天下的企业是永远不会成长为优秀企业的。核心竞争力在创业之初可能不是最重要的问题，但要谋求长远的发展，就是最不可忽视的问题。没有核心竞争力的企业终究会被淘汰出局。

风险九：人力资源流失风险

一些研发、生产或经营性企业需要面向市场，大量的高素质专业人才或业务队伍是这类企业成长的重要基础。防止专业人才及业务骨干流失应当是创业者时刻注意的问题，在那些依靠某种技术或专利创业的企业中，拥有或掌握这一关键技术的业务骨干的流失是创业失败的最主要风险源。

风险十：意识上的风险

意识上的风险是创业团队最内在的风险。这种风险来自无形，却有强大的毁灭力。风险性较大的意识有：投机的心态、侥幸心理、试试看的心态、过分依赖他人、回本的心理等。

提醒：大学生创业过程中所遇到的阻碍并不仅此十点，在企业发展过程中，随时都可能有灭顶之灾。大学生保持积极的心态，多学习，多汲取优秀经验，结合大学生既有的特长优势，我们相信，大学生创业的步伐，会越走越远，越走越稳。

（资料来源：http://career.eol.cn/chuang_ye_zhi_dao_9472/20140324/t20140324_1089671.shtml）

第二节　风险管理与规避

风险贯穿于整个创业过程，各个阶段的创业风险既有共同的特征，也有自身独有的特征。创业风险在各个阶段的表现形式也各不相同，所以应对和化解风险的方法和手段也不尽相同。

风险管理是指在一个具有风险的项目或者企业环境里，把风险可能造成的不良影响减至最低的管理过程。对于现代企业来说，风险管理就是通过对风险的识别、预测和衡量，选择有效的手段，以尽可能低的成本，有计划地处理风险，以获得企业安全运营的经济保障。

一、创业风险意识

既然创业风险是创业过程中不可避免的现象，那么直面风险并化解之，是创业过程中的重要任务。风险识别是应对一切风险的基础，只有识别了风险才可能有化解的机会。同时风险也是一种机会，应该开拓、提高它积极的作用。

风险意识的缺位是创业者普遍存在的一个问题，这种创业风险意识的缺失主要表现在以下四个方面：一是在心理准备上，对创业可能出现或者可能遇到的困难准备不足；二是在决策上，表现为不敢决策、盲目决策和随意决策；三是在管理上，表现为不抓管理、无序管理和不敢管理；四是在经营上，表现为盲目进入市场、随意接触客户、轻率签订商务合同。

创业者既是市场利益的竞争者，也是市场风险的承担者。企业处在激烈的市场竞争环境下，所承受的各种市场风险必然集中在创业者身上。创业者身上承受的压力是没有创业的人所无法体会的。作为准备创业的大学生，很重要的一项任务就是强化自己的市场风险意识，这方面准备不充分，其他事情无从谈起。作为大学生创业者，应该正确树立识别企业风险的基本理念，具备以下意识：

1. 未雨绸缪的观念

创业风险需要大学生创业者通过创业活动、信息归类，认知风险产生的原因和条件，不仅要识别所面临风险的性质及可能的后果，更重要的（也是最困难的）是识别创业过程中各种潜在的风险，为采取有效措施提供依据。

2. 有备无患的意识

创业风险的出现是正常的，带来一些损失也是正常的。大学生创业者既不能怨天尤人，也不能骄兵轻敌。关键的问题是要密切监视风险，减少损失，化解不利，甚至转化为盈利的机会。

3. 实事求是的精神

虽然风险识别是一个主观过程，但是必须遵循客观规律。风险识别十分复杂而细致，大学生创业者应按照一定的程序、标准、方法，科学有序且系统地分析各种现象，对企业面临的风险作出实事求是的评估。

4. 持之以恒的思想

由于创业风险伴随着整个创业过程，同时风险具有可变性和相关性的特点，所以大学生创业者必须要有打“持久战”的准备。风险的识别工作应该是连续地、系统地进行，并成为企业一项持续性、制度化的工作。

发现和识别风险，是为了防范和控制风险。如果大学生创业者在企业未发生损失之前就能够识别风险发生的可能性，那么这个风险是可能被管理的，因此风险识别是进行风险管理的基点。

二、创业风险管理的基本原则

1. 客观分析风险

创业风险具有客观性，在分析风险障碍时要尽量客观、全面。对风险事件、风险损益不能一厢情愿，过于乐观。绝不能在信息不适当、缺乏统计分析、对风险茫然无知的情况下，对获利作过高估计，而对损失作过小评价。

2. 谨慎对待风险

对待风险需要谨慎从事。认真考虑潜在损害发生的机会、规模，研究其中得失关系。不要去承担不能承担的风险，也不要为了小利去冒大风险。要认真考虑实施处理风险的管理手段后，是否会带来更大风险，特别是在今后长时期内给企业带来难以避免的风险，反而造成更大的损失。

3. 风险成本合理

经营风险管理的根本要求是以最小的风险成本投入获得最大的安全保障。企业在风险管理中需认真考虑解决风险投入成本的合理性，企业要能够承受得住。

三、创业风险识别的具体方法

风险识别是指在风险出现或出现之前就予以识别，以有效把握各种风险信号及其产生的原因。存在于人们周围的风险是多样的，既有当前的也有潜在于未来的，既有内部的也有外部的，既有静态的也有动态的。企业经营者如不能正确、全面地认识企业可能面临的所有潜在损失，就不可能及时发现和预防风险，难以选择最佳处理方法。因此，风险管理的第一步就是要正确、全面地认识可能面临的各种潜在损失。

风险识别的具体方法主要有以下几种：

1. 业务流程法

以业务流程图的方式，将企业从原材料采购直至送到顾客手中的全部业务经营过程划分为若干环节，每一环节再配以更为详尽的作业流程图，据此确定每一环节进行重点预防和处置的部分。

2. 咨询法

以一定的代价委托咨询公司或保险代理人进行风险调查和识别，并提出风险管理方案，供经营决策参考。

3. 现场观察法

通过直接观察企业的各种生产经营设施和具体业务活动，具体了解和掌握企业面临的各种风险。

4. 财务报表法

通过分析资产负债表、利润表和现金流量表等报表中的每一个会计科目，确定某一特定企业在何种情况下会有什么样的潜在损失及其成因。由于每个企业的经营活动最终要涉及商品和资金，所以这种方法比较直观、客观和准确。

四、创业风险处理的措施

创业风险处理的方式包括回避风险、预防风险、转移风险和接受风险。

1. 回避风险

回避风险是指主动避开损失发生的可能性。它适用于对付那些损失发生率高且损失程度大的风险。虽然回避风险能从根本上消除隐患，但这种方法明显具有很大的局限性。其局限性表现在并不是所有的风险都可以回避或应该进行回避的。一是可能会带来另外的风险。比如航空运输改用陆路运输，虽然避免了航空事故，但是却面临着陆路运输工具事故的风险。二是会影响企业经营目标的实现。比如为避免生产事故而停止生产，则企业的收益目标无法实现。所以，这类方法一般很少使用。

2. 预防风险

预防风险是指采取预防措施，以减少损失发生的可能性和降低损失程度。兴修水利、建造防护林就是典型的例子。预防风险涉及一个现实成本与潜在损失比较的问题，若潜在损失远大于采取措施所支出的成本，就应采用预防风险手段。以兴修堤坝为例，虽然施工成本很高，但考虑到洪水泛滥将造成的巨大灾害，兴修堤坝就显得极为必要。

3. 转移风险

创业失败的 20 个原因

转移风险是指通过某种安排，把自己面临的风险全部或部分地转移给另一方。通过转移风险而得到保障，是应用范围最广和最有效的一种风险管理手段。保险就是转移风险管理手段之一。保险是企业通过购买保险单、在面临风险时分摊意外事故损失的一种财务安排。它有三个基本特点：①企业保险是一种合同行为；②企业保险的目的是分担损失；③企业保险的内容主要是静态风险或纯粹风险。企业保险要投入一定的风险管理费用（保险费），平时可以减少心理忧虑，在事故发生造成损失后可以减少损失。

【典型案例】

企业到底该不该买保险

某地较知名的两家企业 A 工厂的厂长与 B 工厂的厂长，有一段关于企业投保财产保险的对话。

A 厂长："保险是给那些管理不好的企业准备的，像我们这样管理非常到位的企业不需要保险。我们厂的安全管理顾问是从德国高薪聘请的，自从他来后，厂里各项安全管理工作已达国际先进水平，从没发生安全事故，所以再花钱购买保险实在没必要。"

B 厂长："我们厂资产已达 50 亿元人民币，就算一年发生几次事故，也完全有能力承担。所以，有几家保险公司的业务员打电话到我们厂说要谈保险的事，都被我安排财务部拒绝了。"

难道企业管理好或资本雄厚就真的不需要保险？答案是否定的。上述两位厂长明显步入了企业投保误区，说明他们还没充分认识到保险真正的作用与意义。

先总结 A 厂长的观点：事故都是因为管理不好发生的，管理好的企业不会发生事故，因此不需要保险。不能否认，管理好的企业确实可以在一定程度上降低事故发生的概率、减轻损失的程度，但如果说管理好就能完全避免事故与损失，却不尽然。因为企业除了要面对因管理不善导致的意外事故外，还要面对地震、台风、暴雨、洪水等外界自然灾害引起的损失，有时这些会给企业带来灭顶之灾。而通过购买保险，这种风险就可有效转嫁给保险公司，使企业受到损失时能通过保险补偿及时得到恢复。因此，管理好的企业购买保险是非常必要的。

再看B厂长说的话，这是典型的家大业大企业才有的观点。这类企业一般年销售额动辄几十亿、上百亿元，资本雄厚，抗风险能力相对较强，几十万、几百万甚至几千万元损失对企业不会产生太大影响。那么，这类企业真的不需要保险？其实不尽然。首先，B企业抗风险能力虽超强，但企业的抗风险能力都是在一定限度内，如果碰上强烈的自然灾害造成巨大损失，企业即使能勉强渡过难关，也势必大伤元气，影响持续发展与盈利，更严重者也许会因此走向衰落。另外，B企业为提防随时可能遭受的灾害事故与损失，必须自行储备风险准备金，这就意味着企业用于生产和流通的资金会相对减少，生产能力会相对减弱。如果企业通过购买保险来进行风险转移，就可将有限的资金用于生产经营，从而提高市场竞争能力。相对于几千万元的风险准备金，几万元的保险费对B企业不会产生任何不良影响，所起的作用却绝不比几千万元的风险准备金作用小。因此，即使企业有雄厚的资本，购买保险也是相当必要。

（资料来源：http://www.zgjrzk.com/news/201702/402013.html）

4. 接受风险

接受风险是指企业接受经营管理中的风险，并对其进行管理和控制的策略。创业者经过正确分析，认为潜在损失在承受范围之内，而且自己承担全部或部分风险比购买保险更经济合算，那么可以选择接受风险。接受风险一般适用于应对发生概率小，且损失程度低的风险。

【延伸阅读】

大学生如何提升防范创业风险能力

风险的存在是必然的。面对风险，我们要克服畏难情绪和惧怕心理，胆子要大，步子要稳，要迎着风险，迎着困难而上。因此，大学生创业应在各个环节做好风险的防范。

1. 大学生自身素质的提升

大学生创业所存在的风险往往是由大学生这个特殊的群体在创业过程中具有的劣势造成的，因此想要规避风险，就必须从实际出发，提升大学生自身能力，具备各项创业所需的技能与素质。分析众多大学生创业成功的案例，他们成功创业可以归因于以下几方面的能力：创新能力、策划能力、组织能力、领导能力、管理能力以及公关能力。也只有这几方面的能力同时具备，大学生在创业中才能技高一筹，降低失败的概率。

2. 准备好创业必备的硬件

没有充分的硬件准备，再好的创意也难以转化为现实的生产力，再优秀的人才也没有用武之地。大学生创业所需要具备的硬件主要是经验、资本和技术。经验的积累能避免陷进眼高手低、纸上谈兵的误区；资本为成功创业建立物质基础；技术则是大学生想要在高科技领域占有一方天地的王牌。

3. 进行风险意识教育

各高校可以有计划地开设有关于创业风险的课程，通过实际案例理性分析创业活动的复杂性，让大学生能够清醒地认识到创业历程中存在的风险，以及如何防范和应对创业过程中的危机，指导大学生在创业前期、创业当中如何对待和化解创业风险，促进大学生进行创业能力的自我培养和技能的提高。

4. 了解政策和相关法律

近年来，为支持大学生创业，国家各级政府出台了许多优惠政策，了解这些政策，才能走好创业的第一步。同时，大学生创业者应该学习相关的法律知识，如工商注册登记、经济合同和税务等。这些是大学生创业过程必备的知识。只有懂法、守法，并依据法律保护自己的合法权益，才能确保大学生们的创业行动稳健与长久。

［资料来源：陈亚宁．大学生创业失败的原因及创业风险防范措施 [J]. 教育，2017，03（13）］

【主题小结】

本主题首先介绍了创业风险的含义及种类，重点介绍了市场风险、技术风险、管理风险、财务风险等四种风险。同时，本主题强调了树立创业风险防范意识对成功创业的重要意义，并讲解了创业风险管理的原则及风险识别、预防方法等。

【实务演练】

1. 创业风险排查

要求：4—5 名学生为一个小组，以学校周边或校园某个正在经营的初创企业为对象，用业务流程法或者现场观察法，针对这个创业实体，从六个方面分析其存在的风险，并按风险大小排序。

每个小组同学进行汇报，然后同学与老师对其进行质疑和点评。

2. 掷球游戏

活动形式：分成若干组，每组 5 人

活动类型：提高风险承担的技能游戏

活动时间：30分钟

活动道具：篮子、三个弹力球

活动目的：通过掷球游戏让团队成员体验和承担风险，并了解如何去评估和预防风险。

游戏步骤：

（一）个人赛

第一步，在教室里放个篮子并准备三个弹力球（或有一定重量的纸球）作为投掷物，或在地上立个柱子并准备三个塑料杯。弹力球可以换成三个网球，篮子可以换成一个纸箱等。

第二步，确定篮子（柱子）所对应的投掷位。最远投掷位和篮子之间的距离约为3米。在最远投掷位和篮子（柱子）之间分为10个等距。每个等距为一个投掷位（共10个投掷位），用粉笔在地面上画横线表示每个投掷位，并标出分数（从篮子或柱子最近的投掷位开始依次从1到10）。

第三步，游戏开始前教师宣布游戏规则。

第四步，每个学生投掷3次，可以自行选择目标不同距离的投掷位。请两个同学作为助手（捡球和计分），记下投掷者成功投掷（球进篮中）相应的投掷分数，失败投掷不计。

第五步，记录员把每个学生成功投掷的分数相加，即为该生的得分。

思考与讨论1：

那些得高分的学生是怎样确定他们的投掷位的？在3次投掷中，他们的投掷距离有几次改变？

那些得分低的学生的问题出在什么地方？他们在玩游戏的时候做过什么调整或改变？

那些分数居中的学生采用了什么方法来应对游戏中的风险？

如果再次进行这个游戏，学生们会做出怎样的调整和改变来提高得分呢？

（二）团体赛

首先把全班学生分组，每组5—6人。

告诉学生，每组有3分钟准备时间，然后每个组的每个学生都有3次投掷机会，每组所有组员的成绩相加为小组成绩。仔细观察学生在3分钟的准备时间里所做的事情（不告诉他们该做什么）。有些组可能会练习掷球，有些小组可能会坐在那里讨论。游戏结束后让学生解释一下他们这样做的原因。

给每个人3次机会，然后计算小组成绩。

思考与讨论 2：

第二次游戏和第一次游戏有什么不同？（参与者有了更多的资源，同时可能要服从群众压力，这个可能会导致个人目标和群体目标发生冲突等。）

第二次游戏中小组的成绩总和是否高于第一次游戏中所有学生的成绩总和？如何解释这个差异？（团队合作、对技巧的改进、团队成员间的讨论、得分范围、群众压力等。）

主题7　创业计划书撰写与评估

【主题案例】

创业大赛助力90后小伙实现非遗创业梦想

90后小伙杨忠敏是浙江工贸职业技术学院机电一体化专业2009级学生。他出身工艺美术家庭，从小热爱艺术。2009年，他开始学习瓯塑（彩色油泥塑）艺术，2011年在浙江工贸职业技术学院大学生创业园创办东瓯瓯塑工作室，2014年创办温州大家文化产业有限公司，主要开发瓯塑礼品、瓯塑壁画、瓯塑创意品、动漫瓯塑等。他先后获得第二届温州十大经济新锐人物奖和第三届最美浙江人·文化新浙商新锐奖。

酷爱艺术，作品得到社会认可

出身于工艺美术家庭的他对瓯塑有浓厚的兴趣，拜了高级工艺美术师郑央凡为师，课余一有时间就跑去老师的瓯塑工作室。

2010年夏天，杨忠敏的处女作《晚霞凝香》代表学校参展，一位女士看中了作品的升值空间，以高于市场价格购买。

创业大赛成就创业梦想

杨忠敏因此深受鼓舞，这次经历让他看到了瓯塑市场的潜力。为此杨忠敏选修了《创业技术课程》，进入学院组织的创业精英班学习。2011年杨忠敏参加学院大学生创业大赛，在创业导师和评委专家的精心指导下，他不断完善瓯塑创业计划书，在这次大赛中获得第一名，得到了学院提供的1万元创业基金，他还申请到了校内孵化园的一间免费工作室。

2011年6月，温州东瓯瓯塑工作室在孵化园正式成立，开发家居装饰摆件、商务礼品、个性动漫等小型瓯塑产品，这个由十余名学生组成的小团队在杨忠敏的带领下，成功接下了不少订单。2012 年他参加第四届浙江省大学生职业生涯规划大赛，获得十佳创业规划之星并获得创业奖金 2 万元；同年，他在温州市青年创业大赛获得金奖，并获得奖金 5 万元，银行授信 200 万元；2012 年 5 月，他又在温州市瓯海区青年创业大赛获奖，获入驻温州国家大学生科技孵化器资格，创业工作室实现了从校园走向社会。2012 年 5 月，杨忠敏的团队扩展到了 20 多人，旗下包括签约艺人、签约大师和持股份的大师。

2014 年年底，杨忠敏申请到了“OUSU 瓯塑”的商标。“这样至少在一定层面上保护了瓯塑的知识产权。”杨忠敏说。他在之后的产品上都打上了这一商标，对温州瓯塑进行专业化、品牌化推广。

【案例讨论】

1. 你认为创业计划书在杨忠敏同学创业中起到什么作用？

2. 你觉得在杨忠敏的创业计划书中可能有哪些要素获得了比赛评委和投资人的青睐？

高手指路

创业计划是创业者叩响投资者大门的“敲门砖”，一份优秀的创业计划书会使创业者得到事半功倍的效果。创业计划书是一份全方位的商业计划，包含了企业成长经历、产品服务、市场、营销、管理团队、股权结构、组织人事、财务、运营以及融资方案等重要内容。其主要用途是递交给投资商，以便于他们能对企业或项目作出评判。

第一节 创业计划书

一、什么是创业计划书

众所周知，建筑高楼大厦要先设计工程图纸，然后才能施工。这一原则同样适用于创建创新型企业。正如美国俄亥俄大学创业研究中心的罗伯特·F. 谢勒主任所言："创业计划必须受到重视。创业之路如同航行在大海之上，漫无边际，深不可测，所以必须认真调查，花费时间，制订合理的创业计划。"创业计划书又称商业计划书（Business Plan，缩写 BP），是创业者在创业初期制定的构建一个企业的基本思想和与企业创建有关的各种事项的总体安排的文件，主要从产品开发生产、市场营销、财务、人力资源、关键风险等方面对即将创建的企业进行的可行性分析。

创业计划书作为全方位描述与创建新企业有关的内外部环境条件和要素的书面文件，旨在阐述商机的意义、要求、风险和潜在收益，以及如何抓住这个商机。它涵盖新企业创建中所涉及的方方面面以及完成目标任务的时间表。

二、制定创业计划书的意义

1. 创业计划书是创建新企业的运营路线图

对创业者而言，资源就像画家的颜料和画笔，只有当他们有了创作灵感的时候，才会在画布上挥毫泼墨。创业者心目中的画布就是创业计划书。创业者通过创业计划书的描绘，呈现出一幅新企业的清晰面貌：企业是什么、发展方向是什么，以及新企业拟实现的预期目标。可见，创业计划书不仅是创业者成功创建新企业的运营路线图，还是管理新企业的"第一份"纲领性文件和执行方案。

2. 创业计划书帮助创业团队理清创业思路，达成共识

撰写创业计划书之所以显得特别重要，是因为"撰写创业计划书可以迫使创业者系统地思考新创企业的各个因素"。当创业者决定把一个商机转变成一个完整的商业计划时，就必须思考、推理并付诸行动。撰写过程还能够促使创业团队仔细考虑企业的各个方面，使一些最重要的目标和事项达成一致。撰写创业计划书能够帮助创业者团队理清创业思路，明晰企业发展蓝图、战略、资源以及人员匹配要求。

3. 创业计划书促使创业者客观、理性地评判创业项目

撰写创业计划书的另一重要价值源于“写作使人精确”。因为没有任何别的方式比完完整整地把它写出来，更能有效地检验创意的逻辑性与一致性。创意听起来可能很棒、很诱人，但是完成一份精心设计的创业计划书通常需要花大量时间和精力进行市场调查研究。这将迫使创业者审时度势、客观理性地评判新创企业。创业计划书所包含的产业分析、市场分析以及财务分析，将使创业者更加全面、更加清醒地发现企业预期成就与现实之间的差距。创业计划书使目标得以量化，为创业者的预测与实际结果提供可度量的标准。

4. 创业计划书是创业者与利益相关人沟通的桥梁

创业计划书的主要意图是递交给投资方或者其他合作方，以便于他们能对创业项目实施后的盈利及风险进行评估，向他们展现创业项目的潜力和价值，说服他们对项目进行投资和支持。常见的利益攸关方包括投资人、合伙人、员工、供应商及客户等。对于尚待创办的新企业，由于没有过去的实际经营业绩数据，风险投资者和其他外部利益相关者对企业发展前景、未来盈利、风险大小和是否值得投资或者合作只能依靠创业计划书来作判断。

创业计划书涉及企业的诸多方面，但难免有不妥或遗漏之处。作为企业“自我推销”的文件，在供外部读者评估审阅时，如有机会得到他人的指导，能使计划更加切实可行。一份高质量的创业计划书，既是与外部投资者沟通的桥梁和媒介，又是统一企业员工思想，齐心协力沿着新企业发展目标前进的路标。可见，创业计划书的撰写是“创业者对时间和金钱的绝佳投资”。

【延伸阅读】

大学生创业计划竞赛的三大赛事

1. “挑战杯”大学生创业大赛

“挑战杯”中国大学生创业计划大赛是由共青团中央、中国科协、教育部和全国学联共同主办的全国大学生课外学术实践竞赛中的一个项目。竞赛官方网站为www.tiaozhanbei.net。

创业计划竞赛起源于美国，又称商业计划竞赛，是风靡全球高校的重要赛事。它借用风险投资的运作模式，要求参赛者组成优势互补的竞赛小组，提出一项具有市场前景的技术、产品或者服务，并围绕这一技术、产品或服务，以获得风险投资为目的，完成一份完整、具体、深入的创业计划。“挑战杯”中国大学生创业计划大赛分设创业计划、创业实践、公益创业三个类别。竞赛采取学校、省（自治区、直辖市）和全国三级赛制，分预赛、复赛、决赛三个赛段进行。

2. 大学生职业生涯规划与创业大赛

全国大学生职业生涯规划大赛是由教育部指导，全国高等学校学生信息咨询与就业指导中心主办的面向全国大学生的大型赛事，是目前涉及范围最广、影响力最大的大学生活动。

比赛分设生涯规划类、创新创意类、创业实践类三个类别。大赛分为初赛、复赛、决赛三个环节，以小组晋级的方式经过层层筛选。

3. "互联网 +" 大学生创新创业大赛

该项赛事由教育部、中央网络安全和信息化领导小组办公室、国家发展和改革委员会、工业和信息化部、人力资源和社会保障部、国家知识产权局、中国科学院、中国工程院、共青团中央共同主办。

大赛分为创意组、初创组、成长组和就业型创业组。大赛采用校级初赛、省级复赛、全国总决赛三级赛制。

（资料来源：https://baike.baidu.com/item/全国大学生职业生涯规划大赛/5370897?fr=aladdin）

三、创业计划书的基本格式要求

一份精心构思和前景良好的创业计划书，能够极大地激发投资者的兴趣。正如美国创业管理专家约瑟夫· R. 曼库索（Joseph R. Mancuso）所言："没有商业计划你不能筹集到资金……就它本身而言，一份商业计划书就是一项艺术性的工作。它是表达企业和赋予企业人格化的证明。" 如果创业计划书不完善或漏洞百出，很容易使人产生 "倒胃口" 的感觉。如果创业计划书撰写得语言流畅、充满激情和睿智，有严密的调查数据支撑，少见外行话，那么投资者和银行家等读者就很容易把这些优点与创业者本人的能力勾连起来。

创业计划书通常包括封面、保密须知、目录、摘要与正文、附录等。

1. 封面

创业者可以把自己的企业或者产品的一幅彩色图像放在首页，但须留出足够的版面排列以下内容：公司名称、公司地址、邮编、联系人（姓名、电话、邮箱、传真），商业计划书编号、日期等。

商业计划书
内容框架

封面要求美观、简明、大方，忌讳太复杂、花哨。

2. 保密须知

创业者要有保密的意识，可以单独排一页保密须知。须知基本内容如下："本商业计划书属商业机密，所有权属于 [公司或项目名称]。其所涉及的内容和资料只限于已签署投资意向的投资者使用。收到本计划书后，收件人应即刻确认，并遵守以下的规定：（1）若收件人不希望涉足本计划书所述项目，请按上述地址尽快将本计划书完整退回；（2）在没有取得 [公司或项目名称] 的书面同意前，收件人不得将本计划书全部和 / 或部分地予以复制、传递、影印、泄露或散布给他人；（3）应该像对待贵公司的机密资料一样对待本计划书所提供的所有机密资料。”

3. 目录

表明各部分内容及页码，注意确认目录页码与正文的对应。

4. 摘要与正文

这部分详细内容见后。

5. 附录

附录部分的目的主要是为正文所涉及的关键内容提供支撑与证明作用，原则上创业者认为有必要提供的证件类、数据类等都可以在附录部分提供。如营业执照、主要团队名单及简历、专利及商标证书、场地证明、专业术语说明、市场调查问卷及数据、主要供货商及经销商名单、财务报表、公司及产品的介绍或图片、各种分析数据等。附录不宜过长。

四、创业计划书的主要内容

[视频] 如何撰写一份好的商业计划书?

1. 摘要

摘要位于创业计划书的最前面，是创业计划书的高度概括，涵盖计划的要点。一般是在正文所有内容撰写完成后，把主要结论性内容摘录而成，其目的是使读者短时间对创业计划有一个整体了解，给读者留下深刻印象，吸引读者继续阅读的兴趣。

摘要需要精心提炼，反复推敲，力求精益求精，形式完美，语句清晰而有感染力，用最短的篇幅把计划书的核心、要点及特色展示出来，一般不超过两页。

摘要主要包括：公司名称、主要产品和业务范围、市场概况、营销策略、销售计划、生产管理计划、管理者及其组织、财务计划、资金需求状况等。

要清晰地回答如下问题：（1）企业所处的行业，企业经营的性质和范围；（2）企业的主要产品；（3）企业的市场在哪里，谁是企业的顾客，他们有什么需求；（4）企业的合伙人、投资人是谁；（5）企业的竞争对手是谁，竞争对手对企业发展有什么影响。

2. 企业介绍

创业计划书首先从对企业的总体描述开始，它向读者展示了创业者如何将一个商业创意变为一个企业。

企业简史应简单介绍创意来源以及企业创建的驱动力。对大学生而言，可能并没有成立公司，现在也只是一个美妙的商业创意，应重点介绍创业者的成长经历、求学经历，突出其性格、兴趣爱好与特长，要重点解释创意如何产生，创业者的追求与独立创业的原因。如果企业创意起源的故事真实感人，那就一定要把它写出来。

企业使命陈述界定了企业为什么存在，以及企业渴望成为什么。要说明企业专注于什么，也就是企业的目的。

3. 产品 / 服务介绍

产品 / 服务是创业者开始创业的前提，也是投资者最关注的一个问题，它至关重要。这部分主要包括：(1)产品的概念、性能、特性及目标客户：产品是什么，产品卖给谁，能解决顾客什么问题，或者顾客能从中获得什么好处；(2)产品的市场竞争力：与竞争对手比，产品有什么优势，顾客为什么购买自己的产品；(3)产品的研究与开发：创业者目前具备研发产品所需要的技术(知识产权最关键)、相关批文、关键设备码，后续改进的计划是什么；(4)产品的成本、定价与盈利等；(5)产品的市场前景预测等。

写作要求：描述要求准确，通俗易懂，非专业人员也能看懂，不要介绍太详细的专业技术原理，可以附带图片、产品原型等。

4. 管理团队与组织结构

高素质的管理团队与合理的组织结构是创业成功的保证。取得投资人的融资支持往往并不是因为创意或市场，而是投资者认为管理团队为开发创意做了更充分的准备，认为管理团队更优秀、可靠。

管理团队通常包括创建者与关键管理人员，好的管理团队要求结构互补，各具所长，具有合作精神。结构互补是团队成员在性格、专业、性别等方面具有互补性。各具所长是团队成员在技术研发、管理、营销、财务等某一个方面能独当一面，为企业作出贡献。团队成员如果以前在一起共过事，现在又决定在一起共同创业，通常意味着他们之间相处融洽、彼此信任，具有合作精神。

每个成员的介绍包括这几个方面：职位头衔、职位的职责与任务、先前产业和行业相关经验、先前的成功经历、教育背景。主要展示岗位职责及成员的胜任力。

在组织结构方面，即便是一家初创企业，也通常附加一张组织结构图，对企业内部职权与责任如何分配进行描述。

5. 行业与市场分析

(1)行业分析。首先要分析企业试图进入的产业，如产业规模、增长率与销售预测等。在选择目标市场以前，首先对所在行业有整体认识和把握，可以从行业结构和行业趋势两个方面进行分析。

行业结构分析是指行业的集中或分散化程度的分析。一般认为分散化程度高的行业，其创业的机会更多。行业内主要企业的现状如何也是决定创业机会的一个因素。

行业趋势分析包括对环境趋势和业务趋势的分析，是行业分析最主要的部分。环境趋势包括经济趋势、社会趋势、技术进步和政策变革等。业务趋势包括产业利润率的增减、投入成本的升降等。最后还要对行业前景作简单陈述。

（2）市场分析。行业分析之后是市场分析，行业关注的是整个产业，而市场分析则将行业划分为若干细分市场，也是创业的目标市场。创业企业一般只会服务于产业内的某个细分市场。市场细分可以按照地区、人口统计特征（性别、年龄、收入、教育程度等）、心理变量（个性、生活方式、价值观等）等进行划分。企业可以按照多个维度划分市场，并逐步找到适合自己能力的特定市场。

市场分析包括目标市场的消费者行为分析，分析客户的消费习惯与消费需求。

市场分析还包括目标市场的竞争对手分析，分析创业竞争的优劣势。

6. 营销计划

营销计划关注企业如何宣传和销售它的产品和服务，涉及价格、促销、分销和销售等营销方面具体内容。即使一个企业拥有好的产品、精准的目标市场，对顾客和竞争对手也很了解，也必须找到客户并说服他们购买。

营销计划包括营销战略和具体营销策略。

营销战略是指企业营销产品或服务的总方针，即企业如何在市场中定位，如何与竞争对手实现差异化。它是制定具体的营销策略的指导方针。

营销策略包括产品、价格、促销和分销方面的策略。具体包括：（1）市场机构和营销渠道的选择；（2）促销计划和广告策略；（3）营销队伍与管理；（4）价格决策。4P、4S 等现代营销理论可以为创业者提供借鉴和使用。

7. 运营计划

运营计划阐述企业如何运作，如何生产产品。

运营计划也就是创业实施的规划。主要回答以下问题：（1）企业主要活动有哪些，怎么安排；（2）企业经营地址如何选择、空间功能如何布置；（3）需要哪些生产设备，如何获得设备；（4）是否采取服务外包形式等。

8. 预计财务规划

财务规划包括资金的来源与使用、利润的预测等。它说明创业需要多少资金、资金从哪儿来、资金使用在哪些方面、预计未来的利润等，同时还就其预测的依据进行说明。预计财务规划主要涉及以下两方面内容：

（1）假设清单：用于解释财务报表所依据的最重要的假设。如果有些假设来源于权威信息，这时创业者需要标注信息的来源；有些假设可能基于一般信息，因此没有特殊信息渠道来证实假设。假设清单的客观真实程度，直接决定创业的成败。基于虚假尤其是过于乐观的假设往往是创业失败的原因。

（2）预计财务报表：它是财务规划的核心内容。预计财务报表与正规的财务报表格式一样，区别在于前者是预测未来，后者是记录过去。预计财务报表包括预计的资产负债表、预计的利润表和现金收支表等。预计的时间期限一般为三年。预计的依据应保证与创业计划书的假设，尤其是经营计划和市场分析部分相一致。这部分内容的编制有一定难度，可以向专业财务人员咨询。

9. 风险及应对

客观分析企业可能面临的在技术、市场、管理、政策、资金等方面的风险，制定相应的有效规避措施。风险分析可以减少投资人的顾虑，可以体现团队对风险的管理意识。

【延伸阅读】

撰写创业计划书的基本准则

撰写创业计划书应遵循以下基本准则：

1. 简洁清晰

阅读创业计划书的人往往都惜时如金，他们可能会通过创业者对自己企业的描述作出判断。因此，一份好的计划书要能够让投资者了解新创企业的吸引力所在，能够使投资者看到关于企业长期使命的明确论述，以及人员、技术和市场的总体情况。通常情形下，阅读者快速浏览摘要后，觉得计划很有说服力和吸引力，才会继续看下去。因此，撰写摘要时力求做到简明扼要、条理清晰。

2. 排版规范，装订美观

创业计划书中的封面、目录、摘要、附录、图表等部分是否编排合理、美观整洁，直接影响阅读者对创业计划书的评价。因此，创业计划书的排版要力求规范，装订要整齐美观。

3. 避免言过其实

好的创业计划书以其客观性说服、打动读者。创业计划书要吸引人，必须切合实际，不能过分乐观。过分乐观的陈述或预测会破坏它的可信度。例如，有关销售潜力、收入预测估算、增长潜力都不要夸大。最好的、最差的、最有可能的方案，都要在创业计划书中体现出来。实际上，许多风险投资者常使用一种“计划折扣系数”，认为“成功的新企业通常大约只能达到他们计划财务目标的50%”。因此，撰写创业计划书时，应实事求是，切忌过分夸张，言过其实。

4. 突出关键风险因素

阐述新企业在运营过程中可能会遇到的关键风险因素，是创业计划书中不可或缺的部分。这部分内容是投资者所关注的重点。识别并讨论新企业中存在的风险，可以证明创业者作为一名准职业经理人的综合素养，可以增加投资者对创业者团队的信任度。主动指出并讨论风险，有助于向投资者表明，创业者已清醒地考虑过它们并且能够处理和控制好这类风险，因而使“风险的乌云”不再萦绕在投资者的脑海里。因此，撰写创业计划书，既要陈述创业者的危机管理能力，也要让他们觉察到这些风险对创业者团队来讲是可以控制和驾驭的。创业计划书中若没有清醒陈述将来的问题，没有重视计划中可能的瑕疵，没有应急或变通计划，这样的创业计划书一般很难被投资者所青睐。

5. 凸显优秀创业团队信号

撰写创业计划书的管理部分时，一定要让投资者接收到创业团队具有较强管理能力和资源整合能力的信号，这些信号是他们最想知道的信息。

风险投资者有一种共识：宁可投资产品创意弱、创业团队强的项目，也不愿投资产品创意强、创业团队弱的项目。因此，创业者在组建创业团队时，要考虑团队成员的综合能力、先前经验、教育背景以及志向、志趣与品德等因素，以便撰写创业计划书时能够使风险投资者接收到创业团队创业热情高、专业经验丰富、人脉广、创新能力强、专业知识优势互补的信号。

总而言之，有经验的投资者不会凭借臆测或憧憬来作判断的，而是用事实数据评价新建企业的前途。最吸引他们注意力的是可行性评估结论，以及对独特商业模式所产生竞争优势的描述。如果商业模式仅仅建立在预测未来前景的基础上，显然，这样的创业计划书很难让他们心潮澎湃，心甘情愿进行投资。因而创业计划书既要有实际的目标（包括阶段性发展目标），又要有弹性，以便能够留有余地地考虑潜在的障碍以制定战略预案。一言以蔽之，一份高质量的创业计划，有助于创业者成功实施创业蓝图，有助于新企业获得良好融资能力和更多的创业资源。

（资料来源：贺尊．创业学概论[M]．北京：中国人民大学出版社，2011：111）

五、大学生创业计划书的竞赛评审标准

如何评判一份创业计划书的好坏呢？下面以“挑战杯”为例，介绍创业计划书

的评判依据。

“挑战杯”创业计划大赛一般要求参赛者组成优势互补的竞赛团队，提出一个具有市场前景的产品或服务，并围绕这一项产品或服务，完成一份完整、具体、深入、富有可行性和操作性的创业计划。创业计划书书面文本应基于该项目具体的产品或服务，着眼于特定的市场、竞争、营销、运作、管理、财务等策略方案，描述公司的创业机会，阐述把握这一机会创立公司的过程并说明所需资源。

1. 概述（10%）

要求：文字表达简明、扼要、具有鲜明的特色。重点包括对公司及产品或服务的介绍、市场概貌、营销策略、生产销售、管理计划、财务预测；正确表达新思想的形成过程和对企业发展目标的展望；明确介绍创业团队的特殊性和优势等。

2. 产品或服务（15%）

要求：明确表述产品或服务如何满足关键客户需要；以及相关的市场进入策略和市场开发策略；说明其专利权，著作权，政府批文，鉴定材料等；指出产品或服务目前的技术水平及领先程度，是否适应市场的需求，能否实现产业化；产品的市场接受程度等。

3. 市场（10%）

要求：明确表述该产品或服务的市场容量与趋势、市场竞争状况、市场变化趋势及潜力，对目标市场进行细分，并准确描述客户特点，合理估算产品或服务的市场份额和销售额，能够反映出创业团队相关市场的调查和分析具有科学性与严密性。

4. 竞争（10%）

要求：表述包括公司的商业目的、市场定位、全盘战略及各阶段的目标等，同时要有对现有和潜在的竞争者的分析，对替代品竞争、行业内原有竞争的分析。总结本公司的竞争优势并研究战胜对手的方案，并对主要的竞争对手和市场驱动力进行适当分析。

5. 营销（10%）

要求：详细阐述如何保持并提高市场占有率，把握企业的总体进度，对收入、盈亏平衡点、现金流量、市场份额、产品开发、主要合作伙伴和融资等重要事件有所安排，构建一条通畅合理的营销渠道和与之相适应的新颖而富于吸引力的促销方式。

6. 经营（10%）

要求：说明原材料的供应情况，工艺设备的运行安排，人力资源安排等。要求以产品或服务为依据，以生产工艺为主线，力求描述准确、合理、可操作性强。

7. 组织（15%）

要求：介绍管理团队中各成员有关的教育和工作背景、经验、能力、专长。组建营销、财务、行政、生产、技术团队。明确各成员的管理分工和互补情况，公司组织结构情况，领导层成员，创业顾问及主要投资人的持股情况。指出企业股份比例的划分。

8. 财务（10%）

要求：包含营业收入和费用、现金流量、盈利能力和持久性、固定和变动成本；前两年财务月报，后三年财务年报。所有数据应基于对经营状况和未来发展的正确估计，并能有效反映出公司的财务绩效。

9. 表述（10%）

要求：条理清晰；表述应避免冗余，力求简洁、清晰、重点突出、条理分明；专业语言的运用要准确和适度；相关数据科学、诚信、翔实。

【实务演练】

撰写简易的创业计划书

根据下面的提示，寻找自己的创业目标，试着编制一份简易创业计划书。

1. 你想创建自己企业的名称及日期：
2. 企业所有制形式选择：个体（　　）有限责任公司（　　）合伙企业（　　）
3. 你的顾客主要是：个人（　　）团体（　　）公共机关（　　）其他（　　）
4. 你设计的产品和服务是：
5. 五个最主要的竞争对手是：
6. 可能的竞争来自：其他公司（　　）技术（　　）行业人员（　　）
7. 你企业的竞争力：弱（　　）较弱（　　）平均水平（　　）较强（　　）强（　　）
8. 你的产品或服务的需要在递增还是在递减？
9. 你可能引进的产品或服务是：
10. 你可能进入的市场是：
11. 你的企业与众不同的是：
12. 你的企业最大的营销障碍是：
13. 你的企业最大的营销机会是：
14. 你的总体经营目标和增长计划是：

第二节 创业计划书陈述

本节仅以各类创业计划大赛为例。

一、内容陈述与 PPT 制作

创业者要准备好 PPT，PPT 一般为 10—15 张，不要求面面俱到，但要抓住关键点，尤其是投资者或其他听众感兴趣的部分。

表 2-9 PPT 制作参考

序号	主题及张数	内容解释
1	标题（1）	公司名称、创建者名字、公司图标
2	公司（1）	企业概况、目标市场
3	问题（2—3）	创业项目要解决的问题或要满足的需求
4	解决方案（1—2）	创业项目如何解决问题或如何满足未实现需求，技术如何解决
5	管理团队（1—2）	介绍团队组成，成员的背景与技能对企业至关重要
6	行业与目标市场（1—2）	即将进入的产业及目标市场状况
7	竞争者（1—2）	竞争对手情况、竞争优势及策略
8	营销与销售（1—2）	总体营销战略、具体营销策略
9	财务规划（1—2）	企业何时盈利、需要多少资本、现金流何时达到平衡
10	风险与防范（1）	可能面临的风险、拟采取的防范措施
11	总结	概述企业最重要内容，征求听众反馈

二、陈述与答辩

创业答辩是对创业项目可行性的论证，一般流程为两个阶段。初赛阶段是创业计划书文案评审，组委会组织专家通过网络评审或者现场会议评审的方式，对所有提交参赛的创业计划书评分，按赛事规定选拔参加复赛的项目。复赛一般采用现场陈述与答辩的形式评审。

1. 陈述部分

事前做好准备：包括准备好 PPT，在导师指导下进行多次模拟陈述；提前把 PPT 拷贝到比赛指定用的电脑，调试好有关的视听设备，试播放 PPT，防止因电脑操作系统版本不同等原因出现意外情况。

现场陈述：

首要原则是要严格遵守会议的地点与时间安排，切忌超时。要求：（1）陈述流畅通顺；（2）通俗易懂，忌用过多专业术语；（3）记住关键的内容；（4）着装得体；（5）团队要合理分工与协作；（6）现场陈述与情景展示、产品展示结合。

2. 答辩阶段

事前要敏锐地预见可能提出的问题，并做好相关准备，最好采取赛前模拟答辩形式。

（1）现场答辩

① 正确理解评委提问。要求对评委问题的要点有准确的理解，回答具有针对性而不是泛泛而谈；

② 及时流畅作出回答。要求能在评委提问结束后快速地回答，回答内容连贯、条理清楚；

③ 回答内容准确可信。要求回答内容建立在准确的事实和可信的逻辑推理上；

④ 特定方面的充分阐述。要求对评委特别指出的方面能作出充分的说明和解释；

⑤ 整体答辩的逻辑性及清晰程度。要求陈述和提问的内容具有整体一致性，语言清晰明了。

（2）答辩技巧

① 要有礼貌，每次对评委的提问都要说“谢谢”；

② 不要与评委对立，学会将问题绕过去（承认会遇到问题，不要说自己的项目是完美的；可以解决的问题不要回避：学会绕过无法解决的问题，思路灵活，不狼狈）；

③ 学会用眼神与评委交流（眼睛是心灵的窗户，在演讲时充分用眼交流；评委提问要直视该评委，认真倾听，不要低头和目光游离；回答问题也要看着评委）。

【延伸阅读】

第八届浙江省大学生职业生涯规划与创业大赛

以文化创意、科技创新、服务咨询为导向的创新创意类决赛评分标准（B类）

表2-10 第八届浙江省大学生职业生涯规则与创业大赛评分标准

评分要素	评分要点	具体描述
主题陈述（30分）	基本素养	1. 仪表端庄稳重、朴素，社交礼仪大方得体，表情丰富真诚，有良好的个人气质
		2. 言之有理，谈吐文雅，富于思想内涵
		3. 精神饱满，有信心，有独立见解，能充分展现大学生朝气蓬勃的精神风貌和创业新人的内在形象
	陈述内容	1. 能全面、完整、准确阐述项目整体思路，逻辑合理
		2. 能准确提炼项目的创新创意点，特色鲜明
		3. 能科学合理地描述项目的经济社会效益，符合国家产业导向
		4. 能根据未来市场变化提出切实可行的实施方案，项目具有可操作性
	即时效果	1. 按时完成主题陈述，思路清晰，措辞恰当，表达自然、流畅
		2. 有感染力，能吸引评委注意力，调动观众情绪
现场答辩（35分）	针对性说服力	1. 能正确理解评委提问，能够有针对性地就提问要点归纳阐述，做到及时准确
		2. 回答问题重点突出，真实可信，运用事实论据，论述有说服力
		3. 答题过程流畅、无明显停顿，条理清晰，语句通顺，措辞恰当，语言精练
		4. 团队成员协作配合，默契程度高
创新创意项目评估（35分）	项目可行性	1. 项目有一定社会需求，具有较强操作性和技术可行性
		2. 项目能体现出大学生专业素养，能将所学知识和技能与经济社会发展紧密结合
	项目成长性	项目具有良好发展潜力、较高应用价值和一定市场前景

【主题小结】

本主题围绕如何制订一份有效的创业计划书展开。首先介绍了什么是创业计划书，制订创业计划书的意义。接着介绍了如何撰写创业计划书，对创业计划书主要内容的组成部分进行了详细说明，并对大学生创业计划竞赛的评审标准做了介绍。最后针对创业计划书的陈述内容与PPT制作等注意事项进行了说明。

【实务演练】

1. 编制创业计划书

学生分成若干小组，每个小组5人左右，运用本章所学习的知识，通过团队讨论，结合自己所学的专业（或兴趣爱好）和学校周边环境，形成一个创业想法，根据这个创业想法编制一份创业计划书。

（1）创业想法

要求团队结合自己所学专业、兴趣爱好、自身条件、学校周边环境等因素，用头脑风暴法形成一个创业想法。

（2）可行性分析

针对确定的创业想法，准备调查问卷，调查潜在客户需求、数量、愿意付出的价格等，做客户调研分析。对竞争对手、营销策略、产品生产等进行分析。

（3）创业计划书撰写

根据上述讨论的结果，撰写创业计划书。要求符合创业计划书的基本格式要求，语言通顺简洁，言之有理。

2. 创业计划书陈述与答辩

（1）把上述撰写的创业计划书制作成PPT，15页左右。

（2）小组内部推选出主讲人，其他成员合理分工，用情景再现的形式模拟陈述与答辩。

（3）现场陈述与答辩。用抽签方式，决定每个小组出场顺序，现场展示与答辩。由每个小组推荐一名同学，组成评审团。评审团成员一般提三个问题，根据答辩情况，给出各小组相应的成绩。

模块三
创办新企业

◆ 导读 ◆

创办一家新企业，首先要了解企业的不同类型。创业者能否正确选择企业组织形式，事关创业的成败。根据我国相关法律法规的规定，企业有多种组织形式。在本模块，我们将介绍企业组织形式的类型、特点、创办条件以及申请流程，帮助创业者明晰如何选择企业组织形式，准备哪些申请材料，去什么部门完成哪些流程来创办自己的新企业。同时，每个企业都必须面临税收问题，本模块针对新办企业的税收种类与征收方式等方面作出了解答。了解并运用创业扶持政策，有助于企业的顺利创办和发展。通过本模块的学习，还有助于同学们全面了解获取创业扶持的途径，从而更好地利用各类机构提供的不同扶持政策。

主题1　新办企业组织形式选择

【主题案例】

刘总的企业传承之惑

刘某是一家化工企业的老板，多年来一直坚持个人独资经营，具有出色的经商能力，但他的子孙辈中无人具备经营能力。刘某年事已高，想从管理岗位上退下来，所以他急需找个让化工厂继续发展，又能避免财产落入他人之手的解决方式。

有一天，刘某路过一家某品牌电器店，店内生意兴隆，井井有条。刘某感慨："虽然其创始人坐牢多年了，但该电器连锁店依然营运顺利。"刘某好奇其是怎么做到的，自己能否借鉴一下其做法？为此，刘某向专业人士咨询。

刘某找了一名专业律师，希望能给他一个解决方案。他明确了自己的要求：

（1）子孙们分别享有化工厂的一定份额；（2）子孙们不参与经营；（3）尽可能地减少应缴纳的税款；（4）由于化工企业风险较高，刘某希望儿孙的财产不会受到企业经营影响。

律师为刘某作出如下完整、系统的分析：

（1）若工厂转化为公司制经营，在权益结构、风险承担及管理方面能够满足刘某的要求，但是因公司需要缴纳企业所得税，所以不符合刘某的要求；（2）若工厂改为普通合伙制经营，权益结构方面没有问题，税负也较低，但是在风险承担方面，需各合伙人承担连带责任，刘某的子孙们若成为普通合伙人，风险极大。另外，经营管理方面，在刘某的子孙们成为普通合伙人后，还有权撤销刘某指定的合伙事务执行人执行合伙事务的权利，自己亲自管理化工厂，这也是刘某不放心的。

结合刘某的要求和上述分析，律师建议采用有限合伙企业形式，理由是有限合伙企业既不用缴纳企业所得税，而且有限合伙人还只需要承担有限责任。具体操作为：

（1）让刘某的子孙作为有限合伙人，不参与化工厂经营管理，只承担有限责任；（2）刘某无偿让经过他考核的人成为普通合伙人，负责化工厂经营管理，该合伙人虽然要承担无限连带责任，但考虑到不需要自己出钱就能成为化工厂老板，分得一定比例的利润，应该不会拒绝刘某。

最终，在征求副厂长李某的意见后，刘某决定由李某做普通合伙人，负责经营管理。刘某将原来的营业执照注销，重新申请了有限合伙企业形式的营业执照。

【案例讨论】

1. 案例中提到几种形式的企业？
2. 案例中各种形式的企业各有哪些优缺点？
3. 刘某最终的选择有何隐患？
4. 你认为有没有更完美的企业组织形式？

高手指路

创业者开办企业时，可以选择的类型包括个体工商户、个人独资企业、合伙企业、公司、民办非企业单位等，这些形式的企业有的在税收方面占优势，有的在风险方面占优势，有的在发展方面占优势，有的只能单干，有的必须合作……风险与收益共存，责任和权利同在，最完美的组合莫过于风险低、收益高、责任小、权利大，那么，是否存在这样类型的企业呢？在本主题中找找。

第一节 企业组织形式

创业早期准备工作完成之后，创业者必须依法设立一个企业以开展经营活动。提到设立一个企业，很多人很容易就想到开设一家公司。事实上，根据我国相关法律法规的规定，企业的组织形式除了公司外，还有个人独资企业、合伙企业、个体工商户、民办非企业单位。而且，公司也分为有限责任公司和股份有限公司，有限责任公司又分为合资有限责任公司和一人有限责任公司。不同组织形式的企业，在设立条件、法律地位、投资人责任和权限、出资方式和数额、治理模式、风险承担、盈亏分担、税收政策、解散注销等方面存在着不同的法律规定。正是因为如此，创业者在新办企业时，能否根据自身的情况选择合适的组织形式，对创业成败和企业发展都有着深远的影响。主题案例里面，刘某的化工厂原来的组织形式是个人独资企业。律师给他分析时，正是从治理模式、风险承担、税收政策等方面去分析公司形式、合伙企业形式的利弊。

从严格意义上讲，个体工商户和民办非企业单位都不属于法律上的企业的范畴，但考虑到个体工商户和民办非企业单位本身也是一个经营实体，创业者完全可以使用此类组织形式开展创业活动。故本书为求叙述简洁，企业泛指一切经营实体。另外，因股份有限公司规模相对较大，设立条件要求高，设立程序复杂，不适合初创业者，因此本书不对股份有限公司进行阐述。

一、合资有限责任公司

合资有限责任公司就是指股东人数为两人以上（含两人）的有限责任公司，是有限责任公司的基本类型，也是最受创业者青睐的一种企业组织形式。

1. 合资有限责任公司的基本特征

根据《公司法》的规定，有限责任公司具有法人地位，可以设立分公司，股东以其认缴的出资额为限对公司承担责任。所谓具有法人地位，是指有限责任公司一旦成立，该公司在法律上就是一个独立的主体，以公司自身的名义从事经营活动，独自承担责任，享有独立的财产权。

公司独自承担责任，是指公司以其所有的财产承担一切责任，当公司的财产不足以承担全部责任时，债权人可以选择让公司破产，但不能要求股东承担公司债务的清偿责任。当然，如果股东认缴的出资未全部出资到位，债权人有权要求股东将未出资到位的部分补足，即股东以认缴的出资额为限承担有限责任。由此也可看出，股东认缴的出资额越高，承担的责任越大，风险越大。在新《公司法》实行注册资本认缴制的情况下，创业者不可为了面子在设立公司时盲目提高注册资本和认缴额。

【案例思考】

认缴资本的风险

张三和李四共同设立一家有限责任公司，注册资本 10 万元；后两人得知《公司法》取消了最低注册资本的限制，也不再要求在规定年限内出资到位，出资多少、多长时间内出资到位等由股东在公司章程中自行规定。于是，两人将注册资本提高到 100 万元，张、李两人分别认缴 60 万元和 40 万元，出资期限为 10 年。后经营不善，第三年时，已累计负债 150 万元，而公司全部资产仅 30 万元。因公司无力偿还到期债务，经债权人申请，法院裁定宣告公司破产。此时，张、李两人分别实际出资共 5 万元和 3 万元。

因认缴的出资额未全部到位，尚有 120 万元的债务公司无力清偿。虽然出资期限为 10 年，但根据《中华人民共和国企业破产法》规定，人民法院受理破产申请后，股东的出资义务不受出资期限的限制，所以债权人（或法院指定的破产管理人）有权要求张、李两人缴纳其认缴的出资款余额 55 万元和 37 万元。缴纳认缴出资款后，债权人尚有 28 万元的债权无法得到清偿，但因有限责任公司股东以认缴的出资额为限承担有限责任，故该 28 万元债权无权再要求两位股东承担，通常只能按比例获得偿还。

思考：如果张三和李四不改初衷，注册资本仍然确定为 10 万元，两人认缴的出资额分别为 6 万元和 4 万元，结果如何？

小贴士：有限责任公司的股东以其认缴的出资额为限承担责任，债权人不能要求股东承担超过其认缴的出资额的部分。需要注意的是，如果股东滥用股东权利，损害公司债权人利益，则股东需要对公司债务承担连带责任，即不再以认缴的出资额为上限。

【典型案例】

股东抽回出资

范某、周某分别投资12万元成立了一家有限责任公司（以下简称“公司”）。后因经营不善，遭到巨大经济损失，公司无力继续经营，且现有资产已经远不够用于偿还债务。公司债权人要求范某、周某继续偿还剩余的债务。范某、周某均表示：根据《公司法》规定，股东仅以出资额为限对公司债务承担有限责任，股东对超过出资额以外的公司债务不应当承担清偿责任，因而拒绝清偿。公司债权人向法院提起民事诉讼，要求范某、周某清偿剩余债务。法院经审理后认为：范某、周某投资成立公司，依法本应对公司债务承担有限责任，但由于该公司会计记录显示范某、周某有抽逃出资的情形，导致无法证明公司财产独立于范某、周某财产。依据《公司法》规定，遂判决范某、周某在抽逃出资的范围内对公司剩余债务承担清偿责任。

享有独立的财产权，是指股东向公司的出资和公司通过经营或其他任何方式所取得的财产均归公司所有，股东或其他任何人无权擅自将公司的财产据为己有或擅自使用公司的财产。公司设立后，股东通常只能在公司取得利润的情况下分配利润，在公司解散时分配公司的剩余财产。股东认缴的出资额构成对公司的债务，出资期限届满，股东未按时足额出资的，公司有权要求股东履行出资义务。如果股东需要减少注册资本或降低认缴出资额，必须经过三分之二以上表决权的股东同意，而且需要通知全体债权人，征求债权人的意见。若债权人要求提前偿还债务才同意股东减少注册资本的，则必须在提前偿还债务后方能减少注册资本。创业者必须树立起公司拥有独立财产权的意识，才能在出资、经营过程中作出合法的、正确的决定。

2. 合资有限责任公司的治理机构

合资有限责任公司的治理机构包括股东会、董事会和监事会，其中股东会是公司的权力机构，董事会是公司的经营机构，监事会为公司的监督机构，基本结构如下图：

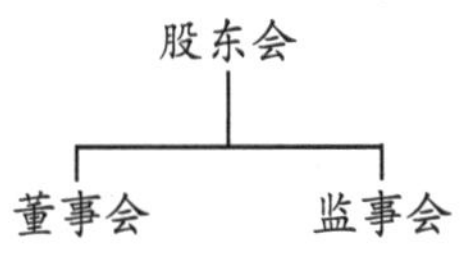

（1）股东会

股东会由公司的股东组成，享有如下职权：决定公司的经营方针和投资计划；选举和更换董事、监事，决定有关董事、监事的报酬事项；审议批准董事会报告、监事会报告；审议批准公司的年度财务预算方案、决算方案；审议批准公司的利润分配方案和弥补亏损方案；对公司增加或者减少注册资本作出决议；对发行公司债券作出决议；对公司合并、分立、变更公司形式、解散和清算等事项作出决议；修改公司章程，及公司章程规定的其他职权。

从《公司法》规定的股东会职权可以看出，股东会虽然不享有公司的经营管理权，但决定公司重大事项的权利均由股东会行使，所以说股东会是公司的权力机构。

股东会在进行上述事项的表决时，股东按表决权的比例行使表决权，表决权通常与出资比例一致，但公司章程也可以对表决权的比例作出特殊规定，可不与出资比例一致。

【案例思考】

公司股东会决议效力纠纷

2003 年 12 月，王某冒充江某，把江某登记为 A 公司发起人股东，通过向工商登记部门出具的冒充江某名义的《企业投资人名录》《验资报告》《验资证明表》《新增注册资本实收情况明细表》《验资事项说明》《银行询证函》《银行进账单（回单）》等虚假材料，再一次把江某变更登记为进一步增资 45 万元的股东。其中用于工商登记的主要文件——股东会决议、公司章程等，则完全是冒充江某签名而成的。江某也从未在 A 公司处享有和履行过股东权利义务。江某认为 A 公司股东会决议涉及的自己增资 45 万元事实虚假，自己并非股东，也非名义股东，即使 A 公司股东有虚假出资的情况，也与被冒名的本人无关。于是江某将该公司告上法庭，要求确认 2003 年 12 月 2 日 A 公司作出的股东会决议无效。法院经审理认为，江某并未就涉案决议行使过表决权，公司其他股东剥夺江某股东权利的行为违反了禁止权利滥用和诚信原则。最后法院判决 A 公司于 2003 年 12 月 2 日作出的股东会决议无效。

思考：如何才能保证股东会决议有效？

小贴士：股东会的决议必须由出席会议的股东亲自签名确认。冒用他人名义作为股东，因为被冒名的股东并未亲自在股东决议上签名，故股东决议无效。另外，

《公司法》对股东会议的召集程序、通知时间、表决方式等有明确的规定。如果决议的内容不违法，但违反公司章程的规定，或股东会议召开的程序违法或违反公司章程的规定，则该股东会的决议是可以撤销的。

（2）董事会

合资有限责任公司的董事会由3—13名董事组成，负责公司的经营管理，向股东会报告工作，对股东会负责。董事由股东会选举产生，每届任期不超过3年，既可以选举股东担任董事，也可以选举非股东担任董事。董事会设董事长1名，可以设副董事长。董事长或副董事长的产生办法由股东在公司章程中自行决定，董事长可担任公司的法定代表人。董事会可以设总经理，负责执行董事会的决策，总经理也可担任公司的法定代表人。董事会在进行表决时，实行一人一票，对所议事项均应形成会议记录，出席会议的董事须在会议记录上签名。

董事会享有的职权有：召集股东会会议，并向股东会报告工作；执行股东会的决议；决定公司的经营计划和投资方案；制订公司的年度财务预算方案、决算方案；制订公司的利润分配方案和弥补亏损方案；制订公司增加或者减少注册资本以及发行公司债券的方案；制订公司合并、分立、解散或者变更公司形式的方案；决定公司内部管理机构的设置；决定聘任或者解聘公司经理及其报酬事项，并根据经理的提名决定聘任或者解聘公司副经理、财务负责人及其报酬事项；制定公司的基本管理制度，以及公司章程规定的其他职权。

根据《公司法》规定，规模较小或股东人数较少的有限责任公司可以不设董事会，设一名执行董事，执行董事的职权由公司章程规定，通常可规定为与上述董事会的职权相当，执行董事可担任公司的法定代表人。至于何为规模较小或何为股东人数较少，我国法律法规目前并无明确的规定。因此，一般情况下，创业者在设立公司时，可以根据需要自主选择是设立董事会还是设执行董事。

【案例思考】

某有限公司成立于2010年，一共有股东5人，股东王某为公司执行董事。由于公司刚刚成立，在公司章程中对于执行董事的规定较少，在股东王某执行公司事务的过程中，一度出现较大争议。请你分析一下，在公司章程没有特别规定的情形下，股东王某在执行下列行为中，是否符合法律规定？并逐一说明理由。

思考：1. 决定公司的投资计划。

2. 否决其他股东对外转让股权行为。

3. 决定聘任公司经理。

4. 决定公司的利润分配方案。

小贴士: 在公司章程没有明确规定的情况下，执行董事的职权与董事会的职权相当。

（3）监事会

合资有限责任公司的监事会由 3 名以上（含 3 名）监事组成，负责监督公司董事和高级管理人员（高级管理人员包括总经理、副总经理和财务负责人，下同）经营管理公司的行为，向股东会报告工作，对股东会负责。监事会至少要有三分之一的成员为职工代表，非职工代表的监事由股东会选举产生，既可以选举股东担任，也可以选举非股东担任。职工代表的监事通过职工会或职工代表大会等方式选举职工担任。监事的任期为 3 年，董事或高级管理人员不得兼任监事。监事会设监事会主席一名，监事会主席由全体监事过半数选举产生。

监事会的职权包括：检查公司财务；对董事或高级管理人员执行公司职务的行为进行监督；对违反法律、行政法规、公司章程或者股东会决议的董事或高级管理人员提出罢免的建议；当董事或高级管理人员的行为损害公司的利益时，要求其予以纠正；提议召开临时股东会会议；在董事会不履行《公司法》规定的召集和主持股东会会议职责时，召集和主持股东会会议；向股东会会议提出提案；依照《公司法》的规定，对董事或高级管理人员提起诉讼，以及公司章程规定的其他职权。

和董事会一样，规模较小或人数较少的有限责任公司可以不设监事会，设 1—2 名监事即可，该 1—2 名监事的职权与上述监事会职权相同。

【案例思考】

某股份有限公司成立于 2012 年，在组建监事会时，由公司董事长和两名副董事长兼任。该公司监事会成立后，从未认真行使过职权，形同虚设。该公司的股东非常不满，联名向董事会请求重组监事会，董事会并未采纳。于是股东向法院起诉，要求撤销该监事会。

思考: 股东们的请求合法吗？该公司监事会的设立有没有不合法的地方？为什么？

小贴士: 董事和高级管理人员不能兼任监事。监事由股东会选举、更换、罢免，不需要向法院起诉。

3. 合资有限责任公司股东的退出方式

合资有限责任公司的股东可以通过股权转让的方式退出公司，也可以通过减少注册资本的方式退出公司。如前所述，减少注册资本的方式程序复杂，操作难度较大，可行性较低。因此，股东退出的方式通常是进行股权转让。根据《公司法》的规定，有限责任公司股东之间转让股权，不需要其他股东同意，仅需通知其他股东。股东如果将其股权转让给股东以外的人，则需要通知其他股东，需要经其他股东过半数同意。如果其他股东半数以上不同意转让的，不同意转让的股东应当购买需转让的股权；不购买的，视为同意转让。由此可见，有限责任公司的股东只要能寻找到愿意购买其股权的人，则其最终一定能退出该公司。

【案例思考】

股权转让中的优先购买权

某公司是一家从事设计的有限责任公司，公司股东有 4 人，即谭某、李某、郭某和王某，注册资本为 60 万元。后因股东谭某的个人资金周转问题，他与股东以外的人范某私下达成协议，同意以 20 万元的价格将其股权转让给范某，达到其退股的目的。该公司其后发展良好，谭某随即主张其仍为公司股东，请求确认其拥有公司 25% 的股权。范某与谭某协商不成，诉至法院。

在法院审理过程中，谭某主张在与范某转让股权时，其他股东未能依法主张优先购买权，损害了其他股东的利益，故股权转让行为应为无效。最后，法院支持了谭某的诉讼请求。由于范某在受让公司股权的过程中，没有经过其他股东的同意，虽然其与谭某已经达成了转让股权的协议，但是由于不符合我国法律的规定，导致股权转让行为无效，自己的权益也没有办法得到保障。

思考：本案中，如果谭某一开始转让股权给范某时，其余股东均知情，但都不同意谭某转让，此时谭某能否转让给范某？如果不能转让，应该怎么处理？

小贴士：股东向股东以外的人转让股权，应当征求其他股东的意见，其他股东过半数不同意转让的，不同意转让的股东应当购买需转让的股权，拒绝购买则视为同意转让。

二、一人有限责任公司

顾名思义，一人有限责任公司就是指只有一名股东的有限责任公司，是有限责任公司的一种特殊类型。因一人有限责任公司属于有限责任公司的特殊类型，大部分的规定与合资有限责任公司一致，所以本书仅就一人有限责任公司的特殊规定进行阐述。

一人有限责任公司

第一，一人有限责任公司的股东如果不能证明公司财产独立于股东自己财产的，股东需要对公司债务承担连带责任。

这一规定是一人有限责任公司最核心的一个特征。如前所述，合资有限责任公司的股东仅以其认缴的出资额为限承担责任，也即通常所说的有限责任。但是，考虑到一人有限责任公司的特殊性，《公司法》规定一人有限责任公司股东不能证明自己的财产独立于公司财产时，股东将不再受有限责任的保护，而需要对公司债务承担连带责任。即此种情况下，股东承担的责任有可能超过股东的认缴出资额，直至该一人有限责任公司的债务全部清偿为止。

【典型案例】

一人公司股东承担连带责任

黄某、李某系夫妻关系。董某系甲房地产开发有限公司的唯一股东。黄某、李某于2013年8月8日以黄某的名义与甲房地产开发有限公司签订《质押借款合同》，李某自2013年8月13日起至2014年11月2日期间，共借给甲房地产开发有限公司人民币6 650 000元。因甲房地产开发有限公司自2015年6月1日起未按约定支付利息，黄某、李某于2016年3月30日以要求甲房地产开发有限公司、董某连带归还借款本金及利息为由起诉至法院。

人民法院经审理认为：债务应当清偿，甲房地产开发有限公司应归还黄某、李某借款本金6 650 000元及利息。一人有限公司的股东不能证明公司财产独立于股东自己财产的，应当对公司债务承担连带责任。由于甲房地产开发有限公司为一人有限公司，董某系甲房地产开发有限公司的唯一股东，在本案中黄某、李某要求董某对甲房地产开发有限公司的债务承担连带责任。董某未提出异议，亦未向法院提供证据证实甲房地产开发有限公司的财产独立于自己的财产，故对李某、黄某要求董某承担连带责任的请求，法院予以支持。

法院最终判决：一、甲房地产开发有限公司归还黄某、李某借款本金6 650 000元及利息；二、董某对上述款项承担连带清偿责任。

【案例思考】

公私不分，有限变无限

2008年2月，周某个人投资30万元成立了一家一人有限责任公司（以下简称“一人公司”），从事家具买卖经营。2008年9月，周某购进一大批家具，因保管不善，发生火灾全部烧毁，造成较大经济损失，公司无力继续经营。周某所投资的30万元已经远不够用于偿还债务。公司债权人要求周某个人继续偿还剩余的债务。周某表示：根据《公司法》的规定，股东仅以出资额为限对公司债务承担有限责任，股东对超过出资额以外的公司债务不应当承担清偿责任，因而拒绝清偿。公司债权人向法院提起民事诉讼，要求周某清偿剩余债务。法院经审理后认为：周某投资成立一人公司，依法本应对公司债务承担有限责任；但由于该一人公司营业场所与周某个人居所合一，公司会计记录不清，公司经营性收支与周某个人收支未作区分，导致无法证明公司财产独立于周某个人财产，遂判决周某以其他个人财产对公司剩余债务承担连带清偿责任。

思考：一人有限责任公司的股东在什么情形下承担有限责任？

小贴士：一人有限责任公司的股东不能证明其个人财产与公司财产相互独立的，需要对公司的债务承担连带责任。

第二，一人有限责任公司不设股东会。

一人有限责任公司因只有一名股东，故没有必要设立股东会。但是一人有限责任公司股东行使前述合资有限责任公司股东会的职权时，必须采用书面形式，股东签名后置备于公司，以备将来证明股东曾作出该决定，并非事后为了规避某项责任而找的借口。

第三，一个自然人只能设立一个一人有限责任公司，且该一人有限责任公司不得再投资设立新的一人有限责任公司。

对于创业者而言，如果其名下已经有一个一人有限责任公司，则其不能再申请设立另外一个一人有限责任公司，而且也不能以其已经设立的一人有限责任公司的名义申请设立新的一人有限责任公司，但可以设立该一人有限责任公司的分公司。合资有限责任公司方面并无此限制，即一个自然人可以成为多家合资有限责任公司的股东，但不能成为多家一人有限责任公司的股东。

三、合伙企业

合伙企业是指由两名以上（含两名）的合伙人根据《中华人民共和国合伙企业法》以下简称《合伙企业法》出资设立、共担风险、共负盈亏的企业。合伙企业以自己的名义从事经营活动，可以设立分支机构，但不具有法人地位，其类型包括普通合伙企业和有限合伙企业。普通合伙企业是指全部由普通合伙人组成的合伙企业，有限合伙企业是指由普通合伙人和有限合伙人共同组成的合伙企业。主题案例中，律师最终建议刘某采取的组织形式就是此处所讲的有限合伙企业。

1. 合伙人责任承担

普通合伙企业由全体合伙人承担无限连带责任，即当普通合伙企业的财产不足以清偿合伙企业的全部债务时，债权人有权要求任何一名或多名合伙人对债权人未从合伙企业得到清偿部分的债权承担清偿责任。被要求承担清偿责任的合伙人必须按照债权人的要求承担清偿责任，对超出其应该承担的部分，只能向其他合伙人按比例追偿。普通合伙人的无限连带责任，是合伙企业这一组织形式最大的弊端。也正是因为普通合伙企业这一弊端，所以在主题案例中，律师没有建议刘某采取普通合伙的形式。

有限合伙企业的债务，由普通合伙人承担无限连带责任，有限合伙人仅以其认缴的出资额为限承担有限责任。换言之，有限合伙人最大的风险就是“血本无归”，而不至于“倾家荡产”。主题案例中律师之所以建议刘某选择有限合伙企业的形式，其中一个重要原因便在于此。

【典型案例】

普通合伙人与有限合伙人的责任风险

案例 1：甲、乙、丙三人共同出资设立一个普通合伙企业，其中甲出资 3 万元，乙出资 2 万元，丙出资 5 万元。经营三年后，该合伙企业欠赵某 50 万元，而合伙企业的全部财产仅值 20 万元。赵某找到甲，要求其偿还剩余的 30 万元，甲拒绝偿还，理由是合伙企业的债务与他无关，就算有关系，他也只有承担 30% 的义务。根据《合伙企业法》的规定，甲的理由显然不能成立。甲必须向赵某偿还 30 万元，之后甲可以根据乙、丙应该承担的比例向乙、丙追偿。

案例 2：甲、乙、丙三人共同出资设立一个有限合伙企业，甲、乙为普通合伙人，丙为有限合伙人，丙认缴出资 10 万元。两年后，该合伙企业欠孙某 100 万元，合伙企业的全部财产价值 50 万元，丙尚有 4 万元未出资到位。因甲、乙是普通合伙人，故孙某可要求甲、乙中任何一人或两人对其未得到清偿的债权承担无限连带责任，但只能要求丙承担其未出资到位的 4 万元的清偿责任。

2. 合伙事务执行

合伙企业的合伙事务由全体普通合伙人共同执行，合伙人不论出资多少，享有同等的执行权，即按一人一票行使表决权。有限合伙企业中的有限合伙人不得执行有限合伙企业的合伙事务，也就是说，有限合伙企业中的有限合伙人不享有经营管理企业的权利。主题案例中刘某的子孙们在化工厂改制为有限合伙企业后，他们的风险虽然变小了，但权利同时也小了。因此，有限合伙企业也并非没有任何弊端的。

另外，根据合伙协议的规定或经全体合伙人决定，合伙人还可以委托一名或数名普通合伙人负责执行合伙事务。

与公司相比，合伙企业的合伙事务执行机构显得较为简单，不需要设立复杂的治理机构，决策的效率相对较高。

合伙人的权利

3. 普通合伙人劳务出资

出资的方式通常是货币、实物、知识产权、土地使用权等，这几类出资方式在各种形式的企业中均可采用，然而以劳务作为出资仅限于合伙期限中的普通合伙人。当创业者没有可用于出资的资产，但拥有某项企业需要的劳务时，只要其他合伙人同意，该合伙人可以其劳务出资，成为企业的“老板”之一。合伙企业的这一规定，有利于创业者将资本和技能进行有效结合，做到“有钱出钱，有力出力”。

4. 合伙人退出

普通合伙人可以通过转让其在合伙企业的财产份额的方式退出，也可以通过退伙的方式退出。根据《合伙企业法》的规定，普通合伙人之间转让财产份额无须其他合伙人同意，仅需告知其他合伙人。普通合伙人向合伙人以外的人转让财产份额的，若合伙协议没有特殊约定，则需要其他合伙人一致同意，否则不能转让。在合伙企业约定了合伙期限的情况下，普通合伙人只有在合伙协议约定的退伙事由出现，或全体合伙人一致同意其退伙，或该合伙人发生难以继续参加合伙的事由，或其他合伙人严重违反合伙协议约定的义务四类情形下可主动退伙。若合伙协议未约定合伙期限，则合伙人在不给合伙事务执行造成不利影响的情况下，提前 30 天通知其他合伙人退伙。

从《合伙企业法》的上述规定得知，在合伙协议约定了合伙期限，但未约定合伙人财产份额转让条件，也未约定退伙事由，而其他合伙人又不愿意全部受让转让的财产份额的情况下，合伙人仅因合伙人之间不合或其他个人原因想退出合伙企业，需要其他合伙人一致同意。很显然，普通合伙人退出合伙企业的难度远远超出了有限责任公司股东退出公司的难度。

有限合伙人退出合伙企业则相对较为简单，只需要寻找到愿意受让其在合伙企业中的财产份额的人，并且不需要其他合伙人同意。

【案例思考】

创业合伙人提前退伙引发争议

聂某某、罗某某和吕某某3人签订一份“合伙协议”，准备开一家经营化工产品提炼业务的公司。协议约定，总投资150万元，3人各出资50万元，各占股33.3%。商定由聂某某执行合伙事务，对外代表合伙三方。

4个月后，吕某某决定退出，撤回出资额。另两名合伙人同意了，并由聂某某以53.66万元购买吕某某所占的股权。并且，就吕某某退股一事，于2012年8月19日，3人签订一份协议书，约定聂某某向吕某某分期还款。

但3个月后，大股东聂某某也选择了退出，聂某某把70%股份（含吕某某股权在内）转让给罗某某。2012年11月11日，聂某某与罗某某双方签订一份“股东转让声明”。双方约定，聂某某欠吕某某的53.66万元，转由罗某某先分期每月10万元付给吕某某；付完吕某某的投资款后，再每月10万支付聂某某的投资款50.08万元。吕某某退出后，罗某某代聂某某于2013年2月向其返还10万元。

实际上，3人合伙经营的项目为提炼金属铟，且合伙企业未经工商登记，未取得营业执照。2013年底，该合伙企业已被当地相关部门取缔。

2014年3月10日，吕某某起诉聂某某讨要43.66万元及利息，而聂某某认为吕某某应承担合伙期间的损失。

法院审理认为：聂某某要求吕某某承担合伙项目被取缔的损失，没有事实和法律依据，不予采纳；聂某某应向吕某某返还合伙资金43.66万元及利息。

思考：有合伙人不同意其中一人退伙的话，想要退伙的合伙人能否中途退伙？合伙企业合伙人中途退伙的条件是什么？

小贴士：一般情况下，合伙人退伙需要全体合伙人一致同意。在出现下列情形之一时，合伙人退伙不需要其他合伙人同意：（1）合伙协议约定的退伙事由出现；（2）发生合伙人难以继续参加合伙的事由；（3）其他合伙人严重违反合伙协议约定的义务；（4）合伙协议未约定合伙期限，合伙人在不给合伙事务执行造成不利影响的情况下，提前30天通知其他合伙人退伙。

四、个人独资企业

个人独资企业是指一个自然人根据《中华人民共和国个人独资企业法》设立的企业。个人独资企业以自己的名义从事经营活动，可以设立分支机构，但不具有法人地位。主题案例中刘某的化工厂在改制之前便是属于个人独资企业。

个人独资企业的投资人对个人独资企业的债务承担无限连带责任，若投资人以其个人财产投资设立个人独资企业，则以其个人全部财产承担责任，若以其家庭财产投资设立个人独资企业，则以其家庭全部财产承担责任。

个人独资企业的事务由投资人自行管理，投资人也可委托他人进行管理。

【典型案例】

个人独资企业投资人对企业债务承担连带责任

2012年叶先生投资50万元成立了一家个人独资企业。企业刚刚成立的时候，公司的大小事务都是由叶先生管理，经过几年的努力，企业逐步发展壮大。企业经营稳定了以后，叶先生便慢慢退居幕后，过起了悠闲自在的生活，企业的事务都交给了小张进行管理。可是好景不长，由于小张是一个极具野心的管理人，办事也不像叶先生一样稳妥，经营管理过程中出现了极大的问题，导致公司对外负债150多万元。最后，债权人将叶先生以及叶先生的企业一起告上了法庭。庭审中，叶先生认为自己不应该承担责任，承担责任的应该是小张或者公司，企业亏损跟自己无关。法院最后判决，叶先生对企业债务承担连带责任。

小贴士：本案中，叶先生作为个人独资企业的投资人应该对个人独资企业的债务承担无限连带责任；小张作为管理人，无须对企业债务承担责任。

五、个体工商户

个体工商户是指依据个体工商户相关规定，经工商行政管理部门登记，从事工商经营的公民。个体工商户谈不上是一个企业，没有法人资格，通常也不能设立分支机构。个体工商户虽然谈不上是一个企业，但因其也可作为开展经营活动的一类法律上的经营实体形式，加之其设立、运作极为灵活、简便，因此非常受从事各类业务较为简单、规模较小的经营活动的创业者的欢迎。在街头巷尾、各类大商场看到的众多小店，其法律形式通常为个体工商户。

个体工商户的投资人，通常称为个体工商户经营者。个体工商户可以个人经营，也可以家庭经营。个人经营的，以个人的财产承担全部责任；家庭经营的，以家庭财产承担全部责任。

个体工商户由经营者自行经营管理。

六、民办非企业单位

民办非企业单位

民办非企业单位是指企业事业单位、社会团体和其他社会力量以及公民个人根据《民办非企业单位登记管理暂行条例》等规定设立的从事非营利性社会服务活动的社会组织。

小贴士：民办非企业单位的设立，通常需要相应的主管部门批准，比如设立民办学校，需要到教育主管部门办理办学许可证。

民办非企业单位有关条例

民办非企业单位，根据其法律地位划分，包括三种类型：法人型民办非企业单位、合伙型民办非企业单位、个体型民办非企业单位。顾名思义，三类民办非企业单位的法律地位和举办者责任承担等分别对应前述的合资有限公司、合伙企业、个体工商户，此处不再赘述。

第二节　企业组织形式选择

创业者在设立新办企业时，应根据创业项目的特点、未来的规划、创业者自身的特点等因素选择合适的组织形式。各种组织形式各有其利弊，那么创业者选择企业组织形式该从哪些因素去考虑呢？

一、风险

在各类组织形式的企业中，合资有限责任公司的股东和法人型民办非企业单位的举办者均承担有限责任，一人有限责任公司的股东存在承担无限连带责任的可能性，而合伙企业的普通合伙人、个人独资企业的投资人、个体工商户的经营者、合伙型民办非企业单位和个体型民办非企业单位的举办者都需要对企业债务承担无限连带责任。因此，从风险的角度来说，合资有限责任公司和法人型的民办非企业单位最小。

当然，风险只是选择企业组织形式需要考量的因素之一，不可一味地为了降低风险而牵强地进行选择。创业者应该考虑所从事的项目发生风险的可能性大不大、风险是否可控等。如果发生风险的可能性很小或风险可控，那么此时就不应着重地去考虑选择风险小的组织形式。比如，开一个规模较小的服装店，正常经营的情况下发生风险的可能性并不大，因此没有必要为了规避创业者的风险而选择有限责任公司的形式。但是，如果几个创业者一起创业从事运输业务，此时如果选择合伙企业，创业者的风险就会很大，而选择有限责任公司则可将风险降低。

二、发展性

有限责任公司，尤其是合资有限责任公司的发展性最好。首先，治理结构健全，公司所有权（股东会）、经营权（董事会）、监督权（监事会）相分离，各个机构职权划分明确，使得决策的过程更科学、有效，即使大股东或董事长等重要人物出了问题，公司仍然能正常运转，避免了“老板倒下则企业完蛋”的局面；其次，合资有限责任公司有多名股东，而且股权转让相对较为方便，这有利于公司筹集到更多的资金；再次，因为公司具有独立的法人地位，有独立的财产权，所以无论在与政府机关还是与商业合作伙伴打交道的过程中，更容易取得信任，进而更容易顺利开展经营活动；最后，有限责任公司更容易转变为股份有限公司。将自己的公司做到上市，往往是很多创业者的梦想，因为上市不但是公司发展壮大的一个标志，而且更容易从资本市场获得融资，从而能更好地发展。根据我国目前的相关法律规定，只有股份有限公司可以申请上市，而在诸多组织形式中，有限责任公司是最容易转变为股份有限公司的。

小贴士：发展性最差的当属个体工商户。虽然法律法规并未限制个体工商户的规模，但个体工商户毕竟是以公民个人或家庭为经营单位，经营管理较为简单、粗放，信用资质较差，融资能力极弱，难以吸引优秀人才，因此个体工商户通常只适用于单店、简单项目的经营。

合伙企业和个人独资企业，其发展性较个体工商户好，但是较有限责任公司差。从长远发展的角度考虑，也不建议选择这两类企业。但是，如果创业者本身对发展规模没有进一步想法或者经营项目本身不适于大规模发展，在其他因素占优势的情况下，也可以考虑这两类企业。比如创业者开办一家餐厅，并且只准备把这一家餐厅持续经营下去，在有条件时适当扩大面积或开为数不多的分店，而并不打算或客观上难以开连锁、加盟进而上市等，此种情况下也可以考虑合伙企业或个人独资企业。

民办非企业单位的发展性可根据其属于法人型、合伙型还是个体型，参照上述对应的三类企业。但即使是法人型，其发展性与有限责任公司相比，也较差，因为民办非企业单位的非营利性的这一关键特征导致其在融资方面的能力较差。投资人如果是出于投资收益考虑，通常不会投资给民办非企业单位。民办非企业单位的融资往往来自捐赠、政府补助等。

综上，如果创业项目是短期的，并不准备长远发展，则在发展性这个维度上不宜着重考虑公司的形式；反之，若认准了要长远发展，则应考虑选择公司的形式。

三、创业者的合作意向

有些创业者喜欢一个人创业，有些创业者喜欢和别人一起创业。如果创业者更愿意一个人创业，希望能独自掌控企业，担心与别人共同创业容易产生矛盾从而导致创业失败，那么就应该考虑一人有限责任公司、个人独资企业、个体户等组织形式的企业。在这三类企业中，再根据风险承担、发展性、项目特点等作出选择。从发展性、风险和信用资质等方面考虑，一人有限责任公司的综合优势更大一些。

创业者如果选择和他人一起创业，则通常只能在合伙企业或合资有限责任公司中作出选择。

【典型案例】

慎选创业合作者

浙江的方先生准备开发一个环境监测仪器新项目。由于该项目在当地是一个新兴的产业，需求量很高，而且竞争对手也比较少，方先生本身对该项目非常熟悉，也掌握了先进的技术，但因为自身实力不足，决定找一个合作伙伴。幸运的是，方先生刚刚开始寻找，就有一家企业愿意出资200万元。方先生合作心切，没有过多考虑，马上签下了合作协议。可是，合作协议签订以后，合作伙伴缺乏诚意，资金一拖再拖，最终丧失了抢占市场的最好时机。方先生只能眼看着技术不如自己、项目启动也比自己晚的其他竞争对手迅速占领市场，并牢牢地掌控了市场。

四、税收

根据我国税收相关法律法规的规定，公司、法人型民办非企业单位需要缴纳企业所得税，基本税率为25%，而个体工商户、个人独资企业、合伙企业等均不需要缴纳企业所得税。所以，简单来说，后几类组织形式的企业在税收方面具有优势。

【典型案例】

税收比比看

万先生跟梁先生是大学同学，毕业后两人各自办了一家企业。梁先生的公司是一家一人有限公司，而万先生的公司是一家个人独资企业。两个人经常一起分享经营方面的经验。在得知万先生2015年的利润为20万元的时候，梁先生一下来了兴致，因为这一年梁先生的企业利润也是20万元。于是梁先生提议，两个人对比一下在2015年最终得到的利润，万先生同意后，两个老同学拿出相关资料开始对比起来。两个人进行对比的时候惊奇地发现，虽然各自企业的利润一样，但是作为企业的老板，两个人赚的钱却差了将近4万元，这让两个人大惑不解，于是找到专业的人士进行了分析。

经分析，梁先生的公司是一家一人有限公司，2015年利润为20万元，企业所得税为5万元，股东梁先生分红的个人所得税为3万元，所以股东梁先生最终实际得到的利润为12万元。万先生开办的是一家个人独资企业，2015年利润与梁先生的公司相同，也为20万元，投资人万先生个人所得税的计算公式为：（20万 −4.2万）×35%−14 750=40 550元，所以投资人万先生实际得到的利润为159 450元。其中，4.2万元为个人独资企业投资人缴纳个人所得税的年扣除数（每月扣除3500元），35%为应纳税所得额超过10万元部分的税率，14 750元为速算扣除数。两人这才恍然大悟，原来企业组织形式不同，税收会差很多，企业老板的利润也会出现很大的差别。

五、项目本身对组织形式的特殊要求

有些行业只能采用规定的组织形式进行经营，比如福利院、养老院、学校等，通常只能设立民办非企业单位。再如，从事物业管理必须具有独立的法人资格，也就是说个体工商户、个人独资企业、合伙企业等均不得作为经营物业管理业务的企业的组织形式。因此，如果项目本身对组织形式有特殊要求时，则只能在相关法律法规规定的组织形式内进行选择。不同行业对组织形式的要求散落于不同的法律法规及规定中，创业者可向工商行政管理部门咨询准备经营的项目是否有特殊要求。

【主题小结】

不同组织形式的企业各有利弊，创业者在选择企业组织形式的时候，务必要认真分析自身的情况、项目的特点、未来的发展、风险承担能力等，从而作出正确的选择。不同组织形式的特点归纳如下：

企业组织形式	法人资格	投资人责任	单干还是合作	信誉资质	发展性	设立程序	企业所得税
个体工商户	否	无限连带	单干	差	差	简易	不缴纳
个人独资企业	否	无限连带	合作	较差	较差	较简易	不缴纳
合伙企业	否	无限连带	合作	一般	一般	较烦琐	不缴纳
一人有限公司	是	附条件的有限责任	单干	好	好	烦琐	缴纳
合资有限公司	是	有限责任	合作	很好	很好	烦琐	缴纳
民办非企业单位	视性质	视性质	视性质	视性质	视性质	视性质	视性质

注：民办非企业单位分为法人型、合伙型、个体型，因此上表中民办非企业单位一栏的“视性质”是指不同类型的民办非企业单位在责任、发展性、信誉以及税收方面均有所不同。法人型、合伙型、个体型的民办非企业单位相应的特点可分别参考个人独资企业、合伙企业、合资有限公司。

从上表可以看出，不同组织形式的企业各有其优缺点，所以，并不存在某一种完美的组织形式，而只存在合适的组织形式。

【实务演练】

1. 小张是一名高科技公司的技术研发人员，在公司工作了几年之后，慢慢厌倦了每天上班的工作模式，于是打算辞职办一家企业。公司里还有两名员工小王、小李跟小张有一样的想法。小李家境殷实有一定的资金，但是不想承担太大的风险；小王在该领域曾经申请过两项专利，经济状况一般；虽然小张技术过硬，但是由于小张刚刚买了房子，手头也不是很宽裕。三人都想一起办企业，但是选择什么样的企业组织形式难倒了三个人。

请根据本章所学的知识，分小组分别扮演小张、小李、小王，进行探讨，选择一个最佳的企业组织形式。

2. 请根据你的创业计划（若你没有创业计划，请自行寻找有创业计划的同学、朋友等，根据他们的创业计划）选择一个企业组织形式，将你选择的思考过程和原因写出来，内容主要包括为什么选这个形式，为什么不选别的组织形式等。形成一篇分析报告，标题可以是“我选择 ×× 作为创业的企业组织形式分析”。

主题 2　新企业注册登记及相关事项

【主题案例】

小李创业被罚记

小李是一名大学生创业者，经过长时间的市场调查和分析，小李决定开一家具有家乡特色的餐厅。小李租下了一间临街店面，进行了别具风格的装修，并给餐厅取名“人间美味餐馆”。因菜肴味美，服务周到，环境幽雅，加上装修风格非常具有特色，餐厅开业不久后就出现了排队等待就餐的情况。小李忙得不亦乐乎，深深为自己的创业成功感到兴奋不已。就在小李春风得意之时，工商部门以小李无照经营为由要求立即停止经营。任凭小李各种苦苦哀求，承诺一定马上去办理营业执照，工商部门还是做出了责令小李立即停止营业的决定。此时的小李懊恼不已，原来，他的好朋友和客人都提醒过他要赶紧去办理营业执照，他以为不办问题也不大，加上忙于餐厅事务，所以一直没去办理。

小李只能暂时把餐厅关了，第二天就赶到当地工商部门办理营业执照。在递交注册登记的材料时，小李才知道原来办理营业执照之前要先办理“企业名称预先核准”的手续，拿到《企业名称预先核准通知书》才能办理营业执照。

办理“企业名称预先核准”手续时，工商部门工作人员告诉小李“人间美味”这个字号在当地的同类企业中已经被使用了，不能再用。小李为了赶时间，匆匆忙忙胡乱重新起了一个名称。一段时间后，小李的餐厅总算拿到营业执照，餐厅又重新开业了。然而，因为换了餐厅名称，老顾客以为重新开业的餐厅不是原来的餐厅，生意清淡了不少。

正当小李努力东山再起之时，当地食品药品监督管理局以餐厅未取得食品生产经营卫生许可证为由对餐厅进行了罚款。第二天，小李去食品药品监督管理局办理食品生产经营卫生许可证时被告知因申请表上没有盖餐厅公章，没法办理。工作人员还告诉小李，要先到公安局办理刻章备案，才能刻制公章。小李依法办理了刻章手续，取得印章后，才顺利办理了食品生产经营卫生许可证。

祸不单行，就在小李以为再也不会被处罚之时，当地税务局的处罚通知来了，原因是小李的餐厅未依法纳税。小李认为，按照“三证合一”的政策规定，他办理了营业执照后就不用再办理税务登记了，而税务局也从来没有通知过他纳税。税务局告诉小李，即使三证合一了，小李的餐厅还是要办理纳税申报并依法纳税。

就在小李到税务部门办理纳税申报和缴纳税款时，工作人员却告诉小李办不了，因为他的餐厅还没有自己的银行账户，而且将餐厅的收入存入小李个人银行账户也是违法的。工作人员建议小李赶紧去办理开户许可证和餐厅银行账户，之后再来办理税务相关手续。

小李老老实实把开户和税收等事项一一办理好之后没多久，一个新的处罚又来了——当地人力资源和社会保障局以小李未办理社会保险登记证及未依法为员工缴纳社会保险费用为由，对小李的餐厅进行了罚款。

缴纳了社保的罚款，办理了社保登记证，并为员工缴纳了社会保险费用，餐厅终于再也没有收到处罚通知了。

【案例讨论】

1. 企业是否可以先经营再办理营业执照？
2. 设立一个企业需要办理哪些手续？
3. 看完本案例后谈一谈你的感想。

高手指路

我国《无照经营查处取缔办法》规定，任何单位和个人不得违反法律、法规的规定，从事无照经营。企业只有在取得营业执照后才能从事经营活动。企业取得经营证照，就如同一个人拿到了“身份证”。企业有了“身份证”并不足以让企业能办理任何事情，正如一个人即使有了身份证，如果要开车还得取得驾驶证，要存取款还得办理银行卡等，企业在取得“身份证”后也必须办理相关的手续，才能顺利开展经营活动。

第一节　企业注册条件

注册一家企业，必须满足一定的条件才能申请注册。因此创业者必须了解企业注册需要具备哪些条件，从而提早进行有针对性的安排。一方面保证企业能够顺利注册，另一方面也可使注册过程中少走一些弯路。

一、有限责任公司的设立条件

1. 股东人数符合法律规定

一人有限责任公司的股东人数为 1 人，合资有限责任公司的股东人数最少为 2 人，最多不超过 50 人。有限责任公司的股东可以是自然人，也可以是法人或其他组织。

2. 全体股东认缴的出资额符合公司章程规定

公司的注册资本以及每位股东认缴的出资额由全体股东协商决定后，记录在公司章程中，全体股东认缴的出资额符合公司章程规定即可。需要特别说明的是，2014 年 3 月 1 日实施的修改后的《公司法》已经基本取消了最低注册资本的限制，并将实缴资本制改为认缴资本制度，也就是老百姓所说的“一元钱都可以开公司”。根据修改后的《公司法》及相关法律规定，目前主要是从事金融领域业务的部分类型的企业仍然有最低注册资本的限制，并要求股东将出资额实缴到位。

有限责任公司股东的出资方式包括货币、实物、知识产权和土地使用权。申请设立公司时，只要按照公司章程认缴即可。但注册之后，股东应根据公司章程的规定，按时足额履行出资义务。以货币出资的，应将出资钱款转入公司账户，以实物、知识产权、土地使用权等出资的，应将相应的实物等交付公司，需要办理权利转移登记手续的，应及时办理。

【典型案例】

有限责任公司的出资形式

2010 年 10 月，甲、乙、丙共同投资设立了一家有限责任公司。甲、乙分别出资 12 万元人民币，并于当月转账到公司名下，丙答应以一项专利出资，但是一直未办理权利转移登记手续，经公司多次催讨，丙一直拖延不予办理。无奈之下，甲和乙以公司的名义，于 2012 年 2 月向法院提起诉讼，要求丙向公司办理专利权利转移手续。

思考：丙的出资形式是否符合法律规定？法院是否会支持公司的请求？

小贴士：有限责任公司的股东可以货币、实物、土地使用权、知识产权等出资，其中知识产权包括专利权、商标权、著作权等。以非货币的方式出资的，必须将用于出资的实物、权利等交付给公司，需要办理产权转移登记手续的，要依法办理相关手续。股东以房产、车辆、土地使用权、知识产权等进行过权利登记的财产出资的，必须到相关部门办理转移登记手续，即将相关的财产权利过户登记到公司名下。

3. 股东共同制定公司章程

公司章程是规定公司名称、住所地、经营范围、注册资本、股东出资额、公司组织结构、基本管理制度等公司基本情况和重要事项的书面文件。公司章程由全体股东共同制定，以后修改时，需要三分之二以上表决权的股东同意。公司章程对全体股东具有约束力，在公司设立时，需要提交给工商行政部门。

4. 公司名称符合规定

一般情况下，有限责任公司的名称由四部分组成：行政区划、字号、行业或经营特点、组织形式。比如上海蓝天科技有限公司，“上海”为行政区划，“蓝天”为字号，“科技”为行业，“有限公司”为组织形式。

企业名称中的行政区划为县级以上（含县级）行政区划名称，一般情况下不得使用“全国”“中国”“中华”等字样。字号由两个以上的汉字组成（民族自治地方的企业名称可同时使用本民族自治地方通用的民族文字），不得使用有损国家、社会公共利益的文字等。行业或经营特点要与企业从事的业务一致。有限责任公司的组织形式只能使用“有限责任公司”或“有限公司”的字样。

创业者在正式办理营业执照前需要就准备使用的企业名称向工商行政部门申请“企业名称预先核准登记”，获准后才能使用。

【典型案例】

企业名称变更登记案例

2013 年 6 月 5 日，某公司就现在名称办理了名称预核准，并于 2014 年 3 月 5 日取得了工商行政管理局核发的“企业法人营业执照”。该公司营业范围为：有色金属复合材料、铜铝合金材料、散热管、汽车零部件的研发、生产和销售（不包括国家限制及禁止类项目）；经营本企业自产产品及技术的出口业务；经营本企业生产、科研所需要原辅材料、仪器仪表、机械设备、零配件及技术的进口业务（但国家限定公司经营或禁止进口的商品及技术除外）。上述经营范围涉及行政许可的，经许可后方可经营；涉及专项审批的，经批准后方可经营。该公司将企业名称设计为“某某市回航科技有限责任公司”，并向登记主管部门申请登记。

登记主管机关根据登记管理的规定，认定企业名称不符合规定，于是要求该公司对目前所使用的名称进行纠正。该公司为此办理了相应的企业名称变更登记手续，并支付相应的变更登记费用。

小贴士： 该公司实际经营的主要业务为有色金属复合材料、铜铝合金材料、散热管、汽车零部件的研发、生产和销售。该情况不符合《国民经济行业分类》中对“科技”字样的描述。因此，该公司的名称中冠以“科技”字样不符合有关法规规定。

5. 组织结构符合有限责任公司要求

之前已经提及，有限责任公司的组织结构为股东会、董事会或执行董事、监事会或 1—2 名监事。

6. 公司住所确定

有限责任公司的住所可以是公司自有场地房屋，也可以是通过租赁取得使用权的场地房屋。一个有限责任公司只能有一个住所。股东申请公司的设立登记时，便是向住所地的工商行政部门申请设立登记。

二、合伙企业的设立条件

1. 合伙人符合规定

合伙企业至少要有两名合伙人，其中有限合伙企业中至少要有一名有限合伙人和一名普通合伙人。合伙人可以是自然人，也可以是法人或其他组织，其中自然人作为普通合伙人需要具备完全民事行为能力。

2. 有书面合伙协议

合伙企业的书面合伙协议类似于有限责任公司的章程，由全体合伙人协商一致制定，如无特别约定，今后修改时需要全体合伙人一致同意。

【典型案例】

未签订书面合伙协议导致无法认定合伙关系

2010年8月20日，广西桂林某爆破公司中标某楼盘岩土爆破挖运工程，唐某作为爆破公司代表签收该中标通知书。2010年9月8日，爆破公司与蒋某的施工队签订爆破工程分包合同，约定蒋某以承揽单位的名义向发包方爆破公司交纳5万元履约保证金，该工程项目所有工程款均由蒋某从爆破公司领取，由蒋某负责支付工地工作人员劳动报酬。因唐某具有爆破员证书，爆破公司将其作为工程项目经理在合同上具名。爆破工程的施工组织设计方案于2010年11月1日由爆破公司制定，该方案中第八项施工安全组织机构中，安排项目指挥组组长由唐某担任。

总工程完工后，爆破公司根据其与蒋某签订的分包合同，支付蒋某施工费214万元。因唐某认为其与蒋某实为合伙承包该爆破工程，且蒋某拒不与其结算，并否认合伙关系，遂诉至法院。庭审过程中，唐某认为，其以爆破员的技术、蒋某以其施工队及资金共同出资，应当成立合伙关系。

法院审理认为，根据《中华人民共和国民法通则》第三十一条规定“合伙人应当对出资数额、盈余分配、债务承担、入伙、退伙、合伙终止等事项，订立书面协议”，唐某与蒋某既无书面的合伙协议，亦未经工商行政管理部门核准登记，无法认定唐某与蒋某之间存在合伙关系。最后法院判决唐某与蒋某不成立合伙关系，驳回了唐某的诉讼请求。

小贴士：本案中，唐某认为自己与蒋某属于合伙关系，但是双方没有签订书面的合伙协议。根据我国法律的规定，签订书面合伙协议是合伙关系成立的条件之一，现在双方出现了争议，由于唐某没有书面合伙协议，法院因此判决合伙关系不成立。通过这个案例，提醒大家，如果想要跟他人合伙经营，就一定要签订合伙协议，只有这样，才能保证自己的合法权益。

3. 有合伙人认缴或实际缴付的出资

除了普通合伙人可用劳务出资外，关于合伙人出资的其他事宜基本与有限责任公司相同，此处不再赘述。普通合伙人以劳务出资的，其评估办法由全体合伙人协商确定，并在合伙协议中载明。

4. 有符合规定的合伙企业名称

合伙企业名称中不得使用“有限”“公司”等字样，并且要注明是普通合伙还是有限合伙。其他规定与有限责任公司相同。

5. 有合伙企业的经营场所

同前述有限责任公司的住所。

三、个人独资企业的设立条件

1. 投资人符合规定

个人独资企业的投资人为一人，且只能是中国籍的自然人。

2. 企业名称符合规定

不能含有“有限”“公司”等字样，其他与有限责任公司相同。

3. 有投资人申报的出资

个人独资企业的投资人可以以个人财产出资，也可以以家庭共有财产出资。出资方式等和有限责任公司相同。

4. 有固定的生产经营场所和必要的生产经营条件

生产经营场所方面与有限责任公司相同，生产经营条件没有量化的要求。

5. 有必要的从业人员

目前相关法律法规并未明确规定具体的人数。

四、民办非企业单位的设立条件

1. 经业务主管部门审查同意

民办非企业单位设立登记前，通常要先向相关业务主管部门申请从事该项业务的批准，比如设立民办学校需要向教育部门申请办学许可，设立民办医院需要向卫生部门申请医疗机构许可等。虽然有限责任公司、合伙企业、个人独资企业等在申请设立登记时可能也需要先行办理相关业务的前置审批，但是因前置审批事项已大幅度减少，所以大多数类型的企业设立不需要办理前置审批。而民办非企业单位则基本上都需要在设立登记前办理相关审批手续，这是民办非企业单位设立登记难于其他类型企业的重要原因。

2. 有规范的单位名称

民办非企业单位的单位名称的组成部分与有限责任公司相同，其组织形式一般称学校、学院、园、医院、中心、院、所、馆、站、社、公寓、俱乐部等。

民办非企业单位设立的条件还包括必要的组织机构、必要的场所、与其业务活动相适应的从业人员和合法财产。因各地各行业关于这几项条件的规定不尽相同，故本书不作具体叙述，创业者有需求时，可向当地的业务主管部门和民政部门详细咨询。

第二节　企业注册材料提交

创业者选择好组织形式，并满足注册条件后，就可以到相关部门申请企业注册登记了。企业注册登记是一个有着严格的、规范化要求的行政事项，相关法律法规明确规定了各类企业注册时需要提交的材料。创业者申请注册企业时，只有材料齐全、材料形式合法才能注册成功，否则即使满足注册条件，也会被驳回注册登记。

一、有限责任公司设立登记需要提交的材料

有限责任公司设立登记时需要提交以下材料：

1. 公司法定代表人签署的设立登记申请书；
2. 全体股东指定代表或者共同委托代理人的证明；
3. 公司章程；
4. 股东的主体资格证明或者自然人身份证明；
5. 载明公司董事、监事、经理的姓名、住所的文件以及有关委派、选举或者聘用的证明；
6. 公司法定代表人任职文件和身份证明；
7. 企业名称预先核准通知书；
8. 公司住所证明；
9. 涉及前置审批事项的，提交前置审批文件；
10. 国家市场监督管理总局规定要求提交的其他文件。

二、合伙企业设立登记需要提交的材料

合伙企业设立登记时需要提交的材料有：

1. 全体合伙人签署的设立登记申请书；
2. 全体合伙人的身份证明；

3. 全体合伙人指定代表或者共同委托代理人的委托书；

4. 合伙协议；

5. 全体合伙人对各合伙人认缴或者实际缴付出资的确认书；

6. 主要经营场所证明；

7. 企业名称预先核准通知书；

8. 委托执行事务合伙人的，提交全体合伙人的委托书；

9. 涉及前置审批的，提交前置审批文件；

10. 非货币形式出资的，由全体合伙人协商作价的，提交全体合伙人签署的协商作价确认书；由全体合伙人委托法定评估机构评估作价的，提交法定评估机构出具的评估作价证明；

11. 法律法规及国家市场监督管理总局规定需要提交的其他材料。

三、个人独资企业设立登记需要提交的材料

申请登记设立个人独资企业需要提交以下材料：

1. 投资人签署的个人独资企业设立登记申请书；

2. 企业名称预先核准通知书；

3. 申请人身份证原件和复印件；

4. 企业住所证明；

5. 涉及前置审批的，提交前置审批文件；

6. 如委托他人代理，应提供投资人的委托书及代理机构的营业执照复印件、代理人资质证书。

四、民办非企业单位设立登记需要提交的材料

民办非企业单位设立登记需要提交的材料包括：

1. 登记申请书；

2. 业务主管单位的批准文件；

3. 场所使用权证明；

4. 验资报告；

5. 拟任负责人的基本情况、身份证明；

6. 章程草案。

第三节　企业设立流程

一般情况下，企业创建时通常需要办理企业名称预先核准登记、企业注册登记、刻制印章、开立银行账户、办理税务信息补录、社保登记等。涉及前置审批的，需要在设立登记之前办理前置审批；涉及后置审批的，则需要在领取营业执照后，办理相关审批手续方能开展经营活动；民办非企业单位和极少数仍然需要验资的行业，还需要办理验资手续。

一、企业名称预先核准

个体工商户、个人独资企业、合伙企业、有限责任公司的设立，均需办理企业名称预先核准，办理部门为企业住所地的工商行政部门。各地民政部门基本也都出台了民办非企业单位名称预先核准的规定，办理部门为民办非企业单位所在地的民政部门。创业者可通过网上下载或现场领取的方式取得企业名称预先核准申请登记表，按要求填写好表格，携带创业者的身份证明前往相应的工商行政部门办理。因企业名称重复或不符合规定的企业名称不予核准登记，所以创业者应多准备几个名称，以防首选名称未被核准登记。

二、前置审批

民办非企业申请设立登记前必须向业务主管部门申请相关批准，其他几类组织形式的企业只有涉及需要前置审批的项目才办理前置审批。目前，需要办理前置审批的行业已经为数不多，主要集中在金融、航空、烟草生产、出版印刷、危险品生产加工、快递等行业。创业者可在申请设立登记时就是否需要办理前置审批向工商行政部门进行咨询。

三、验资

民办非企业单位基本都需要办理验资手续，金融领域（银行、证券、保险、期货、基金、典当等）的公司、对外劳务合作、劳务派遣、直销企业等需要办理验资手续，其他几类企业则基本上不需要办理验资手续了。所以，创业者的项目如果不属于上述行业，也没有选择民办非企业单位作为企业组织形式时，可以忽略验资这一环节。主题案例中，创业者小李在开办餐厅时，就不需要办理验资手续，因为餐饮行业不在需要验资的行业范围之内。

四、注册登记

民办非企业单位办理设立登记的部门为民政部门，批准设立登记的，将取得“民办非企业单位登记证书”（注明法人或合伙或个体）。其他几类企业办理设立登记的部门为工商行政部门，获准设立登记的，将取得“营业执照”。民办非企业单位登记证书或营业执照的签发日期，为企业的成立日期。

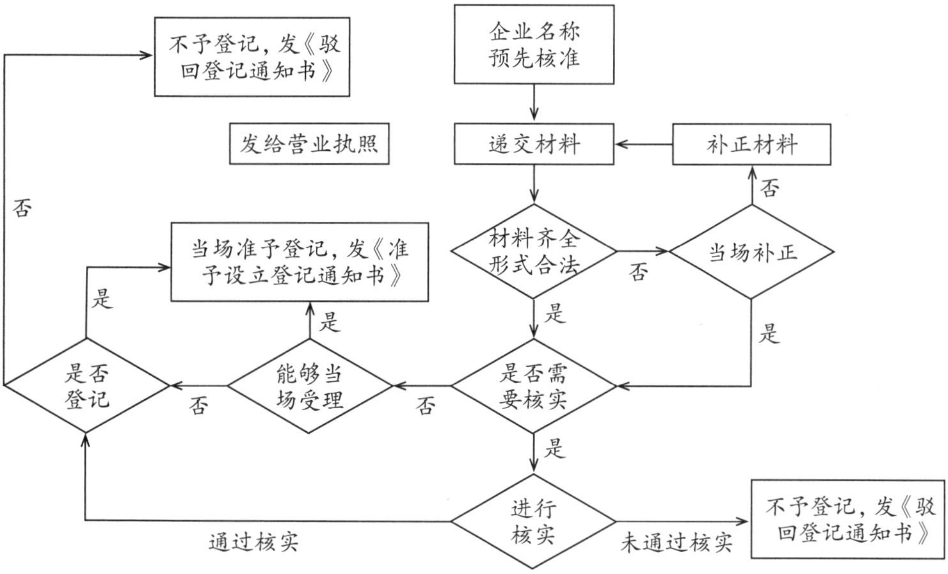

图 3–1　企业营业执照办理流程图

为了简化企业设立流程，提高办事效率，我国已全面实施“三证合一”制度。所谓“三证合一”，是指将组织机构代码证、税务登记证合入营业执照，不再需要单独办理组织机构代码证和税务登记证。目前，国家正尝试逐步实施“五证合一”制度，即在“三证合一”的基础上，将社会保险登记证和统计登记证也合入营业执照，其中统计登记证已被很多地方取消，故本书也就不再阐述。

【典型案例】

网吧无照经营被处罚

2008 年 9 月 18 日，苏某从张某处以 5 万元转让费取得某网吧“网络文化经营许可证”，同年 11 月 19 日，苏某通过变更法定代表人的方式取得了“网络文化经营许可证”。12 月 11 日，苏某以 1.2 万元的年租金租赁了某门店作为经营场所，并于 2009 年 2 月 2 日开始营业。2009 年 3 月 9 日，某县工商行政管理局执法人员对该网吧进行检查时发现，苏某未申办营业执照，网吧共有可供上网电脑 58 台、服务器 1 台。在苏某无照经营的 36 天时间中，共计营业额 8140 元。工商行政部门对上述行为进行了处罚，并要求苏某马上办理营业执照。

小贴士：企业经营，需要取得营业执照，且营业执照不得通过出借、出租等方式给他人使用。借用、租用他人营业执照从事经营活动，同样按照无照经营的相关规定进行处罚。对于经营需要取得相关许可证的项目，只有在相关许可证和营业执照都取得后，才能开展经营活动。

五、刻制印章

企业经营过程中离不开印章的使用，因此企业领取登记证书或营业执照后，应尽快刻制印章。根据相关法律法规的规定，企业刻制印章需要前往企业所在地的公安部门进行申请，需要提交的材料有：刻章申请书、营业执照正本、副本复印件（出示原件）、法定代表人身份证复印件（出示原件）、委托书（法定代表人签名）、受托人身份证复印件（出示原件）。公安部门批准后，企业前往公安部门指定的刻制机构进行印章的刻制。

【典型案例】

私刻印章判刑案

吴某某本是一家企业的老板，事业有成，有一个幸福美满的家庭。一个偶然的机会，吴某某发现私刻印章可以赚大钱。于是，2009 年 12 月 1 日开始，吴某某便在本市简易房间，帮助同案人郑某某伪造印章牟利。同月 8 日，公安人员在该房内当场缴获伪造的印章 70 多枚，吴某某对犯罪事实供认不讳。法院经审理认为，吴某某伙同他人伪造国家机关印章和公司、企业印章，其行为分别构成伪造国家机关印章罪和伪造公司、企业印章罪。最终，法院判决吴某某犯伪造国家机关印章罪，判处有期徒刑六个月；犯伪造公司、企业印章罪，判处有期徒刑六个月。被判入狱后，吴某某非常后悔，但为时已晚，一个幸福美满的家庭就这样毁于一旦。

小贴士：由于我国对公章管理比较严格，企业在刻制印章的过程中一定要符合法律规定，不得伪造国家机关、公司及企业印章，企业刻制印章一定要前往企业所在地的公安部门进行申请，并提交相关材料，只有这样才符合法律规定。

六、开立银行账户

企业各项资金往来、存款、贷款等，都需要使用银行账户，所以开设银行账户是企业设立过程中的必经环节。企业在取得营业执照或登记证书和刻制好印章后，即可在企业注册地选择一家商业银行办理开户手续。企业办理开立银行账户需要提交的材料有：开户申请书（银行统一格式，加盖公司公章）、营业执照正本及副本复印件（出示原件）、法定代表人身份证复印件（出示原件）、委托书（盖公司公章，法定代表人签名）、受托人身份证复印件（出示原件）。收到申请的商业银行会将材料转交给当地中国人民银行，中国人民银行批准开户后，企业即可领取开户许可证和银行账户相关材料等。至此，企业就拥有了自己的银行账户。

七、税务登记信息补录

虽然在“三证合一”背景下，不再要求办理税务登记证，但因税收部门需要的信息在设立登记时并不完整，故税收部门通常要求企业在取得营业执照后办理税务登记信息补录手续。该项业务办理部门为企业注册地的税收部门，需要提交的材料包括营业执照、纳税人首次办税补充信息表、创业者的身份证复印件等。另外，通常还可以一并办理《委托银行划缴税（费）款三方协议书》，即委托银行在企业需要纳税时直接将相应的税款从银行账户划缴。

八、社会保险登记

企业发生劳动用工行为时，需要为员工缴纳社会保险费，因此需要办理社会保险登记。办理社会保险登记的部门为企业所在地的人力资源和社会保障部门，需要提交的材料有：社会保险登记表等表格、营业执照正本复印件、法定代表人身份证复印件。获准登记后，企业取得社会保险登记证。

九、后置审批

所谓后置审批，是指国家规定在取得营业执照后，还需要办理相关审批才能开展经营活动的业务的审批。创业者所从事的业务，如果属于需要办理相关审批才能开展的经营活动，则需要办理后置审批。大多数的业务并不需要办理后置审批手续。主题案例中小李从事的餐饮服务就需要办理后置审批——在取得营业执照后办理“食品生产经营卫生许可证”，在取得该证之前，可以从事装修、设备采购、员工招聘等工作，但不得提供餐饮服务，只有在取得该证之后才能提供。

综上，我们可以将企业设立流程归纳如下图：

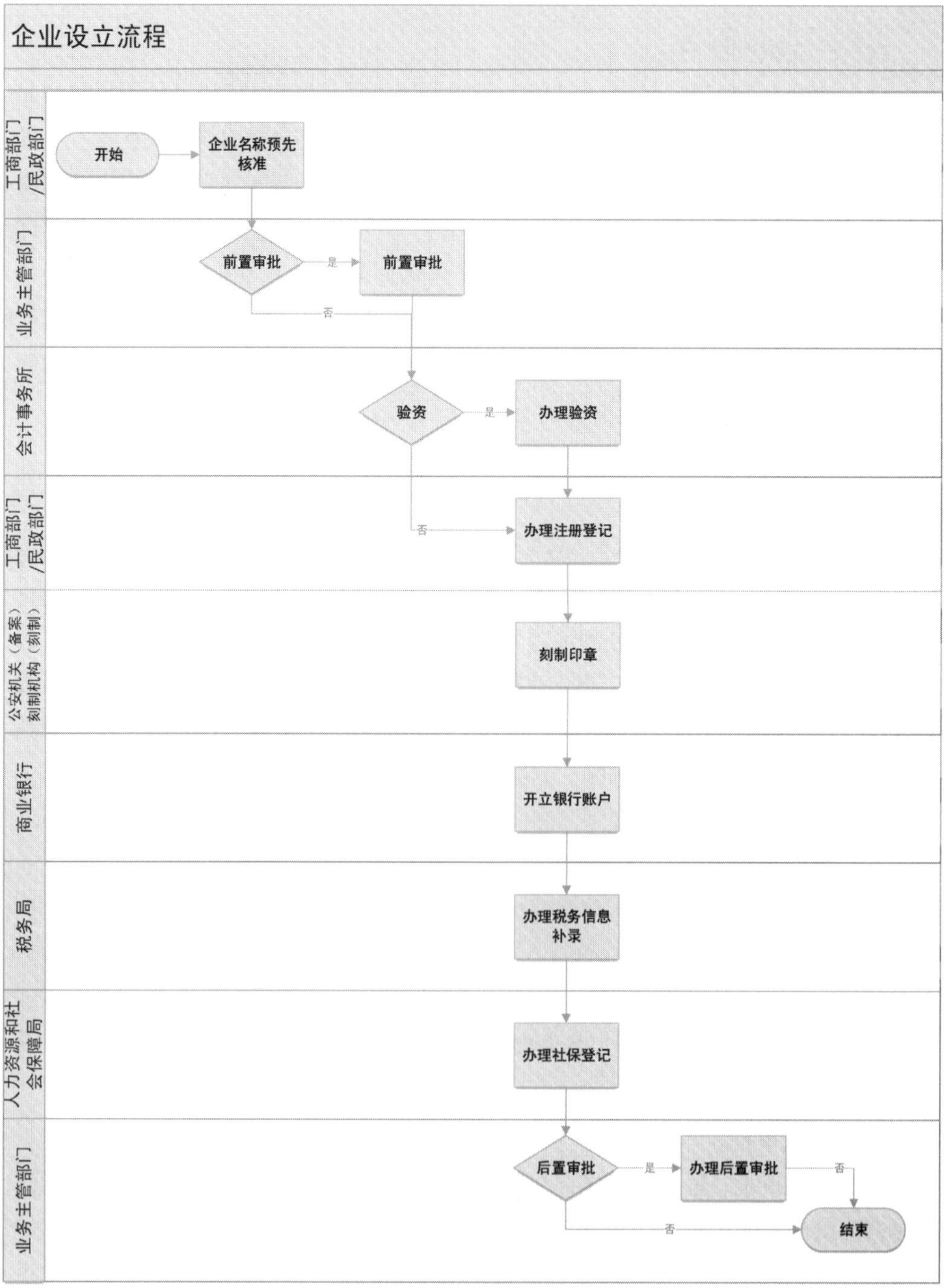

图 3–2　企业设立流程图

【主题小结】

不同组织形式的企业，设立登记条件不尽相同，创业者需要了解所选择的企业组织形式的设立条件，才能顺利进行新企业的设立登记。确定了企业的组织形式后，便是进行企业设立的登记工作，即通常所说的办理营业执照。企业只有在取得营业执照后才算是真正的成立，才能从事经营活动。除了营业执照，企业还需要办理刻章、银行开户、税务登记等手续，经营业务涉及审批事项的，还要办理相关审批手续，只有这些手续全部办理完毕，企业才能正常地、顺利地开展经营活动。

【实务演练一】

假定你要在你学校所在的区县范围内成立一家有限责任公司，根据本章所学的知识，通过登录相关部门网站、实地调查等方式，按照办理的先后顺序列出你需要办理的事项名称、办事部门名称及其地址、需要提交的材料名称，可以表格的方式列出。

【实务演练二】

向你所在地的工商行政管理部门了解注册登记的时限情况，通过工商部门官方网站或到工商部门现场获取一张有限责任公司设立登记申请表并填写。

【实务演练三】

甲、乙、丙、丁四人决定共同出资成立一家体育用品有限责任公司，四个人共同起草了公司的章程，并将公司的名称命名为“中华体育用品有限责任公司”，注册资本为 80 万元，四个人均在公司章程中签了字。2015 年 8 月，甲、乙、丙、丁四个人一同向市工商局申请设立登记，同时向工商局提交了公司登记申请书、公司章程等材料。市工商局经审查后，认为本市体育用品企业太多，拒绝为其办理登记手续。

请思考：甲、乙、丙、丁四个人注册的公司是否符合规定？工商局拒绝办理公司登记手续的理由是否成立？该公司设立登记应提交哪些法律文件？

主题 3　新办企业税务常识

【主题案例】

吞下未依法纳税的恶果

小王和小赵是同班同学，两人一入学就因都有创业的梦想而成了志同道合的好朋友。大学三年间，两人一起从事过很多创业项目，毕业时已经积攒下一笔不小的资金，两人合资开了一家贸易公司，小王任公司执行董事，小赵任总经理。开业后，两人四处奔波，寻找货源和客户。某日，客户告诉小王，他们需要一批某型号的产品，单价 110 元范围内能接受。小王让小赵抓紧联系供应商。几天后，供应商的报价为每件 90 元。小王和小李初步计算了下，认为还是有利润空间的，于是便与客户签订了供货合同，单价 110 元，共供货 1000 件。之后，两人与供应商签订采购合同，在谈到价格条款时，两人突然傻了眼。原来，供应商报的价格是不含增值税的价格，小赵未进一步询问增值税的事情，供应商的工作人员便以为小赵知道 90 元的价格是不含增值税的。小赵和小王都认为供应商欺骗了他们，工作人员很无奈，只得拿出当天和其他人签订的合同和发票给两人看，90 元的价格都是不含税的，加上增值税要 105.3 元。小赵和小王半信半疑，通过多方途径打听产品的批发价格，两人最终相信供应商所言为真。这时，小王突然想到他们和客户签的合同的价格是否也不含税，如果是的话，那就没有损失。然而，与客户签订的合同中，在价格后面明确注明含税，没有意识到含税会增加这么多税收。算上增值税，他们这一单生意分文不赚，还得亏本。于是两人分别与供应商和客户协商不开发票，令他们惊喜的是，供应商答应他们不开票，客户则提出，只要单价降低5元，也同意不开票。小王和小赵最终决定按此方案进行。于是，第一单生意顺利地完成了。

尝到甜头后，小王和小赵开始专门找同意不开发票的供应商和客户合作。一年下来，两人的贸易公司利润达50万元之多，两人于是按照出资比例将该笔利润全部分了。

就在两人谋划着下一步的公司发展壮大之事时，税务局突然找上门来了。在税务局工作人员的开导和教育下，他们如实汇报了一年来的财务收入情况，愿意补缴所有的增值税税款并接受罚款。工作人员告诉他们还应该缴纳企业所得税，并且接受因偷逃企业所得税的处罚，同时不排除追究刑事责任的可能性。

此时他们意识到事情远比想象的要严重！好在二人认真悔改，又是初犯，偷逃的税额也不大，在主动认罚和补缴税款后，未被追究刑事责任。

【案例讨论】

1. 企业为什么要纳税？
2. 案例中涉及哪几种税收？分别是针对什么对象征收的？
3. 本案对你有何启发？

高手指路

税收“取之于民，用之于民”。如果没有税收，国家机器就无法正常运转，社会将会陷入混乱、罪恶之中。比如，如果没有警察，企业恐怕连安全都得不到保障，更别谈发展壮大了。放眼当今世界各国，“取之于民”的这个“民”，主要是企业，也即企业是税收的主要来源。当然，税收也是企业不可回避的重要支出。在企业需要缴纳的税种中，有两个税种占据了主要的地位，对企业的生产经营产生着重要的影响。这两个税种，一个是对产品增值的部分进行征税，另一个则是对企业的利润部分进行征税。

第一节　企业纳税的意义

税收是国家为了满足社会公共需要，由政府税收部门依法向纳税对象强制取得收入的一种形式。正如一个企业没有收入的保障，就无法正常开展经营活动一样，一个国家，大到国防、基础设施、国家机构运转、教育、社会治安等方面，小到给予创业者的开业补贴等，无不需要大量的财政收入作保障。国家取得财政收入的方式多种多样，包括税收、收费、罚款、没收等。其中，税收是一个国家取得财政收入的主要方式，在一个国家财政收入中占据非常高的比例。在所有的税收中，来源于企业的税收又占很高的比例。因此，可以这样说，来源于企业的税收是国家财政的主要的收入来源。

【典型案例】

纪某等四人偷税罪案例

某广告有限公司由纪某、刘某以及赫某的妻子张某共同经营。1998 年 11 月 23 日经赫某、张某联系纪某、刘某共同预谋后，该广告有限公司与一家服装集团签订了《广告发布协议》。协议约定：服装集团租用该广告有限公司的广告牌发布广告，发布广告期为 1998 年 12 月 10 日至 2001 年 12 月 10 日，广告费用为 178 万元。同日，张某作为甲方与作为乙方的广告有限公司签订了一份《合同书》，该合同书中载明：甲方租用此路牌期限为三年，在此期间内广告发布权归甲方使用，乙方无权租用他人；三年租金 105 万元；乙方负责 178 万元广告费发票，如发票税金发生问题，甲方应负责协调解决，并承担补交税金或罚款，张某签字，广告有限公司盖章。

合同签订后，服装集团先后支付了 168 万元广告费用，广告有限公司实际得款 95 万元，张某得款 73 万元，广告有限公司为服装集团共开具了 2 187 900 元的广告费发票。在此笔广告业务中，广告有限公司采用大头小尾的方式开具发票，并进行虚假的纳税申报，偷逃税款 617 443.89 元，偷税数额占应纳税额的百分之八十四。

最后，法院判决，纪某、刘某、郝某、张某犯偷税罪，判处有期徒刑三年，缓刑三年，并处罚金。

小贴士：未依法纳税，情节严重时，将构成犯罪，受到刑法的处罚，后果非常严重。根据我国刑法的规定，逃避缴纳税款，根据数额大小及具体情节，可以处以三到七年的有期徒刑。

一、纳税是企业的一项重要的社会责任

如果没有企业的税收，国家财政将大幅度缩减，必将导致一系列严重后果。比如国家无力建设强大的国防力量，导致外敌入侵，国破家亡；国家无力支撑足够的社会治安力量，各类违法犯罪行为猖獗，人们的人身、财产安全无法得到保障；国家没有钱兴建基础设施，导致交通、通信、水电、医疗等设施落后甚至缺乏，人们的衣食住行难以获得有效的满足；国家没有钱充实社保基金，各项医保、低保、失业保等社会保障体系无法建立，弱势群体将无法得到有效救济；国家没有钱投入教育领域，大部分人将无法接受教育，社会文明程度难以迅速提高，人才也极为缺乏……总之，没有强大的国，也难有安定的家。一个强大的国，离不开强大的财政收入作为支撑，而税收，正是财政收入的重要来源之一。

企业依法纳税，是创业者和企业承担社会责任的一个重要方式，同时，也为企业自身的发展创造了良好的环境。企业在经营的过程中，需要有安定的社会环境，需要有公平的市场竞争环境，需要有大量的优秀人才可供招用，需要有富有购买力的消费者群体……而这些都离不开国家财政强有力的保障。如果一个社会处于水深火热、民不聊生的状况之中，创业者别说创业，恐怕连自身的生存都是很大的问题。正因如此，税收具有“取之于民，用之于民”的重要属性。创业者要充分意识到依法纳税这种社会责任的重要性，才能做到自觉纳税、依法纳税，为国泰民安作出自己的贡献。

二、依法纳税是企业持续经营的必要条件

税收具有强制性的特征，即国家依靠其政治权力强制征收，而非纳税人自愿缴纳。这种强制性决定了企业必须依法纳税，否则将面临国家的处罚。国家有健全的税收法律体系，企业若违反国家税收规定，偷税、漏税、逃税等，轻则将受到警告、罚款等处罚，重则被吊销营业执照，甚至承担刑事责任。因此，一个企业如果不能做到依法纳税，这个企业是难以长期顺利、持续地经营下去的。

【典型案例】

偷逃税款致营业执照被吊销

2010年3月，陆某开办了一家城建装饰工程有限公司，主要承接住宅装饰施工业务。由于陆某对税务方面一窍不通，公司刚刚开始经营的时候，就因为没有进行纳税申报而被税务部门罚了款。后来，陆某开始研究税务方面的知识，逐渐对我国的税收政策有了一定了解，这时陆某又动了歪脑筋，开始偷税漏税。在承接住宅装饰施工过程中，陆某采用不向客户提供建筑安装专用发票的形式，少列收入30多万元，偷逃国家税款。税务机关发现后，依法对陆某进行了罚款。被罚款以后，陆某不以为然，非但没有吸取教训，按照国家规定依法纳税，反而认为自己之所以被罚款，完全是因为自己偷税漏税的方式不够隐蔽。于是，陆某便采取了更为隐蔽的方式继续偷逃税款。没想到，由于陆某的公司已经被多次罚款，税务部门早已对陆某偷税漏税的行为进行了跟踪，陆某的偷税漏税行为被全部查清。最终，陆某的公司于2015年5月份被吊销了营业执照。

第二节　企业主要税种

目前，我国的税种包括增值税、企业所得税、消费税、城市维护建设税、关税、资源税、土地增值税、房产税、契税、印花税、车船税、车辆购置税、城镇土地使用税、耕地占用税、个人所得税等。不同的税种，征税对象不同，企业只有涉及相应的征税对象，才需要缴纳对应的税收。对于新办企业来说，上述大部分税种在创业早期阶段基本不会涉及，甚至在之后很长一段时间内都不会涉及，因此创业者不需要花费过多的精力去了解。但有两个税种，不但每个企业都会涉及，是企业缴纳的主要税种，而且对企业的经营管理策略有着重要的影响。因此，创业者需要对这两个税种有一定程度的了解。这两个税种分别是增值税和企业所得税。主题案例中小王和小赵的公司涉及的税种就是增值税和企业所得税。

一、增值税

增值税是以商品（含应税劳务、服务）在流转过程中产生的增值额作为计税依据而征收的一种流转税。从计税原理上说，增值税是对商品生产和流通、提供劳务和服务中多个环节的新增价值或商品的附加值征收的一种流转税。对于绝大多数创业者而言，创业项目不外乎就是销售货物、提供劳务或提供服务等，所以增值税是新办企业必然会面临的一个税种，也是我国当前收入最大的一个税种。

【典型案例】

王某、沈某虚开发票犯罪案件

2013 年 1 月，吴江区七都镇“掺假水管”黑色产业链被曝光，国税稽查部门检查涉案的 6 家企业，发现某管业公司的业务员沈某，串通“中间人”王某，将宁波一家公司本应开具给沈某所在公司的发票，按票面金额收取 6%—8% 手续费后，倒卖虚开 43 份增值税专用发票给另外 5 家涉案企业，价税合计 560.30 万元。5 家企业申报抵扣税额 81.41 万元。

王某、沈某被判处有期徒刑，其中王某获刑 11.5 年。沈某所在公司虽然未参与虚开发票，但存在隐匿销售收入的违法行为，国税机关依法核定其应补缴增值税税款、企业所得税 83 万元，加收滞纳金 24 万元。另外 5 家企业接受虚开增值税专用发票，被追缴税款 81.41 万元，加收滞纳金 35.41 万元。5 名法定代表人分别被判处有期徒刑，缓期执行。

1. 增值税的税率和征收率

增值税的税率包括基本税率和低税率。其中，基本税率为 13%，低税率有 9%、6% 和 0% 三档。

销售或进口下列货物，适用 9% 增值税率的范围：（1）粮食、食用植物油；（2）自来水、暖气、冷气、热水、煤气、石油液化气、天然气、沼气、居民用煤炭制品；（3）图书、报纸、杂志；（4）饲料、化肥、农药、农机、农膜；（5）国务院规定的其他货物。

提供交通运输、邮政、基础电信、建筑、不动产租赁服务，销售不动产，转让土地使用权的，适用 9% 的增值税率。

提供金融保险业、文化体育业、娱乐业、增值电信业、服务业等服务的，适用 6% 的增值税率。

上述低税率以外的行业或业务的增值税率为基本增值税率，即 13%。对小规模纳税人而言，增值税的征收率一般为 3%，销售不动产、不动产经营租赁等适用 5%

的征收率。

出口货物增值税税率为0%。

2. 增值税的计税方法

增值税的计税方法包括一般计税方法和简易计税方法。一般纳税人适用一般计税方法，按增值税率计算增值税；小规模纳税人适用简易计税方法，按征收率计算增值税。根据目前的相关规定，小规模纳税人是指以从事货物生产或提供应税劳务的年应征增值税销售额在50万元以下的纳税人，或者从事批发或零售的年应征增值税销售额在80万元以下的纳税人。一般纳税人是指年应征增值税销售额超过上述对应标准的纳税人，是否具备一般纳税人资格，需要税务主管机关认可。

一般纳税人的增值税应纳税额计算公式为：

应纳增值税额 = 销项税额 − 进项税额

其中，销项税额 = 销售额 × 增值税率；销售额 = 含税销售额 ÷（1 + 增值税率）；进项税额是指购进货物或接受劳务已支付的增值税额，简单来说，购买者的进项税额就是销售者的销项税额。

举例：A公司和B公司都为一般纳税人，都适用基本增值税率。A公司从B公司处购进一批货物，不含税价格为10 000元。A公司买入这批货物时，需要支付B公司11 300元，其中10 000元为货款，1300元为A公司的进项税额（10 000元×13%）。之后A公司以不含税价格20 000元将该批货物卖给C公司，则C公司应支付A公司22 600元，其中20 000元为货款，2600元（20 000元 ×13%）为A公司的销项税额（对于C公司来说是进项税）。A公司就这批货物应纳增值税额为1300元，即销项税额2600元 − 进项税额1300元。

从上述一般纳税人增值税计算公式和上述例子可以看出，增值税的真正承担者为货物或劳务流转过程中的最后一个接受者，通常是消费者。如上述例子，若C公司不再出售该批货物，则C公司为该批货物的最终消费者，该批货物在两次流转过程中产生的3400元增值税虽然并未由C公司直接缴纳给税收部门，但实际上却全部由C公司负担了。因此，商品流通的环节越多，增值越高，则其增值税总额越高，最终的含税零售价格越高。这也就是为什么厂家直销时，商品的价格通常会更低。创业者明白了增值税这一个特点后，应在有条件的情况下，尽量减少自己产品的流通环节。

小规模纳税人增值税应纳税额的计算公式为：

应纳增值税额 = 销售额 × 征收率

其中，销售额 = 含税销售额 ÷（1 + 征收率）。

小规模纳税人和一般纳税人相比，其进项税额不能抵扣。

举例：A 公司为小规模纳税人，适用 3% 的征收率；B 公司为一般纳税人，适用 13% 的增值税基本税率。A 公司从 B 公司处购进一批货物，不含税价格为 10 000 元。A 公司买入这批货物时，需要支付 B 公司 11 300 元，其中 10 000 元为货款，1300 元为 A 公司的进项税额（10 000 元 ×13%）。之后 A 公司以不含税价格 20 000 元将该批货物卖给 C 公司，则 C 公司应支付 A 公司 20 600 元，其中 20 000 元为货款，600 元（20 000 元 ×3%）即为 A 公司就这批货物应纳增值税额。

二、企业所得税

企业所得税是指针对企业的经营所得及其他所得进行征税的一个税种。根据《中华人民共和国企业所得税法》及相关规定，在计算企业所得税时，符合规定的部分收入或支出要扣除，因此，用以计算企业所得税的利润和企业的真实利润可能会有所不一致，但一般情况下差距不会很大。所以，大体而言，企业所得税是指对企业的收入扣除支出后的所得进行征税，即针对企业的利润进行征税。对创业者来说，个体工商户、个人独资企业、合伙企业三类组织形式，不需要缴纳企业所得税，其他类型的企业需要缴纳企业所得税。

1. 企业所得税的税率

企业所得税的基本税率为 25%。符合条件的小型微利企业，减按 20% 的税率征收企业所得税。国家需要重点扶持的高新技术企业，减按 15% 的税率征收企业所得税。

小型微利企业是指年度应纳税所得额不超过 30 万元，从业人数不超过 100 人，资产总额不超过 3000 万元的工业企业，或者年度应纳税所得额不超过 30 万元，从业人数不超过 80 人，资产总额不超过 1000 万元的其他企业。

国家需要重点扶持的高新技术企业，是指拥有核心自主知识产权，并同时满足下列条件的企业：（1）产品或服务属于《国家重点支持的高新技术领域》规定的范围；（2）研发费用占销售收入的比例不低于规定比例；（3）高新技术产品或服务收入占企业总收入的比例不低于规定比例；（4）科技人员占企业职工总数的比例不低于规定比例；（5）高新技术企业认定管理办法规定的其他条件。高新技术企业的认定，由企业“高新技术企业认定管理工作网”注册登记后，向认定机构（办公室设在省级或计划单列市级的科技主管部门）提出认定申请。

【实用链接】

高新技术认定须同时满足的具体条件

（一）企业申请认定时须注册成立一年以上。

（二）企业通过自主研发、受让、受赠、并购等方式，获得对其主要产品（服务）在技术上发挥核心支持作用的知识产权的所有权。

（三）对企业主要产品（服务）发挥核心支持作用的技术属于《国家重点支持的高新技术领域》规定的范围。

（四）企业从事研发和相关技术创新活动的科技人员占企业当年职工总数的比例不低于10%。

（五）企业近三个会计年度（实际经营期不满三年的按实际经营时间计算，下同）的研究开发费用总额占同期销售收入总额的比例符合如下要求：

1. 最近一年销售收入小于5千万元（含）的企业，比例不低于5%；

2. 最近一年销售收入在5千万元至2亿元（含）的企业，比例不低于4%；

3. 最近一年销售收入在2亿元以上的企业，比例不低于3%。

其中，企业在中国境内发生的研究开发费用总额占全部研究开发费用总额的比例不低于60%。

（六）近一年高新技术产品（服务）收入占企业同期总收入的比例不低于60%。

（七）企业创新能力评价应达到相应要求。

（八）企业申请认定前一年内未发生重大安全、重大质量事故或严重环境违法行为。

（《高新技术企业认定管理办法》第十一条，2016年1月1日起实施）

2. 企业所得税的计税办法

根据企业所得税相关法律法规的规定，企业所得税原则上采取查账征收的方式计算企业所得税。所谓查账征收，是指企业设置了账簿并且相关账本、材料等完整、清晰时，根据企业的收支情况计算企业所得税。具体公式如下：

企业应纳所得税 =（企业应纳税所得额 × 企业所得税率）– 依法减免和抵扣的税额

企业每一纳税年度的收入总额，减除不征税收入、免税收入、各项扣除以及允许弥补的以前年度亏损后的余额，为应纳税所得额。

企业以货币形式和非货币形式从各种来源取得的收入，为收入总额。包括：销售货物收入；提供劳务收入；转让财产收入；股息、红利等权益性投资收益；利息收入；租金收入；特许权使用费收入；接受捐赠收入；其他收入。

收入总额中的下列收入为不征税收入：财政拨款；依法收取并纳入财政管理的行政事业性收费、政府性基金；国务院规定的其他不征税收入。

企业的下列收入为免税收入：国债利息收入；符合条件的居民企业之间的股息、红利等权益性投资收益；在中国境内设立机构、场所的非居民企业从居民企业取得与该机构、场所有实际联系的股息、红利等权益性投资收益；符合条件的非营利组织的收入。

各项扣除是指企业实际发生的与取得收入有关的、合理的支出，包括成本、费用、税金、损失和其他支出，准予在计算应纳税所得额时扣除。注意，并非所有的支出都可以扣除，只有与取得收入有关的、合理的支出才能扣除。下列支出不能扣除：

（1）向投资者支付的股息、红利等权益性投资收益款项；

（2）企业所得税税款；

（3）税收滞纳金；

（4）罚金、罚款和被没收财物的损失；

（5）超过年度利润总额 12% 部分的公益性捐赠支出；

（6）赞助支出，未经核定的准备金支出；

（7）企业发生的超过工资薪金总额 14% 部分的职工福利费支出；

（8）企业拨缴的超过工资薪金总额 2% 部分的工会经费支出；

（9）企业发生的超过工资薪金总额 2.5% 部分的职工教育经费支出（可在以后年度结转扣除）；

（10）企业发生的与生产经营活动有关的业务招待费支出的 40%（若业务招待费超过当年销售（营业）收入的 5‰，则超过 5‰部分的业务招待费全部不能扣除）；

（11）企业发生的超过当年销售（营业）收入 15% 部分的广告费和业务宣传费支出（超过部分，可以在以后年度结转扣除）；

（12）取得收入无关的其他支出；

（13）相关法律法规规定的不得扣除的其他支出。

弥补以前年度的亏损，是指企业的利润可以用于弥补前 5 年以内的亏损，弥补后尚有剩余，再依法缴纳企业所得税。

上述企业所得税的征收方式，称之为查账征收方式。查账征收是企业所得税征收的基本方式和主要方式。企业所得税的另外一种征收方式是核定征收方式，核定征收方式仅在特殊情况下适用。

采用核定征收方式征收企业所得税时，企业所得税的计税办法为：

应纳所得税额 = 应纳税所得额 × 适用税率

其中，应纳税所得额 = 应税收入额 × 应税所得率；应税所得率为 3% 到 30%，具体幅度不同的行业各不相同，适用税率和查账征收一样。

【实用链接】

采取核定征收方式征收企业所得税的情形

企业存在以下情形时，税务机关有权采取核定征收的方式核定企业的应纳所得税额：

依照法律、行政法规的规定可以不设置账簿的；

依照法律、行政法规的规定应当设置账簿但未设置的；

擅自销毁账簿或者拒不提供纳税资料的；

虽设置账簿，但账目混乱或者成本资料、收入凭证、费用凭证残缺不全，难以查账的；

发生纳税义务，未按照规定的期限办理纳税申报，经税务机关责令限期申报，逾期仍不申报的；

纳税人申报的计税依据明显偏低，又无正当理由的。

（《中华人民共和国税收征收管理法》第三十五条，2015 年 4 月 24 日实施）

表 3–1　采取核定征收方式征收企业所得税适用的税率表

行业	应税所得率（%）
农、林、牧、渔业	3—10
制造业	5—15
批发和零售贸易业	4—15
交通运输业	7—15
建筑业	8—20
饮食业	8—25
娱乐业	15—30
其他行业	10—30

（《企业所得税核定征收办法》第八条，2008 年 1 月 1 日起实施）

【主题小结】

税收与我们每个人都息息相关，对企业而言，更是经营过程中必须面对的一项重要事宜。创业者要树立正确的税收意识，也要具备基本的税务常识，以便既能做到合法经营，也能采取科学、有效的经营管理策略。

【实务演练一】

调查前一年你所在的城市或我国的财政收入情况，分别计算出税收收入占财政收入的比例、企业税收收入占全部税收收入的比例，并思考如果没有企业税收，后果会怎么样。

【实务演练二】

小王创办了一家建筑公司，但是他对税务方面一窍不通，由于长时间没有进行纳税申报，导致被税务部门罚了款。请你根据本章所掌握的税务知识，帮小王分析一下，对于像小王这样刚刚成立的建筑类的公司，有可能涉及哪些税种？如何操作才能避免被税务部门罚款？

【实务演练三】

随着“三证合一”的全面推行，设立企业时已经不再需要办理税务登记证，然而这并不代表着企业不需要依法纳税。请通过资料查阅或登录税务局网站查询，向税务局电话咨询或亲自到税务局调查以及其他有效方式，详细了解新办企业如何办理纳税申报、如何缴纳税款等事项。将办理的部门名称、流程、需要的材料等记录下来，并整理成一篇调查报告——《新企业如何纳税》。

主题 4　创业扶持政策

【主题案例】

借助扶持政策解决创业难题

某高职院校学生小张一直怀揣着创业梦想，从高中便开始创业实践活动，并取得了一定的成果。考上大学后，小张发现，同学们每天到超市购买食品特别频繁，除了零食外，还有很多企业想进入大学校园这个市场，但因为学校的准入限制、管理等原因，校外商家很难进入学校搞推广活动。

经过深入调研和反复思考，他最终决定做校园生活用品批发及零售业务。然而，一个现实难题摆在了他的面前：缺乏办公场地、仓库。小张决定尝试着与学校沟通，寻求学校的支持。让他惊喜不已的是，学校针对在校学生创业，专门出台了扶持政策，允许符合条件的学生开展创业活动，开辟了足以满足办公需求的创业苗圃供创业学生使用。小张向学校递交了详尽的创业计划书，经过审核后获准入驻创业苗圃。在小张向学校提供了供应商签订的供货合同、发票、合格证等证明文件之后，学校允许小张在校园内进行销售，还提供了一间屋子作仓库使用。

小张的创业项目很快就启动了，深受同学们的欢迎。很多同学也纷纷加入小张的项目，成为楼代理、层代理。随着业务量的迅速增加，小张需要增加进货量，但小张自己仅有的资金已经全部投入，资金短缺成为小张开展业务的一大难题。就在小张焦头烂额之时，同学告诉他说好像有小额担保贷款支持。原来，当地政府开业指导部门出台了创业小额担保贷款的政策，符合条件的创业者可获得由政府部门担保的小额贷款。小张立即按照要求向开业指导部门申请了 5 万元贷款。几天后，申请得到批准，资金问题终于得以解决。

伴随着业务量的增加，规模的扩大，经营管理的问题也越来越多了。比如，有外来人员打着小张的旗号卖不合格的食品，财务账目混乱不清……缺乏管理经验的小张向老师倾诉他的难题时才得知，学校还组建了“创业导师”团队专门指导创业者。小张向学校申请为自己安排一名创业导师，学校结合小张的个人情况、项目特点等，为小张安排一位从事零售行业多年、具有丰富实战经验的创业导师。得益于导师的指点，小张的问题很快解决，经营管理能力也得以迅速提高。

几次创业困境的突破，让小张认识到利用创业扶持政策的重要性，比如他参加免费创业培训班，提升了创业能力；成功申请到某大学生创业基金的资助，再次化解了资金难题……

【案例讨论】

1. 给小张提供创业扶持的机构有哪些？可以分为哪几类？
2. 小张获得的扶持方式有哪些？
3. 如果没有得到创业扶持，你觉得小张会继续经营自己的创业项目吗？

高手指路

政府为了就业、税收、社会稳定等，希望有更多的企业出现并生存下去；学校为了促进创新创意成果转化以推动社会进步，希望更多的学生将创新创意通过创业的方式造福社会；社会组织出于公益、逐利等目的，希望帮助更多的人成功创业。于是，政府、学校、社会组织都出台了各自的创业扶持政策，在资金、税费、场地、管理等方面给予支持。

第一节　创业扶持机构

为了帮助创业者在创业初期解决普遍面临的诸如资金、场地、管理等各种困难，政府、学校以及一些民间机构都出台了一系列的创业扶持政策。创业者若能充分运用好这些扶持政策，创业初期的很多困难便迎刃而解。对于创业者来说，获得创业政策的第一步是知道有哪些机构对创业活动进行扶持。

一、政府机构

政府机构是创业扶持的重要机构，其主要通过实施一些扶持政策的方式对创业进行扶持。政府机构的创业扶持政策，虽然不一定是给创业者直接带来资金或其他物质方面的利益，但其带给创业者的利益很多时候远远超过了直接的资金支持等利益的影响。比如，教育部于 2017 年 2 月 4 日公布的修订后的《普通高等学校学生管理规定》，允许将创新创业活动折算学分，允许在校大学生休学创业等，这些规定对大学生创业者有着非常大的影响。

进行创业扶持的政府机构，从级别上看，包括中央层面和地方层面；从部门上看，工商、财政、税收、人力资源、教育、科技、团委、妇联等部门都会出台相应的创业扶持政策。

中央层面，主要是国务院及其下属的相关部委。其中，国务院主要是出台一些指导、支持创业的政策意见等文件，要求或引导各相关部门和各地方部门结合实际情况，落实国务院的政策精神。比如《国务院办公厅关于发展众创空间推进大众创新创业的指导意见》《国务院关于进一步做好新形势下就业创业工作的意见》《国务院关于大力推进大众创业万众创新若干政策措施的意见》等政策出台后，中央各部门和地方各级部门往往会有具体的、细化的政策随之出台。因此，创业者应当关注中共中央、国务院的一些关于创业政策、方针的动态，从而能进一步向相关部门了解是否已出台创业扶持新政策等。每年 11 月份左右的中国共产党全国代表大会和次年 3 月份左右的两会，是创业者了解中共中央、国务院在未来一年对创业的大体政策方针的重要会议，创业者应对这两个会议进行重点关注。

中央层面具体的创业扶持政策通常由国家市场监督管理总局、财政部、国家税务总局、人力资源和社会保障部、教育部、科技部、共青团中央、全国妇联等部门出台，创业者可通过各部门官网查询具体的政策内容。

国家市场监督管理总局主要是在企业注册登记环节对创业者给予特殊的政策，比如针对创业者注册登记企业时的允许“一址多照”；财政部和国家税务总局的创业扶持政策主要是关于行政收费、财政补贴、税收等方面，比如免收行政费、税收减免等；人力资源和社会保障部通常会在用工、社保、开业、导师等方面对创业者进行支持，比如开业补贴、社保补贴等；教育部主要是在涉及创业时的学分、学籍等方面给予政策支持，如前所述的允许休学创业等；科技部的创业扶持政策针对的是科技创业，通常表现为对符合一定条件的科技创业项目进行资金补贴；共青团中央和全国妇联的扶持对象分别为青年创业者和女性创业者，其扶持方式包括资金支持、创业导师指导等。中央层面的其他机构有时也会有针对其特定领域的一些创业扶持政策，比如农业部针对农业方面的创业可能会出台一些扶持措施。

地方政府机构方面，省级、地市级、区县级、乡镇街道等级别的政府和其相关部门一般都会有针对本区域范围内创业者的创业扶持政策，比如主题案例中小张从当地政府获得的小额担保贷款。这些创业政策更接近创业者，操作性更强，也更为容易申请。因各地、各部门的创业政策不尽一致，而且创业扶持政策变化较快，创业者想要寻求地方层面的创业扶持政策时，可向各级政府及其工商、财政、税收、教育、人保等部门了解，青年创业者和女性创业者还可分别向当地的共青团和妇联等机构咨询相关创业扶持政策。

了解各级政府和各部门的创业政策是一项具有一定难度的工作，有时候申请起来也并不是很容易。但是，这对创业者仍然是非常有必要的一项工作，创业者甚至可将其列为创业过程中一项重要的工作。因为虽然有难度，但一旦获得相应的政策扶持，其所带来的利益也许比创业者做一单生意获得的利益更为丰厚，更何况在这个过程中还提高了自身对政策的把握和运用能力。

【延伸阅读】

上海市政府多措并举扶持创业

早在2009年，上海市政府就出台了《上海市人民政府关于进一步做好本市促进创业带动就业工作的若干意见》，大力扶持创业，该政策至今仍然有效。其扶持创业的政策举措包括以下方面。一、增加创业扶持基金的投入，用于小额贷款担保、贷款贴息等融资支持。二、完善大学生科技创业资金扶持，并将大学生科技创业基金扶持的对象范围扩大到毕业后两年以内的高校毕业生。三、加大小额贷款担保工作力度，担保金额最高为100万元，其中10万元以下的贷款项目可免予个人担保，并根据创业组织在贷款期间吸纳本市劳动力的情况，给予贷款贴息的扶持。四、鼓励金融机构加大对创业组织的信贷支持力度，对开展小额贷款担保工作突出的金融机构，可给予经费补助。五、健全创业资金扶持链，在创业筹备阶段，加大“种子资金”的支持力度；在创业起步阶段，完善小额担保贷款和贴息的政策扶持；在创业发展阶段，完善中小企业信用担保机制，加大技术创新基金支持小企业发展的工作力度。六、对吸纳符合一定条件的劳动者就业的，给予社会保险费补贴。七、对符合条件的创业组织给予创业经营场地房租补贴。八、在政府采购方面给予创业组织优惠政策。九、完善创业培训机制，对创业培训给予补贴。十、积极组建和扩大由企业家、职业经理人、职业咨询师、行业专家等组成的公益性创业指导志愿团队，给创业者提供免费指导……在这个文件中，上海市政府总共给出了20多条创业扶持意见，并且每项措施均明确了具体的责任部门。之后，上海市各相关部门针对这一意见，陆续出台了具体的、细化的扶持措施。

二、民间组织

民间创业扶持组织也是进行创业扶持的一股重要力量。这些民间组织热衷于推动社会创新创业，通过公益人士出资、社会捐赠等方式获取资金，以创业基金、创业培训、创业指导等方式对创业者进行扶持。主题案例中的小张参加的创业培训和获得的创业基金的支持，都来自民间组织。

创业培训、导师指导等侧重于提高创业者创业能力的扶持方式是民间组织进行创业扶持的主要方式之一。比如KAB、SYB等民间组织就是主要通过创业教育和创业培训的方式对创业者进行扶持。授人以鱼不如授人以渔，所以这些机构的创业扶持也是很有价值的。创业者在创业早期阶段可通过此类组织获取免费的创业培训，为成功创业打下一定的基础。

资金支持是民间组织扶持创业的另一个方式，有不少创业基金组织都专门设有支持创业活动的资金。例如上海市大学生创业基金、玉佛禅寺觉群大学生创业基金等，这些基金组织对创业者的资金支持，少则几万元，多则数十万元乃至上百万元。这些创业资金有些是直接赠予创业者作为启动资金，无须偿还的；有些则是以无抵押无息贷款的方式借给创业者使用；还有的是以股权投资的方式投资创业者的项目。无论以何种方式支持，民间组织的创业资金支持均体现出针对性更强、要求更高的特点。创业者想要申请此类资金支持，需要提交完整的创业计划书、申请表、个人信息等资料，创业基金会进行严格的审查和评估，一旦通过，后期通常还会有较为全面的跟踪、指导。有些创业基金还会通过举办创业大赛的方式甄选资助的对象。因此，要想获得民间组织的创业资金扶持，一般情况下要求创业者的创业项目已经实际运作。虽然民间组织的创业扶持资金申请难度相对较大，但是，创业者若能成功申请到，说明创业者的创业项目已通过严格的审查，具备良好的可行性，这对创业者是一个很大的鼓励。同时，创业者有机会免费得到相关行业专家的指导，这对缺乏经验的创业者来说是非常有价值的。因此，创业者若对自身的创业项目有信心，应积极主动地向相关的民间创业扶持组织申请资金支持。

除了创业能力扶持和资金扶持，近些年来，全国很多地方都成立了不同级别的创业者联盟、创业中心、创业者之家等组织，这些组织旨在为创业者和投资人等提供创业信息交流、创业项目分享讨论、创业伙伴合作洽谈等机会，这对创业者在人脉建立、资源对接等方面也有着不小的意义。

【延伸阅读】

觉群大学生创业基金

“觉群大学生创业基金”是上海市慈善基金会专门针对创业者进行扶持的一个基金，资金来源于上海玉佛寺捐赠的1000万元人民币。觉群大学生创业基金主要扶持有志于在上海开展非科技类创业的上海普通高校全日制毕业生。该基金自成立至今，共扶持了100多个项目，其中如今广为人知并取得迅猛发展的“饿了么”在创业最困难的时候正是得益于觉群大学生创业基金的支持而渡过难关。

觉群大学生创业基金主要以银行委贷形式向审核通过的创业实体或毕业生提供贴息贷款，资助周期最长为两年，贴息比例为50%至100%。除了提供贴息贷款外，该基金还聘请创业导师为创业者提供指导，定期开展创业培训等。

三、学校

对很多在校大学生来说，学校的创业扶持离得更近，也更为容易获得。主题案例中小张获得的第一个创业扶持就是来自他所在的学校。目前，很多高校都有针对本校在校学生的创业扶持举措，只是力度、方式不同而已。学校的扶持主要有创业指导、场地支持、创业培训、学分替换、休学创业等方式。

很多大学生的创业都与专业有关系，同时大部分高校都开设有管理、营销、财务、人力资源、法律等专业或者课程，因此大学生创业时，身边的很多老师就是创业者所需的业务或管理等方面的专家，大学生创业者应充分利用这得天独厚的优势。目前，很多学校成立了创业导师团，有的学校还聘请了校外的企业家、行业专家等加入本校的创业导师团，他们是一个强大的创业智囊，创业者应充分利用。再进一步说，创业导师团的成员很可能还有着广泛的社会人脉、市场信息等资源，而很多创业导师很乐意尽力帮助其指导的创业者。因此创业者通过学校创业导师获得的扶持不仅仅是创业指导。

场地支持是学校扶持学生创业的又一主要方式，具体包括办公场地的支持和营业场地的支持。办公场地的支持，是指学校以校园创业苗圃、校园孵化基地、校园创业空间等方式为学生创业者提供的免费办公场所。学生通过向学校负责管理该创业办公场所的部门提出入驻申请，按照要求提交审核材料，若获得批准，则可以入驻并免费使用各项基本的办公设备设施。营业场地支持，是指学校允许符合一定条件的学生在校园内指定的场所进行一定的创业项目的营业活动。无论是何种场所的支持，这对大学生创业者来说都是非常宝贵的创业机会，让创业者可以以更低的成本、更小的代价开启自己的创业行程，也让更多的创业者敢于去实现自己的创业梦想。在校大学生可通过辅导员、学校就业部门、团委、教务部门、学生管理部门等，详细了解本校是否有创业场地扶持政策及具体要求等。

学分替换、休学创业等是很多在校大学生创业者梦寐以求的创业扶持政策。随着新的《普通高等学校学生管理规定》的出台，各高校将陆陆续续出台具体的实施细则。事实上，不少学校早已开始在政策允许的范围内进行了一些尝试。所谓学分替换，是指学校允许符合学校规定条件的创业学生将创业活动折算为一定的学分，用以替换选修课、公共课等课程的学分。所谓休学创业，是指通过学校审批的创业学生，休学一定年限进行创业活动，并在休学期满后复学继续完成学业。学分替换和休学创业，使在校大学生可以在具备创业条件时及时展开创业活动，学业、学籍等不因创业而受到根本性的影响，也即创业和读大学“鱼和熊掌兼得”。这个政策对在校大学生无疑是一大利好政策，但大学生也不可草率、轻易地做出休学创业的决定，当然，学校也会有严格的把关程序。

【典型案例】

上海科学技术职业学院的创业扶持举措

上海科学技术职业学院于2006年便开展了创业教育，随着创业教育的深入推进，有创业意愿的学生越来越多，而且不少学生有强烈的将创业想法进行实践的愿望。为此，上海科学技术职业学院兴建了创业苗圃，提供给符合条件的创业团队办公使用；将临街的数十间铺面打造成创业一条街，提供给创业团队经营使用；组建了由校外企业家、专家及校内教师组成的创业导师团，为创业学生提供创业指导。

第二节　创业扶持政策

创业扶持的方式多种多样，创业者一方面需要全面了解创业扶持的方式有哪些，另一方面还需要理清每种扶持方式的机构、适用对象及其他特点等，然后再结合自身的具体情况和需求，努力使自己达到想要获得的扶持政策的条件，有的放矢，以便获得扶持政策的支持。

一、资金扶持

政府机构的资金支持方式有创业补贴、开业贷款、社保补贴、吸纳就业补贴等。这些资金通常需要向人力资源和社会保障部门申请，科技人员创业的，符合一定条件的，有的地方科技主管部门还给予一定的科技创业奖励或补贴。

民间组织在资金扶持的数额方面，一般会比政府机构的数额高一些。因为民间组织的资金扶持通常是以贷款或股权入股的方式扶持，而且其扶持的对象范围要远远小于政府机构扶持的对象范围。需要特别说明的是，民间组织资金的扶持虽然是以贷款或股权入股的方式扶持，但其和银行贷款、风险投资等商业融资渠道有着明显的区别，民间组织的贷款一般是无息，在创业失败、符合规定条件的情况下甚至还能减免本金。民间组织以股权方式入股的资金，其根本目的并非追求投资回报，而是以扶持创业者为主要动机。

【延伸阅读】

雏鹰计划与雄鹰计划

雏鹰计划与雄鹰计划是上海市大学生科技创业基金扶持大学生创业的两个创业资助计划。

“雏鹰计划”是一种债权资助模式，具体为：创业基金会委托金融机构向创业者发放免息免抵押小额信用贷款的资助模式，适用金额需求较小、现金流有一定保障的各类创业项目。资助金额最高不超过30万元，资助期3年，创业者按36个月等额本金还款。“雄鹰计划”是一种股权资助模式，具体为：基金会委托孵化机构投资入股创业企业，且不享受股东收益的资助模式。适用技术含量高或商业模式创新、成长性较高的创业项目。资助金额最高不超过 50 万元，资助期 3 年，孵化机构代持股权不参与分红，资助期满原价退出。

上海市大学生科技创业基金在上海市设有多个分会，方便创业者进行咨询和申请。创业者若想申请基金扶持，首先应登录上海市大学生科技创业基金会的官方网站，填写申请表，并选择受理的分会。之后，申请人需要到选择的分会处进行初步面谈，由分会对创业项目进行评审。初审通过后，由基金会聘请评审专家对创业项目进行复审。通过复审的创业项目将进入上海市大学生科技创业基金会官网进行公示。对于申请雏鹰计划的项目，公示期满后，进行立项并委托银行放款，申请人办理好相关手续后，银行放款，然后申请人按月等额本金还款，在规定期限内还清后，基金便退出。对于雄鹰计划来说，公示期后进行立项，办理相关手续并划款，资助期内或提前六个月，申请人可通过原价受让基金会股权的方式取得基金会持有的全部股权，或者通过清算的方式退出。

二、税费减免

各级政府及财政、税收等部门为了扶持创业者，提高创业成功率，会出台一些针对初创企业、小微企业的税收减免、优惠政策，以及免收部分行政事业性收费的政策。税费减免主要有两种方式：一种是在创业初期的一定年限内，免收或少收企业所得税；另一种是企业依法缴纳税收后，财政部门按照创业扶持的规定对已缴纳的税收进行全部或部分补贴，这种方式的税收扶持，其补贴的税种除了企业所得税，还可能包括其他税种。

创业者想要获得税费减免的扶持，要及时向财政、税收等部门了解情况，按照规定提出申请和提交相关材料。

【实用链接】

国家税务总局关于大学生创业税费减免政策

1. 进行就业创业登记

毕业年度高校毕业生在校期间创业的，可注册登录教育部大学生创业服务网（网址：http://cy.ncss.org.cn），提交“高校毕业生自主创业证”申请表，由所在高校进行网上信息审核确认，学校所在地省级教育行政部门依据学生学籍学历电子注册数据库，对高校毕业生身份、学籍学历、是否是应届高校毕业生等信息进行核实后，向高校毕业生发放“高校毕业生自主创业证”，并在数据库中将其标注为“已领取高校毕业生自主创业证”。高校毕业生持“高校毕业生自主创业证”向创业地人力资源社会保障部门提出申请，由创业地人力资源和社会保障部门相应核发“就业创业证”。

毕业年度高校毕业生离校后创业的，可凭毕业证，直接向创业地县以上人力资源和社会保障部门提出申请。县以上人力资源和社会保障部门在对人员范围、就业创业状态、已享受政策情况核实后，对符合条件人员相应核发“就业创业证”，并注明“自主创业税收政策”。

2. 税款减免顺序及额度

符合条件的大学生创业者，在年度减免税限额内，依次扣减营业税、城市维护建设税、教育费附加、地方教育附加和个人所得税。纳税人的实际经营期不足一年的，应当以实际月份换算其减免税限额。换算公式为：减免税限额＝年度减免税限额 ÷12× 实际经营月数。

纳税人实际应缴纳的营业税、城市维护建设税、教育费附加、地方教育附加和个人所得税小于减免税限额的，以实际应缴纳的营业税、城市维护建设税、教育费附加、地方教育附加和个人所得税税额为限；实际应缴纳的营业税、城市维护建设税、教育费附加、地方教育附加和个人所得税大于减免税限额的，以减免税限额为限。

另外，对应纳税所得额低于 20 万元的小型微利企业，其所得额减按 50% 计入应纳税所得额，按 20% 的税率缴纳企业所得税。

三、创业培训

政府机构创业培训的扶持方式一般表现为对创业者参加其指定培训机构举办的创业培训进行创业培训费的补贴，即创业者参加培训，政府买单。进行该项创业扶持的部门多数是人力资源和社会保障部门。有些地方还规定，创业者只有取得规定的创业培训合格证书后，方能享受本部门其他的一些创业扶持政策。创业者应认真了解各项创业政策之间是否存在关联关系。

民间组织开展的创业培训也以免费或低收费居多，培训合格后取得该民间组织颁发的或者其加入的某个机构的证书。和资金扶持一样，民间组织对申请参加其培训的创业者的要求更高一些，其培训的主题也更为明确，有时还与资金扶持、导师扶持等挂钩。

创业者参加创业培训，能更为全面和深入地了解创业相关的知识和技能，也能结识创业导师、创业者等，从而使其创业项目有机会得到更多专业人士的讨论、分析和指点。

【典型案例】

培训给了刘建刚创业的勇气

毕业于上海同济大学电子信息工程专业的刘建刚，刚毕业时到一家公司就业，但是一年后他便辞职了，因为他不满足于朝九晚五的平淡生活，感觉这样的日子缺少激情。在一次朋友的聚会上他听到了一个新名词——创业培训，这个消息让他怦然心动，第二天便报名参加了免费的创业培训班。

通过创业培训课程的启发和学习，刘建刚萌生了创办公司的念头。经过半年的考察，2004 年 4 月他正式创办了“上海天镜家政服务有限公司”，专门做涉外家政服务。

这个二十出头的年轻人，在创业导师朱建新的辅导下，走过了最初艰苦摸索的阶段，几经坎坷，他很好地规避了创业风险，把握住了创业机遇，目前已经步入了稳定的发展阶段。

（资料来源：杨华东，朱建新. 中国青年创业案例精选 2[M]. 北京：清华大学出版社）

四、贷款支持

创业扶持的贷款支持主要体现在免担保和利息减免两个方面。银行贷款是解决资金短缺的主要方式之一，但是银行贷款通常需要抵押，而处于创业初期的创业者一般是不具备抵押能力的。为了解决这一问题，政府机构和部分民间组织都会出台相应的贷款扶持政策，由政府机构或民间创业扶持组织为创业企业的贷款提供担保。另外，国家财政部、银行监督管理部门有时也会联合出台针对创业企业的免担保贷款政策。利息减免，是指由相关政府机构或民间创业扶持机构对创业贷款利息进行贴补，有时候银行也会让渡一定的利息，最终达到为创业者减免利息的目的。

【实用链接】

上海市就业促进中心小额贷款利息补贴政策

一、申请小额贷款利息补贴的应同时满足以下条件：

1. 申请人为在本市注册经营的小微型企业、个体工商户、农民合作社、民办非企业单位四类创业组织的法人或法定代表人（负责人）；

2. 在本市获得商业银行或小额贷款公司发放的小额贷款；

3. 单笔贷款金额不超过 200 万元；

4. 创业组织吸纳本市户籍人员就业并依法缴纳社会保险费；

5. 小额贷款用于创业组织生产经营活动；

6. 按期还清贷款本息。

二、利息补贴的金额根据创业组织贷款期间吸纳本市失业、协保人员和农村富余劳动力就业的情况确定，每人每年贴息最高不超过2000元，用工及依法缴纳社会保险每满1个月的贴息1个月。利息补贴的总额以贷款同期中国人民银行公布的贷款基准利率计算的贷款利息为限。

三、小额贷款利息补贴期限最长为一年。若贷款期限超过一年的，以距贷款期末的最后12个月作为利息补贴核算期。

五、场地使用

创业的办公场地和办公设备成本对创业者来说是一笔巨大的开支，有很多创业者甚至无力承担这笔费用。正是因为如此，相关政府机构会兴建或租赁办公场地，并配备办公设备，供符合条件的创业者在一定期限内免费使用，例如位于上海市杨浦区的中国创业者公共实训基地就是其中之一。近两年来，全国各地兴起的众创空间也属于以场地支持为主的创业扶持方式。当然，在场地扶持的同时，扶持机构一般还会提供企业开办、财务、营销、融资等方面的支持。

创业办公场地的另一扶持方式是房租补贴。政府机构提供的创业办公场地并不能满足所有类型创业者的需求，而通过房租补贴的方式则可以很好地解决这一问题。当然，房租补贴的数额有上限或具体比例的规定，大多数情况下都需要创业者提供合法有效的房屋场地租赁合同、房租费用发票或收据等。创业者想要获得房租补贴，需要严格按照扶持机构的要求去做。

【实用链接】

上海市就业促进中心小额贷款房租补贴政策

一、申请创业场地房租补贴政策的创业组织应同时满足以下条件：

1. 在本市注册登记36个月以内的小微型企业（不包括劳务派遣企业）、个体工商户、农民合作社和民办非企业单位四类创业组织；

2. 创业组织法定代表人或负责人为本市户籍劳动者或持有“上海市居住证”或“上海市海外人才居住证”的非本市户籍劳动者；

3. 创业组织吸纳本市户籍人员就业并依法缴纳社会保险费；

4. 创业组织租赁合法、独立的经营场所开展经营活动满6个月；

5. 创业组织签订租赁协议并支付房租，且无转租行为（创业孵化基地运营机构除外）。

二、创业场地房租补贴以创业组织注册地或注册所在区县内一处经营地的实际发生租金为限。补贴金额根据创业组织吸纳本市失业人员、协保人员和农村富余劳动力就业的人数确定，年度人均房租补贴金额最高不超过3000元，用工及依法缴纳社会保险费每满1个月的补贴1个月。

三、自《上海市人力资源和社会保障局、上海市财政局、上海市教育委员会关于进一步落实鼓励创业带动就业行动计划有关问题的通知》实施之日起符合申请条件的创业组织，向注册所在地的区县就业促进中心创业指导服务部门提出房租补贴申请。房租补贴的申请、审核、支付流程按照《上海市人力资源和社会保障局、上海市财政局关于完善创业场地房租补贴政策的实施意见的通知》（沪人社就发〔2010〕66号）有关规定执行。

六、创业导师

导师是创业者创业的顾问或“师父”，对初入商海的创业者来说，有一位高人担任自己的“创业师父”是非常重要的。创业导师有着敏锐的商业眼光，有着丰富的创业和企业经营管理经验，有着过人的领导、组织、管理、协调或某个具体领域的能力，创业者需要学习的很多东西都能从导师身上学到。如果得到优秀创业导师的指点，创业者可以少走很多弯路，甚至能避免失败。所以，创业导师是创业扶持中最为有效的方式之一。正因为如此，无论是政府机构、民间组织还是学校，都在努力为创业者寻找合适的导师。对于创业者来说，获得扶持机构安排的创业导师后，要积极主动与导师联系，虚心请教，真诚沟通，维护好与导师的关系。

七、众创空间

众创空间是近年来兴起的一种创业综合扶持方式，在全国各地受到推崇，其扶持效果也的确很好。前面提到几种创业扶持方式，都是单一的，而创业者需要的扶持是众多方面的，包括资金、场地、营销、管理、财务、创业能力、创业指导等，众创空间就是应创业者的这一需求而产生的。众创空间在向创业者提供办公场地和办公设备扶持的同时，还提供企业注册登记、创业培训、企业融资、经营管理、创业指导等全方位、立体化的创业扶持。虽然以前提供创业场地的机构也会提供这些方面的扶持，但其深度、广度都不及众创空间。

众创空间的开办者包括政府机构、事业单位、民间创业扶持组织、商业机构等，其中以商业机构开设的较多。不过，即使是商业机构开设的众创空间，其开设早期的很大一部分收入还是来自政府机构的补贴，因此众创空间总体上来说，也是一种创业扶持的方式。

创业者入驻众创空间的难度并不高，一般只需要有成熟的创业计划，并且创业者愿意进行创业尝试。不同的众创空间，侧重的行业和领域不同，创业者应根据自身的实际情况进行选择。

【典型案例】

行健学院创业孵化园成为国家级“众创空间”

2016年，在科技部公布的第二批国家级“众创空间”名单中，由上海行健职业学院与市北高新技术服务业园区、尊尼(上海)管理咨询有限公司携手运营的创兆·创新创业孵化园，正式被纳入国家级科技企业孵化器的管理服务体系。

创兆·创新创业孵化园在行健学院运营以来，依托学院自身在职业教育、职业培训等方面的雄厚资源及市北高新园区、环上大国际影视园区的科技创新、互联网、旅游、影视等大量企业资源，积极为学院大学生提供创业培训、创业实践平台，并建立由企业家、创业成功人士、高校教师等组成的创业导师团队，为乐于自主创业的大学生提供面对面开业指导、培训服务。至今，该孵化园开展大学生创业培训已超过3000人次，并促成近20个创业项目成功注册为经营型企业。创兆·创新创业孵化园也因此被命名为国家级科技企业孵化器——“聚能湾”的创业苗圃和市级新型孵化器。

创兆·创新创业孵化园升格为国家级“众创空间”后，将在市场运营机制、个性化专业服务、资金筹集途径、集成化应用和国际化链接等方面，享受科技部火炬中心提供的优质服务。

【主题小结】

创业者在创业的过程中，往往存在缺乏资金、经验、人脉、经营管理能力等情况。而一个好的创业计划成功落地并能持续发展下去，离不开资金、管理等关键要素的支持。因此，创业者即使有一个一流的创业计划，也仅仅是成功创业的第一步，之后的几步，创业者要么完全依靠自己，要么借助外力，这些外力就是来自各方面的创业扶持政策。若能取得外力的支持，不但可以使创业者少走弯路，而且能大大提高创业的成功率。从另一个角度看，信息获取和资源整合能力本身就是创业者的核心能力之一，企业经营过程中也需要经常关注政府政策及其趋势等。所以，创业者在创业过程中，能充分获取创业政策并进行有效的利用，不单单是能收获资源上的支持，也有助于提升创业能力。

提到创业扶持机构和扶持方式，创业者更多想到的是政府机构和税收优惠。实际上，政府机构只是创业扶持的主体之一，而扶持政策也远远不止税收优惠。从事创业扶持的机构，除了政府机构，还有民间组织和学校。创业扶持的方式，除了税收优惠，还有资金扶持、制度扶持、场地扶持、导师扶持等。

【实务演练】

创业扶持政策梳理

任意选取你所在地的政府机构、你就读的学校和民间创业扶持组织（你属于该组织的扶持对象范围内）中的两个，通过网站查询、电话咨询、现场咨询等方式，详细了解你选择的两个机构关于创业扶持的政策，梳理出每个政策的名称、扶持机构、政策基本介绍、申请条件、流程、需要提交的材料等。可通过如下样表的方式进行记录。

扶持机构名称	扶持政策名称	扶持政策简述	申请条件	申请流程	需要提交的材料	备注
			1. …… 2. ……	第一步： …… 第二步： ……	1. …… 2. ……	

模块四

创业案例与模式

◆ 导读 ◆

进入 21 世纪后，创业不再是少数精英的“创业神话”，而逐渐成为大众普遍接受的一种职业选择。对于在校大学生来说，经过系统的专业学习与训练，同学们已经具备了一定的专业基础与优势。当把这些专业基础与优势同创业结合起来，就能够带来不一样的职业生涯发展机遇与空间。那么，目前以及未来几年，哪些项目更适合大学生创业？在激烈的商业竞争中，可以优先选择什么样的经营模式？在实际的经营运作中，初创企业可能会遇到哪些风险？在第四模块，我们以高职院校设置重复率较高的电子商务、艺术设计、旅游管理和汽车服务与营销等专业以及近年来为大家所关注的社会公益活动为例，精选了在校学生结合各自专业开展的创业项目，现身说法，层层深入，为同学们构想创业项目、实施创业活动提供借鉴。

主题1　电子商务创业

【主题案例】

电商创业，破茧成蝶

电子商务专业出身的胡达贤在大学期间通过专业学习对网络营销有了系统的知识储备。为积累实战经验，他曾组建团队，创立了“书天使”二手书交易平台，并利用这个电子商务平台获得了一万多元的盈利，最终帮助了一名白血病校友。

大学毕业后，胡达贤在中山市找到了一份大部分人看来稳定而安逸的工作，但胡达贤骨子里的“不安分”最终按捺不住。根据以往积累的经验，胡达贤将目标锁定在网店方面。

2011年2月，胡达贤回家探亲时与小学同学梁学超商议开设网店；3月，胡达贤辞去了原本稳定的工作；4月，胡达贤顺利完成“图比蝶”服饰有限公司的注册；5月，“图比蝶”淘宝商城正式开张；6月，“图比蝶”顺利申请到淘宝网“淘金币”促销活动资格，创造一个星期内卖出1000件衣服的纪录；7月，“图比蝶”团队获得中山市2011年青年创业大赛冠军，获1万元奖金和30万元免息贷款资格。

从公司正式开张到“图比蝶”团队成为创业大赛冠军，“图比蝶”只用了短短两个月的时间。从表面上看，胡达贤和合伙人的创业过程几乎可以用“一帆风顺”来形容，但追溯起他们创业过程的每一步，我们可以发现这个团队背后扎实的基础、清晰的市场规划和果断的执行力。

在“人人都可以当老板”的淘宝平台，如何在数以千万计的店铺中突围并占据一席之地？对此胡达贤和队友的逻辑极为简单：保证质量、做好服务，自然可以占据市场。

在保证质量之后，胡达贤和队友始终强调“服务至上”的理念，并将之贯穿始终。“对于客户的任何问题，我们都给予绝对的重视。收到订单立刻发货，忙到凌晨两三点是常有的事。”正是在这样的理念之下，“图比蝶”这个年轻的店铺击败了许多对手，顺利获得淘宝网的“淘金币”，并由此取得了销售业绩的突破；也正是这种精神和态度，使他们在青年创业大赛中脱颖而出，最终夺得桂冠。

“图比蝶，就是‘to befly’的翻译，我们希望通过这个历程，能够和公司一起成长、壮大和蜕变，最终破蛹成蝶。”目前，胡达贤正在着手准备大学生营销体系，希望通过培养在校大学生的营销、策划能力获取后备人力资源，把精力放在储备人才方面；此外，利用 30 万元免息贷款，“图比蝶”正在大刀阔斧地进行店铺升级改造，对于未来的发展，“图比蝶”充满信心。

（资料来源：http://chuangye.yjbys.com/gushi/anli/576552.html）

【案例讨论】

1. 除了网络营销知识，你觉得电子商务创业还需要哪些知识技能储备？
2. 你觉得本案例中胡达贤创业成功的关键因素是什么？

高手指路

电子商务创业离不开信息技术与互联网平台。除了网络营销知识与技能外，如何运用各类视频图文编辑软件更好地呈现商品与服务，如何利用搜索引擎技术增加访问流量，如何开展网络数据分析锁定目标客户提供精准服务等，都是电子商务创业者需要学习的。当然要想创业成功，仅仅靠过硬的技术是不够的，创业者的创业素质是成功的关键。

第一节　电子商务创业

随着经济全球化和互联网技术的运用，电子商务行业得以全面而快速的发展，并逐步形成了一个以互联网为支撑的集商流、物流、资金流和信息流于一体的网络生态圈。电子商务行业在各个领域的应用不断拓展深化，国家也在逐步完善相关电子商务法规和标准，我国电子商务行业已经进入规模化发展阶段，对经济、社会、生活产生越来越大的影响。从经济发展趋势来看，电子商务行业具有较强的可持续增长性，而且相对于传统商业模式，电子商务具有运营成本低、风险小、方式灵活等特点，因此，电子商务方面的创业成为大学生创业的最佳选择之一。

中国电子商务研究中心数据统计

一、大学生开展电子商务创业的优势

不同于其他创业群体，大学生利用电子商务创业具有明显的自身优势，比如他们具备较高的文化水平及计算机网络应用能力、思维普遍活跃、领悟力强、易接受新鲜事物、自信心较足、创业失败后社会压力小，最重要的是具有敢于实践的创新精神。

利用电子商务进行创业，具有投资小、无须店铺、无时间限制、管理相对简易，效率高、回报快的特点，这些特点与大学生创业者资金缺乏，闲暇时间较多，渴望获得经济独立和成就感等现实情况相契合，因而受到欢迎。

二、电子商务创业的主要模式

1. 第三方交易平台网店模式

第三方平台电子商务创业是指在淘宝、天猫、1 号店、京东等第三方平台开设网店出售商品，买家可以在网上浏览搜索产品，并在线上下单付款，卖家通过快递、互联网等方式将产品发送给购买者的商业模式。如浙江省义乌工商学院有许多大学生就通过从事第三方交易平台开店创业，有 400 多家网上店铺的信誉度达到“钻级”。

【典型案例】

义乌工商学院的淘宝创业者

小苏是义乌工商学院大一年级的新生。进入学校创业班刚刚两个月，他正在努力通过学习向优秀的学长学姐们靠拢。没有基础，没有经验，他新开的淘宝网店也才起步，虽然到目前为止尚未有很多订单，但他对未来充满信心。

老乡学长段鹏是小苏的榜样，阿里集团在纽约上市时，曾在大屏幕上向全球展示对阿里集团意义深刻的15张照片，段鹏与其团队就出现在其中。作为学校“创业之星”的段鹏，目前已是汉诺医疗科技有限公司的执行董事，他与其团队拥有“汉诺”“HANNO”“皇家童话”等多个自主品牌和自由产品外观专利设计，以及数套工业生产使用模具和各类线上销售平台及线下品牌代理商。

同样来自安徽的黄成功正在整理刚刚打出的厚厚一叠快递单，凌晨到上午8点，他的网店已经成交200多单，预计全天能接到800—900张单子。

和其他人一样，现在大三的他，也曾以在网上较好销售的帽子、围巾、打底裤开始做起，渐渐地，利润低、竞争大让他也思考起自己小小网店的转型。如今，他已成功把销售重点转移到利润空间更大的产品上，销量好的时候一天能有数千元的利润。

作为这座城市里唯一的大学，义乌工商学院是一个盛产“老板”的地方。该校学生在淘宝上开店者超过2000人，每年“创业”收入超过2500万元。

（资料来源：http://zj.zjol.com.cn/news/203013.html）

2. 自建电子商务平台模式

自建电子商务平台创业模式是指学生通过自建网站为消费者提供服务或者销售商品。该模式需要较高的专业技术和较多的资金。如四川大学锦城学院的学生创业团队自建了成都首个校园购物网，为学生提供鲜花蛋糕、创意礼品等。

3. 提供技术服务模式

提供技术服务模式是指大学生利用自己所学的专业知识以及专业技能为企业提供网站建设服务、网络营销推广服务或为企业网站提供搜索引擎优化服务等。该创业模式具有一定的技术门槛，需要大学生具备一些专业服务技能。

4. 基于校园网的电子商务创业模式

基于校园网的电子商务创业模式建立在校园网的基础上，为校园内的广大师生提供学习、工作和生活上的便利。如一些校园订餐网站和校园二手物品交易网站，主要买卖自行车、手机、电脑以及各类课程的参考书籍、课本等。

表 4–1　电子商务创业模式比较

电子商务创业模式	优势	劣势
第三方交易平台网店	技能门槛较低，创业成本较低。	网络市场竞争激烈，平台滞后收款会带来资金压力。
自建电子商务平台	自主把握经营模式及策略，发展空间大。	成本和技术门槛高，风险大。
提供技术服务	竞争较小，技能专业化。	技术门槛较高，需要专业技术和能力。
基于校园网的电子商务	市场较集中，宣传推广容易、范围小。	多限于校园范围业务，发展空间小。

三、电子商务创业的建议

1. 重视细分市场

开展电子商务活动，对市场通常有三种细分方法：产品、人群和地域。产品细分所产生的垂直电子商务，往往会由于产品单一而导致流量和规模不足。过去几年，这类企业在大平台和大商城的联合打压下几乎全军覆没。但是基于人群和地域细分的电子商务可以做到多产品线和规模化，能够有效开展错位竞争，从而获得生机。按照人群对市场细分，例如从母婴产品类转变为妈妈人群市场，从化妆品类转变为丽人群体市场等，通常可以通过采纳社群的方式实现运营。而按照地域进行市场细分，比如说针对某一区域内的人群，开展结合线下和地域性特色产品与服务的电子商务，则需要对业务活动进行本地化，不断提升客户的服务体验。

2. 重视新生消费领域

目前快速发展的新生消费市场，包括文化 IP 产品、二手车为代表的汽车后市场、自驾游营地为代表的个体旅游市场……这类市场由于有着刚性需求，且与目前中国人生活方式的转变密切相关，因此具有庞大的需求支撑。加之目前并没有很成熟的电子商务模式，所以存在很大的创新空间。

3. 重视本地化的线下商贸

“线下商业都将被互联网所打败”，这是一句有意误导大家的话。对于电子商务来说，未来的关键竞争点并不在线上，恰恰是被认为不重要的线下。试想一下，当大家都开展电子商务的时候，谁会胜出？答案是肯定的，只有那些具有优质线下实体展示和服务资源，最贴近客户、最能实时响应的企业才能获得用户的青睐。加上互联网的线下商贸，将会进化为一种“毛细血管”式的零售网络，通过社区店＋社群

维护 + 精准营销，能够在食品、特色服务、医药等过去电子商务覆盖不足的领域取得进一步的突破。

互联网创业失败的6个案例

网络发展日新月异，新的技术不断涌现，适合大学生电子商务创业的模式也会不断创新，大学生网上创业的选择性也会越来越大。当然，事物总有两面性，网上创业有其优势，也有其劣势，网上创业成功案例众多，但失败案例也不少。对于缺少资金、没有自有产品、没有实体店、缺乏管理经验的大学生来说，总结别人电子商务创业的成功经验及失败教训、认清形势、提高自信、坚持不懈努力是创业成功的重要因素。

第二节　电子商务创业案例详解
——“校老板”创业团队项目

【项目简介】

2014 年 9 月，还是大一新生的吕耀东等 3 人在学校创业导师的启发下，萌生了电子商务创业的念头。经过对高校学生学习生活需求的调研，他们推出了“校老板”校园生活用品交易平台项目。该平台瞄准校园宿舍生活用品这一细分市场，对接国内知名纺织品和日用品企业，依托移动互联网，利用微信、App 等应用程序，面向在校大学生销售宿舍床上用品、塑料制品以及电子产品。由于产品定位准确，迎合了在校大学生的个性化需求，因此深受欢迎。

2015 年 6 月，该团队成功注册成立了上海高满商贸有限公司，主打校园生活 O2O+B2C 模式。经过两三年的发展，除了最初的校园生活用品售卖“校生活”业务，该公司利用其在高校的市场基础和影响力，开发了新的业务板块：一是帮助企业开展面向高校市场的产品推销业务，即“校推推”；二是对接高校学生课余兼职和毕业生就业需求，帮助企业开展校园人才招聘业务，即“校才才”。目前，该公司先后承接了 100 多家企业在全国 1350 所高校的市场宣传和推广活动，成功将 300 多名毕业生推荐到合适的企业就业，建立了一支 140 人的校园兼职团队开展校园生活用品售卖业务，覆盖上海地区 35 所高校。该项目在第三届上海市高职高专创业计划大赛中获得一等奖。

【项目亮点】

亮点一：定位准确，目标市场商机可期，产品迎合市场需求

计划书原文摘要："校老板"团队认为，大学生宿舍生活用品是中国家纺行业的重要细分领域。"校生活"系列产品通过质量靠谱、价格实惠、设计时尚等出发点打造切合当代大学生个性需求的宿舍生活用品品牌，在学生中容易推广。

目前，各类大学生数量在3800万左右，其一年的开销，包括教育费用、娱乐休闲、交友的费用，平均每人每年4000元，这就意味着每年有1500多亿元的高校市场。"校老板"在移动互联网垂直领域以用户体验为核心的思路是正确的。目前，市场上各家校园O2O企业如果想解决物流成本，提高客户体验，就必须要与学生合作，调动起学生的积极性。我们在上海大学的试点成绩，充分证明了小商圈模式的可行性，O2O+B2C的模式是可行的。

点评：我国在校大学生数量位居世界第一，大学生群体日渐成为一个不容忽视的新市场。它具有规模大、集中性强、新机会多的市场特点。吕耀东团队选择在校大学生作为目标市场为自己的创业机会带来了较大的发展空间，也为未来开发多元化产品线埋下了种子。该团队首先以自己所在的学校和周边大学作为试点，进行小商圈模式的宿舍生活用品售卖，赢得了良好的开局。

亮点二：方便快捷，交易与配送方式符合大学生购买习惯

计划书原文摘要："校老板"线上平台业务采取发展"i老板"的方式进行扩张：大学生只要在平台下单超过30元并申请成为校园"i老板"，即可在寝室为同学提供饮料、泡面、零食服务等，在"i老板"的服务半径以内，给用户提供上门或自取的服务，销售所得利润，全部归"i老板"所有，"校老板"负责供货。

目前，"校老板"有支持官方网站和微信公众号两种下单方式。无论用何种方式下单，需要注意的是，送货地址必须一开始就确定，线上提供的货物将与客户所在的区域相一致。因为不一样的校区，平台上的供货种类将不一样，货物种类将根据当地的客观因素决定。"校老板"的配送员可以准确地将货物送至"i老板"宿舍楼下。

为方便购买，网站及公众号上会根据客户选择的校区提供"i老板商圈分布图"，学生消费者可以到达离自己最近的"i老板"那里买到急需的快消品。

点评：当代大学生可以说是伴随着互联网发展而成长起来的一代。校老板团队选择了符合青年学生购买习惯的电子商务平台交易。在配送方式上采用了公司配送至代理，即“i 老板”的宿舍，再由“i 老板”送货上门或最终消费者就近取货相结合的方式，极大地方便了学生，这一点对快消品销售是非常重要的。

亮点三：注重激励，小商圈模式促进业务快速扩张

计划书原文摘要：“校老板”是以班级或者专业为单位，招募一名“i 老板”为其周围的人群提供服务及商品，这样就在消费者之中构建起一个个的“校老板”校园商业圈。同学们申请“i 老板”成功后，将会得到一个“i 老板”后台账号，登录后台可以实现一键算利润、一键算库存、一键算业绩、一键出财务报表等功能。此平台可以帮助“i 老板”更清晰地规划自己的小店。校老板每月定期召开各校的“i 老板”业绩大会，会上将奖励月销售前三名的“i 老板”。

对于很多同学想从“校老板”平台进货，申请做“i 老板”赚钱，却缺乏资金的问题，“校老板”在几经努力下，取得与“趣分期”的合作关系，“i 老板”们可以通过“校老板”向“趣分期”申请 1000 元以下的三个月无息贷款，解决 i 老板们的资金周转难题。

点评：招募校园代理“i 老板”，一方面解决了电商交易配送环节“最后一公里”的难题，改善了最终消费者的购买体验；另一方面拓宽了销售渠道，以较低的成本吸纳了更多的兼职销售员，这无疑是个聪明的做法。通过低门槛的成员吸纳、无息贷款的资金保障和系统的奖励机制，有利于快速凝聚一批对创业有兴趣的同学，打造一支最贴近消费者的促销团队。

亮点四：未雨绸缪，打有准备的销售战

计划书原文摘要：2015 年 6—7 月“校老板”将致力于松江七校区的新生宿舍生活用品售卖准备工作。在此期间，将明确所有的新生宿舍用品货源、运货渠道、售价等相关细节。同时开展竞赛活动，吸纳更多“i 老板”加入 9 月新生用品售卖。举行校园生活用品售卖竞赛的意义在于：一是扩大松江校区市场宣传力度，提升品牌知名度；二是通过售卖大赛促销，获取更多资金为 9 月新生集中报到提前备货；三是通过本次活动的宣传，争取货源厂家在价格、付款方式等方面的更多优惠政策。

点评：每年新生入学季是各校园商家的销售黄金期。“校老板”团队选择了上海地区大学密集的松江区作为市场开发的重点，未雨绸缪，通过销售竞赛这一对在校学生具有较大吸引力的方式，提前做好了人员、资金等多方面准备，为抢占市场赢得了先机。

亮点五：充分利用既有优势，开发多元业务

计划书原文摘要：“校老板”致力于成为校园各细分领域的深耕者。旗下现有“校推推”（高校营销传媒）、“校才才”（校企人才对接）和“校生活”（校园生活用品售卖）三个产品线。“校推推”是校老板旗下重点产品之一，目前已成功策划并执行的线上线下活动达1400余场，渠道覆盖全国30余个一、二、三线城市，擅长校园公关、框架媒体、校园地推、校园路演、校园宣讲、影视传媒游戏作品的校园宣发、校园活动的策划执行等。“校才才”专注于以移动互联网的方式实现校企人才对接，帮助社会优秀企业快速高质地接触潜在学生人群，达到校方、企业、学生之间共赢的局面。未来校老板将推出更多细分领域的子品牌，打通校园任督二脉，布局以全国大学生为主要核心群体而展开的互联网多元化体系。

点评：正如前文所提到的，面向校园网络开展的电子商务活动具有市场较集中、宣传推广容易、范围小的优势，但也面临着业务受限于校园范围、发展空间小的问题。该项目团队充分发挥了前期校园生活用品售卖所积累的资源优势，把目标客户拓展到与校园商品市场和人力市场相关的企业，形成了以校园为中心的涵盖商品销售、技术服务和人力资源服务多方位立体的电子商务服务平台。这种方式拓宽了企业的发展道路，也为企业积聚了更多的潜力，为未来的转型升级打下了基础。

【项目点评】

在商业竞争日趋激烈的今天，企业希望找到一个竞争相对缓和的市场；在消费需求不足的今天，企业希望开发一个消费需求相对旺盛的顾客群体；在市场开发费用极高的今天，企业梦想能够降低市场开拓成本。而在校大学生市场正符合以上几点。根据联合国教科文组织发表的有关世界高等教育情况的报告，中国高等教育规模于2001年已经跃居世界第一。随着在校生数量的不断增加，高校单体规模越来越大，诸多高校原有校园开始不能容纳急剧增加的学生数量。于是，全国范围开始出现大学城，即原来在同一城市不同区域的若干大学被集中在一个区域，形成一个大学集中区。然而，这些大学城基本上都建在城乡交界地带，其原有的学习、生活设施几乎为零，师生生活十分不便。同时，当代大学生很多是“宅一族”，不愿出门去超市购物，“校老板”团队正是针对这一现象提出了以校园生活用品售卖为基本业务的电子商务创业项目。该项目市场定位准确，采用了发展“i 老板”的业务分销模式，是互联网思维下社群创业的典型应用。这种模式有利于快速扩张，同时能够在已有基础上不断发掘新的市场机会，充分体现了互联网时代创业活动的市场精准性、便捷性和衍生性的特点。

主题 2　艺术设计创业

【主题案例】

设计创造价值，创业点亮未来

进入大学之后，孙亚楠和她的同学们开始按部就班地学习专业知识。渐渐地，通过创新创业教育课程的学习，以及大学丰富多彩的校园文化，她对自己的未来有了更加清楚的认识。随着对设计认识的加深，她和同学们组建了“创鑫设计”团队，承担一些小型的设计工作。在一次偶然的机会中，他们参加了由网络威客平台举办的设计招标，投标方案在经过一改再改之后，最后居然竞标成功了。这对他们的触动很大，大家在私底下与同学交流过后，都感觉这不失为设计师的一条出路，于是就开始参与到威客的行列中。这群在威客平台上竞标的同学，经常在一起交流经验，讨论设计方案的可行性，分享中标后的喜悦。“创鑫设计”团队的成员在这些思维碰撞中不断擦出火花，团队也在磨合中成长。

2013 年 6 月，孙亚楠和威客伙伴们创立了创鑫设计服务有限公司。开始时，主要业务还是威客平台上的投标，主要包括产品设计、LOGO 设计等。“创鑫设计”团队成员参加了全国大学生工业设计大赛，分别获得了二等奖和三等奖，这使大家备受鼓舞，对设计这个行业有了更多的信心。在这期间他们积累了一些客户人脉，然后又瞄准了新的方向。

公司开始将主要业务从线上做到线下，在公司和学校周边地区开展设计业务，并且在自己的家乡台前县有了自己公司的门面，大量承担产品设计、产品包装、平面设计、室内设计和彩绘等业务。从线上到线下的转变，为公司的进一步发展打下了良好的基础。

当问起她创业的感受时，她说："设计创造价值，创新改变人生，创业点亮未来。走进艺术设计专业，我才真正体会到艺术设计的前景和价值；浓厚的校园文化氛围让我真正领悟到创新的真谛。未来，唯有走上创业之路，才能实现自己的价值。"对于创业者的素质，孙亚楠总结为："思路清、韧劲足、沉住气。"在做任何事情的时候，都要有清晰的思路，要有预见性和前瞻性，这样成功的把握才会更大。在遇到困难和不断被拒绝的时候，要有执着的精神和顽强的意志，不放过任何一个机会，积极和客户做好交流，实现共赢。

（资料来源：http://blog.sina.com.cn/s/blog_c27c9df 40102v7ib.html）

【案例讨论】

1. 艺术设计专业学生开展哪些形式的创业活动?
2. 你是如何理解案例中"设计创造价值，创新改变人生，创业点亮未来"的?
3. 如何评价孙亚楠对创业者素质的总结?

高手指路

近些年来，很多国家都将创意经济的发展提升到战略层面，创意经济受到高度重视。艺术设计逐渐成为一种推动创意经济成功走入人们生活的途径。高职艺术类专业学生可以依托淘宝平台、威客平台等进行"微创业"活动，同时也可以借助自己的特长进行艺术方向的创业活动，比如淘宝的店铺装修设计服务、淘宝宝贝产品拍摄服务等。高校艺术生选择自主创业来实现自身的价值已经成为一种趋势。转变就业观念、深化专业技能、培养创业意识，增强通用能力、积累实践经验，是构成艺术类大学生创新创业能力的核心要素。

第一节 艺术设计创业

早在2006年,《国家“十一五”时期文化发展规划纲要》中就明确提出了发展文化创意产业的主要任务，全国各大城市也都推出相关政策支持和推动文化创意产业的发展。文化创意产业主要包括广播影视、动漫、音像、传媒、视觉艺术、表演艺术、工艺与设计、雕塑、环境艺术、广告装潢、服装设计、软件和计算机服务等方面的创意群体。新经济时代的创意产业对物质资源依赖度并不高，它更依赖文化的创新意识，对文化创造力和创造型人才有更迫切的需求。

近年来，随着我国文化创意产业的发展兴盛，涌现出了一批以艺术设计为核心业务的创意企业。互联网的广泛覆盖与电子商务平台的功能日趋完善也为艺术设计专业学生开展设计服务类的创业活动提供了便利。

一、艺术设计创业的优势

1. 艺术设计具有学科优势

艺术设计主要以创意为先导，以创新设计为主体，合理地创造并运用形态、结构、空间、色彩等视觉元素，创造性地使抽象的思维和创意变为现实。艺术设计的过程是创新创造的过程，因而艺术设计专业与创新、创业、创造有着天然的联系。艺术创作都是基于不同的创意，采用不同的技术手段和表现方法，力求使作品兼具精神价值和社会价值双重属性，从而满足现代人日新月异的需求。与此同时，科技的发展也为艺术设计专业学生创业提供了巨大的市场空间。

2. 艺术设计创业范围广泛

艺术设计的适用性在我们的生活中无处不在，如建筑、广告、包装、服饰等这些与人们生活息息相关的事物都需要设计，这也就决定了艺术设计专业毕业生的创业服务范围，大到景观建筑小到衣食住行。

3. 艺术专业学生拥有个性优势

成功的创业者往往具有这样一些特质：以创意为基础的创业精神；对生活充满好奇和创造的激情；敏锐的观察力、独立的思考能力和果敢的执行力。而在艺术设计这个开放的领域，倡导不同设计形式和创作风格的自由发展，提倡不同学派观点的充分讨论和观念的自由碰撞。只有这样，才能产生创新的思想火花。艺术设计专业学生往往有更多机会接受多元文化艺术的熏陶，更容易在学科交融领域产生创新的兴趣和欲望。艺术贵在突出个性，崇尚求新、求异、求变的创作观，是一种较为复杂的精神劳动。艺术设计专业学生往往思维活、兴趣广，加之艺术学科的特殊性练就了艺术生思维敏捷、敢为人先、富有创新精神的思维特征。这就促使他们能深刻领悟所学知识，并能创造性地将知识积累成功迁移到新知识的获取中，解决学习、创作中遇到的新情况、新问题。

二、艺术设计创业的主要模式

对艺术设计的大学生来说，创业的路径较之其他专业的学生广阔得多。其主要模式有：设计师工作室、网络创业、组建联盟、创业社团等。

通过网络创业是最便捷的、成本最低的。我国目前已有上百个大大小小的威客网。提供的悬赏任务或项目包括 LOGO 设计、Flash 制作广告语、方案策划、包装设计、平面设计、VI 设计、网页网站设计、软件开发、公司和品牌命名、宣传推广、软文撰写，等等。据不完全统计，业内影响最大的威客平台猪八戒网，威客注册量达 1500 万，平台上有 500 万家中小微企业。其中有 1000 万创意设计、建筑设计、工业设计、软件开发、网站建设、文案策划、动漫视频等文化创意服务人才。在校大学生（或刚毕业的）威客不在少数，且不乏成功者。

艺术设计专业学生凭借个体专业优势，比较容易进入创“智”行业，即更可能开创那些智力优势明显而对资金需求不大的微小型企业。特别需要说明的是，创建微小企业，初始投入资金较少，可减少市场风险，可尽快将在学校中建立的专业优势转化为商业机会、商业产品，且成本低廉，拥有较大发展空间。这一切，都可以构成艺术类大学生个性化的服务模式，支持其建立独特的竞争优势。

【典型案例】

黄鹏的艺术创业之路

黄鹏来自湖北省大悟县农村，为了帮家里人减轻经济负担和体验生活，2012 年高考后，还没等到通知书下来便和一个同学去了广州的一家瓷砖厂打工。在瓷砖厂里，黄鹏在冒着热泡的泵浆车间硬是坚持了 45 天，总算挣得了自己人生中的第一桶金 5000 多元钱。正是因为有了这段经历，他立下未来创业的决心。

由于自己是名艺术生，开始考虑在文化创意方面创业。为了提高自己的专业能力，他在大一下学期召集了几名同学，成立了“小黑马设计小组”。开始在校园内帮学校的一些职能机构和学生组织设计文化产品。“创意行业，拼的就是一个新。”黄鹏说，为了让公司里的职工们都能保持创新精神，黄鹏总是带着职工们一起参加各种创意比赛。2013 年，黄鹏携公司骨干成员参加 DI 创新思维大赛亚太区北京国际邀请赛，获得了亚太区艺术类一等奖。

他们开始为社会上的一些企业进行 VI 设计和广告设计，“小黑马设计小组”发展成武汉马邦文化创意有限公司。黄鹏从刚进校的贫困生变成了注册公司的总经理。他的团队还获得全国大学生电子商务“创新、创意及创业”挑战赛全国总决赛一等奖，“创青春”湖北省大学生创业大赛银奖等一系列奖项。团队 5 名成员参加湖北省首届“赢享未来”职场精英选拔赛，全部晋级 36 强，黄鹏则斩获亚军。此外，他还入围了 2016 年中国大学生年度人物。

2016 年 4 月，黄鹏从全国近一万人中脱颖而出，成为最终入围“京东首届创培营”的 7 名学员之一，也是湖北地区唯一一名入选者。在京东的半年时间里，他获得了诸多交流学习的机会。和京东 CEO 刘强东的亲密接触，让黄鹏对自己的创业之路有了更明晰的想法。

他仍然清晰地记得刘强东和他在餐桌上的第一次谈话：“你最想做的是什么？放下所有功利你最想做的是什么？”在筛选掉继续经营原公司和回农村做农业两条路后，他最终定下了做线上线下结合的艺术品交易平台的目标。“专业是艺术，也是我感兴趣的。但国内现有几个大的交易平台，艺术爱好者要是想在这些平台上交易，必须要有营业执照或不菲的保证金。”黄鹏希望建立一个老百姓买得起、艺术家作品有地儿展示并销售的平台。如今，花 60 万元投入的艺拍即合网站已上线，位于五洲艺术城 8000 平方米的实体展厅也吸引了不少游客驻足。

（资料来源：http://www.pig66.com/zhifu/zhifuanli/2017/0502/382219.html）

三、艺术设计创业的建议

创业可以成为艺术设计专业学生一种主动的选择，而不是就业不成之后无奈的选择。核心创业能力既包括专业技能也包括创业管理能力，这对艺术设计专业毕业生是否创业、创业能否成功、所创企业是否具有决定性竞争优势，具有极其重要的意义。

1. 专业技能是艺术类大学生创业技能的重心

优秀的专业表现能力是艺术设计专业毕业生创业的立足之本，也是该人群就业创业的核心优势所在。只有不断加强专业学习和实践能力的培养，艺术设计专业学生才能逐步建立起较高的艺术造诣，包括突出的艺术审美能力和特定的艺术专业表现能力，这些能力可以帮助艺术类大学生在日后就业、创业过程中尽快建立独特的核心竞争优势。

2. 创业精神和创业管理能力是艺术类大学生创业的双翼

与单纯就业相比，创业所面临的不确定性大大增加，因此除了发展个人艺术特长外，大学生在创业过程中还需要具备顽强的创业精神、积极的商业意识和一定的管理能力。对艺术类大学生进行创业培训，主要是培养其创业精神和创业管理的基本能力。创业精神的养成将使受训者终身受益，这是创业个体所具备的群体特征，对其日后就业也大有裨益。

3. 积累实践经验是提升艺术设计专业学生创新创业能力的必由之路

社会实践是实现知行合一的重要途径。缺乏社会实践经验，往往是艺术设计专业学生就业的一块短板，更是开展创业活动的硬伤。要提高大学生创业成功率，只有专业技能和创业热情是远远不够的，只是学习创业培训课程当然不能保证创业的成功。另外，有创业志向的艺术类大学生们更要充分利用在读时间，通过课程实践、校园文化活动、暑期实习等一切可能利用的机会主动打造自身社会实践平台，尽可能地累积社会知识、创业经验，才可能与实际创业走得更近。

第二节　艺术设计创业案例详解
——J&V 珠宝首饰创意定制项目

【项目简介】

J&V 品牌始于 2015 年 5 月，由上海工艺美术职业学院首饰设计与工艺专业学生张佳慧创立。J&V 为 JiaVieruodis 的简称，Jia 取于中文“佳”，有美好之寓意，Vieruodis 提取于古希腊神话碧落迪斯精灵之姓名，有灵动多变且象征着幸福与未来的意义。J&V 的核心业务是运营灵活生动，富有情感意义，又可多功能佩戴的实用性强并富有个性创意的首饰定制。该品牌的主旨为：“定制你的专属幸福。”创业团队利用在高职期间积累的专业优势，主打个性创意首饰设计与运营。他们通过中国传统首饰工艺创新、定制富有独特故事的个性化作品、与美国引领时尚企业 TADASHISHOJI 进行长期合作等方式，采用多种材质与各种工艺结合，推陈出新，做出了创意新颖的珠宝首饰作品，获得了市场认可。该项目创始人张佳慧同学在大一期间便确立了创业目标，经过学院创业训练营的培训、选拔，随即进入学院创新创业预孵化基地进行创业实践，在学院创业中心老师的悉心指导下，该项目团队通过工美·剑桥 CIE 国际创业大赛选拔，获得赴英国剑桥大学的创业进修机会，得到了英国教授与创业导师的指导。项目团队先后获得了“第四届上海高职高专大学生创业计划大赛”第一名，“第三届上海创业计划大赛”第一名，2016 年全国大学生创业大赛“彩虹人生——挑战杯”特等奖等荣誉，项目团队多次获得上海市政府各级领导接见，张佳慧本人于 2017 年 1 月获上海教育年度新闻人物提名奖。该团队与国内多家公司以及美国 TADASHI SHOJI 国际服装公司建立起了长期合作关系。目前，团队已成功注册上海熔灵珠宝首饰有限公司，公司运营状况良好。

【项目亮点】

亮点一：创意为先，产品个性化设计

计划书原文摘要：J&V 秉持“设计为第一生产力，倾心于纯手工制作”的理念。作品主线的风格为中国传统首饰工艺创新（非遗手工艺 + 非遗文化 = 更好的传承）。推出的所有作品均为工作室独立设计师设计与倾心制作，目前市面完全无同类产品。

中华文化源远流长，博大精深，是东亚文化圈的轴心，尤其在首饰中有着悠久的历史与卓越的文化，为历代皇室贵族所追捧珍藏，国内外喜爱者不胜其数。J&V 秉承“继承传统，推陈出新”理念，结合了始于商代，明清誉为“燕京八绝”之首的中国非物质文化遗产的花丝工艺，进行实时创新，推出自己的个性化产品。同时，设计师还将非遗工艺与我国传统艺术表现形式，如皮影、花灯、黎绣、年画、剪纸等相融合，进行创新设计。

趣味，灵动，富有专属定制独特故事的作品越来越受大众喜爱，J&V 团队为新生代群体，皆拥有独特的创意设计理念与想法，也拥有过硬的专业技术，确保了 J&V 产品皆为市面独一无二之作品。

时尚为国际中人人所追求，为一种趋势动态，所以时段性与信息性显得格外重要。团队负责人于 2015 年与国际引领时尚企业美国 TADASHISHOJI 进行了长期合作，J&V 可及时、充分地了解国际时尚动态，进行符合潮流的珠宝首饰设计创新。

首饰工艺包括有玉雕工艺、镶嵌工艺、錾刻工艺、烧蓝工艺、刺绣工艺、瓷刻工艺、竹刻工艺、木雕工艺、漆艺等中国传统工艺；首饰材质上也可将玉石、陶瓷、布艺、皮革等各种工艺结合，推陈出新，做创意新颖的珠宝首饰作品等，J&V 会积极去拓展更多的可能性进行创新发展。

点评：创新是艺术设计活动的生命。艺术设计本身所体现出的创新意识、创新能力等，更加受到社会、企业以及设计者本身的关注和重视。创新已成为艺术设计引领市场的灵魂。在创意经济被高度重视的今天，要设计出成功的艺术作品，不仅需要设计师有高超的技术，还需要设计师具有领先的思想观念，具有创新的思维和手段，能通过不同的表现形式对艺术产品进行全方位的设计改革，将不同领域的内容整合在一起。J&V 团队吸纳了中国传统花丝工艺，将其与国际时尚潮流结合，运用不同材质进行首饰设计与制作，使产品具有鲜明的个性特色。这种创新性与个性化是该团队产品得以打开首饰定制市场的基础。

亮点二：手工定制，满足消费者高层次需求

计划书原文：调研结果发现市面珠宝首饰百分之九十皆为机器制作，手工制作的产品寥寥无几，且只要融入中国传统工艺，价格皆不菲，一般消费者群体皆消费不起。我国是奢侈品消费最多的国家，尤其首饰定制越来越为大众所追求，市场前景很可观。我们工作室将在首饰创作方面做更多的创新与发展，让每一件首饰皆有自己专属独特的意义与情感，且有收藏价值，我们工作室且会结合国际流行趋势与动态，积极与国内外不同企业结合运作，积极开拓更广更大的市场，为不同的客户群体提供更加完善的定制服务。

点评：中国是世界上重要的珠宝首饰生产国和消费国。境内珠宝首饰行业主要起步于 20 世纪 80 年代初期，经历了 80 年代的孕育阶段、90 年代的快速发展阶段，现在进入了品牌建设阶段。随着生活水平的不断提高，珠宝首饰消费者对品质的要求也不断提高，消费者更加追求款式的个性化、多样化和装饰性。J&V 以“手工制作，客户专属”的理念满足了当前我国珠宝首饰消费者在社交、尊重与自我实现等方面的高层次心理需求。

亮点三：立体式运营，拓宽商业渠道

计划书原文：J&V 的商业模式

作品研发模式	材料创新	多种系列	多元风格
线上运营模式	国内外官网	国内微店	国外网店运营
	拓展网络平台	珠宝设计师集合地	珠宝老板交流平台
宣传模式	公众号成立	展览活动	沙龙活动
企业合作模式	校企合作	婚企合作	摄影合作
	文化机构合作	时尚企业合作	买手合作
市场拓宽	商业平台合作	市集合作	珠宝展合作等

点评：目前，大学生开展艺术设计类创业多集中于互联网平台。如前文所述，在各类威客平台上提供艺术设计服务的设计师越来越多，竞争也日趋白热化。同样，开设网店售卖创意产品也面临着激烈的市场竞争。该项目团队除了在官网直销、开设微店等电子商务交易模式外，还积极地开展与婚庆服务企业、时尚服饰企业的合作，扩大了商业渠道，极大地促进了产品销售。同时，他们在宣传方式上也注重多平台、多媒体的运用，对扩大品牌知名度，更好地将信息传递给最终消费者起到了推波助澜的作用。

亮点四：多方借力，创业融资思路清晰

计划书原文：珠宝首饰设计与鉴定为院校龙头专业，学院领导较为重视该专业的创新与发展。学院给予学生良好的作品展示平台与创业平台，定期开展国内外文化企业交流与落实的创业大赛，且有相应资金扶持，使学生创业获得更好的发展机会。我们团队先后获得了学院创业基金、大学生 EFG 创业基金会和玉佛禅寺觉群大学生创业基金的创业资金扶持。J&V 珠宝首饰创意工作室目前在初期创业发展阶段，本着以小投资可回报路线，充分利用现有平台运营合作。

点评：对于投资人来说，项目团队是否有明确的财务规划，能否获得足够的盈利回报是他们关注的焦点之一。遗憾的是，在众多的学生创业计划书中，很少有团队能够列出详细而准确的财务报表。在张佳慧同学的项目计划书中不仅有每一个财务细项，而且还作出了客观的分析与说明（因涉及商业机密，本书略去）。从本书节选的部分内容可以看到，团队对创业资金的筹措与使用有着清晰的规划，这也是他们能够不断获取各类资金扶持从而使工作室得以存活、发展壮大的重要原因。

亮点五：规避风险，知识产权意识强烈

计划书原文：竞争风险：信息可得性与技术容易被复制模仿。对策：（1）J&V 为纯手工制作，其产品的核心与竞争能力不易大批量复制；（2）公司成立后规避风险，规划好前期，提升品牌技术与竞争优势；（3）加强防伪措施，对非法盗用者及时用法律手段予以严惩。

点评：每年央视的春节联欢晚会还没有结束，知名演员表演时穿着的衣物饰品就已经在淘宝网上有同款销售。设计师的创意是非常容易被复制与模仿的，这给艺术设计类产品的品牌维护带来困难。J&V 团队强调纯手工制作，这等于赋予了每件产品独一无二的身份证明。同时，他们持续提升产品的技术含量，不断推陈出新，较好地降低了这类风险。此外，团队具有较强的知识产权保护意识，采用技术防伪与法律手段相结合的方式，减少了同行不正当竞争所带来的损害。

【项目点评】

伴随着我国经济社会快速发展，人们对物质文化生活的需求日益增强。在珠宝首饰行业，新一代的消费者将越来越看重首饰产品的时尚性、新颖性和独特性。在这种背景下，珠宝首饰企业已由过去的以生产为主导逐步转向了以设计为主导。

在互联网时代，随着网络购物环境不断优化，特别是支付信用体系的逐步建立与完善，为珠宝首饰等相对价格昂贵的消费品得以在网上出售创造了条件。随着珠宝首饰消费者的主力转为 80 后、90 后，设计简约、新颖、装饰性强的定价在 3000 元以下的珠宝首饰越来越受到欢迎，这是张佳慧团队能够取得成功的重要因素。

孔子说：“学之者不如好之者，好之者不如乐之者。”当一个创业者所学的专业与兴趣爱好、与职业领域结合起来，就成为一种特殊的创业优势。在本项目中，团队成员本身处于该类产品的消费大军中，他们将自身的消费体验与设计创意相结合，从而使产品更贴近用户、贴近市场，更容易取得成功。

一般来说，艺术设计领域里有四大要素，即：功能需求、审美创意、材料工艺和市场信息。其中，功能需求是设计的目的；材料工艺、市场信息是设计的条件；而审美创意则是设计的核心。J&V 团队正是很好地把握了这四大要素，最终在市场上赢得了一席之地。

主题 3　旅游服务创业

【主题案例】

马昕彤的骑行工作室

90 后的马昕彤就读于海南大学旅游管理专业，曾在酒店和旅行社实习。他从小就喜欢钻研计算机，按他的话说："我们这群人志同道合，从上初中开始就有一个爱好，就是喜欢研究网络。"

2013 年，马昕彤与同学合作开设了一家旅行社，但很快以失败告终。但是，几个创业伙伴并不气馁，他们开始寻找新的商机。马昕彤发现在海南环岛骑行特别受欢迎，自行车租赁将会有很大的市场。酝酿很久之后，马昕彤开始付诸行动。他在海南大学建立了自己的团队，并初步规划建立自己的旅游公司，以私人定制和骑行旅游结合为主打特色。接着，他们建立了自己的网站，接待来自全国各地的骑行团队，在海南的骑行圈子小有名气。很快，他们又成立了旅游咨询公司，马昕彤说："新公司与之前不一样的地方在于这次走的是网络营销模式，我们的客户大部分来自网络（微信）。新公司的成立点燃了大伙的激情，效果也很好，2 至 3 月份旅游旺季时，我们月盈利达到 10 万元，现在淡季每月大约也有 2 万元的收入。"

马昕彤说："现在，海南旅行社出售的路线除了三亚就是三亚，其实海南还有很多很美的地方，只是因为没有被开发出来而鲜为人知，我们团队在微信上推出了一些十分新颖的旅游线路，没想到反响还挺大的。"随着旅游人群对旅游品质要求的提高，为私人专门定制一对一、专业的服务有很大的市场，于是他们决定将业务拓展为"私人定制 + 骑行旅游"。接着又推出了“毕业旅游季”“蜜月旅游”等多个特色旅游主题，在海南市场上引起了较大反响。

伴随着海南旅游业的快速发展，马昕彤等人的旅行公司也逐渐壮大。不到半年时间，他们已经拥有三个工作室。通过网络推广及与旅行社对接，他们当前主要经营业务包括接机、帮游客租车、订房及制定旅游路线等。

大学生创业道路艰辛、曲折、充满挑战。在提及如何平衡学业与事业时，马昕彤和其他员工表示，确实因为业务量的增加而在一定程度上影响了学业，但他们将努力平衡好两者，毕竟学生还是以学业为主，只有学好知识，才能更好地创业。在谈到未来时，马昕彤说：“其实我们跟很多即将毕业的大学生一样，对未来也会迷茫、会担心，可是大家相信，只要有信念，并将信念坚持到底，就一定会有收获。我们先把海南的市场拿下，然后再进军内地市场。”

（资料来源：http://www.hainu.edu.cn/stm/vnew/201469/10386670.shtml）

【案例思考】

1. 马昕彤的骑行产品抓住了旅游市场的哪些商机？
2. 互联网时代，旅游服务创业成功的关键要素是什么？

高手指路

旅游业是天然的集群经济，关联消费特征明显。旅游过程中的吃、住、行、游、购、娱呈现出多样化面貌。其中每一个环节都蕴含着极大的细分机会，每一次再细分都意味着全新的创新创业空间。随着互联网技术的不断成熟，通过全域集合、规模生产的方式来满足个性需求成为可能，大量旅游创业创新案例都是来自在线旅游服务领域的。不过，在线创业创新最终仍需线下服务的配套，在线旅游的快速发展也为传统旅游服务领域的创业创新提供了新的动力和空间。

第一节　旅游服务创业

伴随着世界范围内旅游需求的持续增长，涵盖范围极其宽泛的旅游业必将存在着很多等待被发现的旅游创业机会，旅游业已经为创业经济的滋生提供了丰富的土壤。发达国家非常重视旅游小企业的发展。在欧美，中小企业在就业、创新以及促进经济发展方面发挥了重要作用的观点已被广泛接受。在我国，各旅游城市旅游景区的旅游小企业已遍及普通的乡镇，有着很大的发展空间。

一、旅游服务创业的机遇

中国旅游研究院发布的《中国旅行社产业发展报告 2014》显示：在游客消费行为散客化、商业模式在线化的双重影响下，传统旅行社产业正在淡出旅游经济体系的核心位置。基于第三次产业革命的旅行服务创新进程蓬勃发展，则预示着一个旅游组织方式系统变革的时代正在到来，传统旅行社与旅行服务新业态的融合发展成为趋势。

旅游业发展到现在，其作为综合性产业在经济社会发展中发挥的作用和影响更加广泛，时代赋予旅游业的责任也空前加大。目前各级地方政府在规划旅游业发展时，都纷纷致力于打造符合全域旅游思想的目的地。即通过各行业积极融入，各部门齐抓共管，全城居民共同参与，充分利用目的地全部的吸引物要素，为前来旅游的游客提供全过程、全时空的体验产品，从而全面地满足游客的全方位体验需求。“全域旅游”所追求的，不再停留在旅游人次的增长上，而是旅游质量的提升，追求的是旅游对生活品质提升的意义，是旅游在新财富革命中的价值。除此之外，以迪士尼为代表的旅游目的地公司通过设计旅游 IP，突出旅游景区独特的文化与地域风俗，提升其旅游产品的核心竞争力。

综上所述，当前，旅游供应商体系和目的地商业环境正发生着革命性的变化，传统旅行社的商业模式和市场基础已然不再。从 OTA 模式、B2B、B2C 模式、移动 OTA 模式到 O2O 模式等，越来越多的年轻人正在加入到旅游服务创业的群体中。他们重新定义了旅行服务业，推动着中国旅行服务产业的内生化成长。

二、旅游服务创业的模式

近年来，不断增长的市场需求，不断升级的旅游消费，不断发展的新技术与金融环境，带动了中国的旅游创新创业热潮。大量不同行业背景的企业和个人创业者加入到旅游创业这个领域中来，以他们拥有的资源及各自的背景经验，分别在旅游平台以及不同的细分领域，如线路预订、资讯提供、旅游点评、行程规划、分享社区、定制服务、智慧导游找到一个切入的方向。

旅游行业发展迅猛，旅游服务市场前景可期

目前旅游服务类创业，主要有以下几个模式：

1. 基于旅游产业价值链

旅游业价值链是旅游产品从供应到最终消费的一系列传递的过程。目前，在互联网技术的推动下，基于智慧旅游的创新创业涵盖了旅游产业链条的各个环节，旅游线路规划、机票预订与航空服务、酒店预订入住、手机租车服务、基于位置的服务应用、二维码电子门票、移动电子导游、移动支付、旅游社交网站、旅游安全应急等。市场逐渐趋于细分化，专业深化延伸成利益挖掘点。例如，穷游网、蚂蜂窝等旅行分享社区项目，用户借助互联网和移动互联网，轻松实现查找行程路线攻略；快捷酒店管家专注于快捷酒店查询；高铁管家、找大巴网等项目让游客享受更方便的出行。

2. 基于平台战略

旅游产品的特殊属性决定了旅游生态圈的复杂性，也就决定了“平台战略”对于旅游企业来说具有天然的优势。旅游业平台战略依托技术手段将食、住、行、游、购、娱六大要素的产品资源进行整合，提高渠道运营商收益，丰富消费者体验，使产业结构得到优化。例如携程、驴妈妈通过 B2C 平台模式连接供应商和游客。旅游业平台战略在互联网应用的背景下，尤其是移动互联快速发展的今天，为旅游业的平台发展提供了前所未有的契机。对于具有开放、平等、共享等互联网精神的新一代旅游创业家和企业家们而言，未来应该以更开源、平等、互惠的方式打造这一平台。

【典型案例】

跳出农业做农业，王志成的生态旅游创业经

看过电视剧《家的 N 次方》的朋友一定对剧中男主角的 DIY 小农场不陌生，一个低碳环保的生态农业园，市区白领们在繁忙的工作之余摆脱城市的喧哗，周末一家人来到郊外体验农家生活，呼吸的是清新、宁静的空气，吃的是绿色健康的蔬菜水果，感受着大自然的乐趣……

重庆市铜梁县水口镇青年创业者王志成便有这样一个令人向往的农场——石佛山生态观光园。王志成透露，2013 年的一天，财经频道报道了一位都市白领辞掉高薪工作，回家发展生态农业并创业成功的新闻，这个故事一下击中了他的内心。想到自己家乡水口镇气候条件优越，环境优美，距离云阳新县城很近，近几年，国家也在大力发展乡村旅游，生态农业焕发出蓬勃生机，目前家乡从事生态观光农业的人很少，有较大的市场空白。

发现这一商机后，王志成马不停蹄地到各地考察。通过考察学习，王志成和人合伙承包了佛安村的 100 亩土地，2015 年 5 月 1 日正式启动乡村旅游项目，7 月建立源峰电子商务平台。

“创业确实需要勇气，当初说要搞生态农业，大家都觉得我疯了。”王志成说起当初的选择，很是感慨。最终，合伙人的不断鼓励和信任让王志成坚持了下来，他坚信自己对未来的判断。“如果我放弃了，而别人却干成了这件事，那我肯定是要后悔的。”王志成说，“我相信乡村旅游有很好前景。”

“传统的农业模式经济效益较低，所以我就想跳出农业做农业，通过互联网给农业打开不一样的窗子。”如今，王志成和合伙人建立了石佛山生态农业观光园实体项目和源峰电子商务平台，依托“线下 + 线上”两个平台发展农业。线下，即集合有机蔬菜、生态养殖、农业观光与休闲旅游于一体的生态观光农场实体经济；线上，则通过互联网整合销售当地农户的农特产品、推广乡村旅游。目前，石佛山生态观光园已经初具规模。在观光园内，一排整齐的木制避暑房掩映在一片小花丛中，湖水相伴左右，广阔蓝天白云的映衬下，别有一番风味。源峰电子商务平台作为线上平台，将观光园自产的蔬菜、水果、肉类及合作农户的农产品搬到网上进行销售。

（资料来源：http://www.cyegushi.com/3239.html）

3. 基于跨界融合

旅游新常态下，新一代旅游创业者必须以不断变化的需求为中心，利用先进技术，不断吸纳其他产业的生产或服务类要素，实现资源的优化配置。市场中一些非传统的旅游要素，如旅游摄影、房车旅游、汽车租赁、演艺票务、亲子教育、旅行支付、养老健康等跨界创新，正在逐步扩展旅游的商业边界。

三、旅游服务创业的建议

1. 市场细分，走专业化路线

旅游服务类的初创企业由于自身实力较弱，可以将有限的资源集中起来，投入到某一特定产品和细分市场中，走精尖化、专业化道路，以期在这一领域内获得竞争优势。比如说，按特定顾客专业化，如专门服务于老年人市场的旅行社；或按服务项目专业化，如专门提供东南亚旅游的旅行社等。

2. 特色经营，差异化竞争

旅游类初创企业可以实行特色经营战略，突出自己产品或服务的某一方面的特色、个性和风格，以独具特色的经营来吸引顾客。实行这种战略可以赢得消费者的信任，满足客户的需要，而且构筑的独特优势不易被其他企业取代，可给其他的企业形成一定的进入障碍。例如，一些小微旅馆企业开设的主题旅馆等。

3. 尝试基于互联网的微创新

互联网生态下的旅游服务企业需要具备创新意识和创新思维，提升自己的自主创新能力。创业者通过模式创新、管理创新、技术创新和产品创新可以降低市场开拓成本，拓展服务领域，改善客户体验，从而在竞争中立于不败之地。

第二节　旅游服务创业案例详解
——澎程户外亲子游项目

【项目简介】

澎程户外亲子游是旅游管理专业彭逸飞等同学发起的创业项目。该项目是伴随着《爸爸去哪儿》等一系列亲子电视节目播出，亲子旅游迅猛发展应运而生的。团队成员利用微信、QQ群等社交平台，面向10岁及以下儿童及其家长，组织多个家庭开展短期户外拓展活动。该项目自2015年起试运行，与上海半日闲农业科技有限公司、浦东城市花园、宝山儿童体育中心、天福生态园等多家机构进行合作，逐步形成了一系列寓教于乐的特色活动项目，其中，“澎程半日闲”成为明星产品，受到家长、孩子的欢迎。

【项目亮点】

亮点一：趁势而上，聚焦亲子旅游细分市场

计划书原文：2002年我国人口普查表明：中国人的户均人数为3.44人，0—14岁的人口占总人口比重的22.89%，规模小、结构简单的核心家庭已成为我国家庭户的主要形式。核心家庭的增多带来一系列旅游消费行为的变化，如旅游决策简单易行，旅游目标容易达成共识，旅游时间具有较强的协调统一性以及孩子对核心家庭旅游决策的影响日显突出等。我国现在的核心家庭中，一般夫妻都有工作而只有一、两个孩子，经济上比较宽裕。越来越多的双职工家庭具备了旅游的客观经济基础。随着人们对素质教育的重视，家长，尤其是城市家庭的家长已日渐重视对孩子的全方位多方面的培养教育。核心家庭尤其重视旅游对孩子的教育价值。与孩子顺畅沟通，营造开放温馨的家庭氛围已成为现代家长对家庭生活品质的最高追求，而亲子游正是这一需求得以实现的有力手段。

通过线上线下的调查及网上的搜索，我们发现对亲子活动有兴趣的人数达到了70%以上，受访者中表示愿意参加短期亲子活动的有一半以上。同时，我们针对目前已有的市场进行的进一步分析发现，65%以上的家长认为现在的亲子户外活动没有创新，而对亲子活动没有兴趣的30%里面有大部分人也持这个观点。

点评：近年来，随着亲子类电视节目的热播，亲子旅游市场逐年升温。目前，我国已经有很多旅行社注意到亲子游市场的强大需求及发展潜力，并推出了相应的亲子旅游产品。但总体来看，我国旅行社在亲子游这一市场当中并没有起到很到位的产品组织者和设计者的功能。很多旅行社推出的亲子游线路还处于由传统的大众观光游向亲子游这一专门旅游转变的阶段。彭逸飞等同学注意到了目前亲子游市场的巨大商机，经过问卷及实际访谈，发现了目前亲子游中存在的问题，因此提出了创业想法。瞄准亲子游市场进行创业，符合当前旅游服务市场专业化、特色化经营的趋势。

亮点二：强调特色，突出定向户外拓展

计划书原文：目前开展短期亲子游活动大致可以分为两种类型：一是简单的一日至三日游活动，这类项目通过组织家庭到目的地观光、娱乐为主，通常是放羊式的。其优点是线路种类繁多，可进行游客分流，并且活动内容简单。其缺点是活动附加值低，多数自由行线路均已涵盖这类内容，很难吸引回头客。二是开展富有特色的定向拓展活动，选择合适的户外场地，组织有一定难度的富有娱乐性的亲子拓展项目，通过营造气氛，完成团队项目促进家庭成员情感交流并对儿童心理健康产生积极影响。其最大优点是富有特色，在旅游欣赏美景之外，可开展家庭间的竞赛活动，增加趣味性，促进儿童间、家庭间交流。同时也有利于促进家庭成员间的情感沟通。其缺点是活动设计与组织具有一定难度，对服务人员的控场能力要求高，需要不断创新活动项目。

澎程亲子游旨在打造特色品牌，通过定向亲子活动，以家庭为单位进行素质拓展竞赛，增加亲子游的趣味性，寓教于乐。主要产品包括勇敢者道路、科技型元素拓展活动等。

点评：目前的亲子游市场，很多旅游活动内容与亲子关系提升联系不够紧密，与传统的家庭旅游无异，活动项目中亲子互动的内容不多，要么单一关注孩子需求，父母沦为陪护甚至“保姆”，要么忽视孩子需求，仅仅是孩子陪同观光。在没有深入研究孩子的心理需求、成长特点、旅游需求、旅游特征的情况下，旅游企业推出的亲子游产品往往流于形式、有名无实，缺少专门针对孩子特征设计的专项产品。澎程亲子游团队设计的产品出发点是以家庭为单位去考量，注重父母与孩子的情感融合，以孩子为切入点去考虑用户体验，充分遵循了孩子的成长节奏，注重教育植入和互动成长，达到寓教于乐的目的。尽管这种产品的设计与实施对团队成员而言具有较高的挑战性，但是，它更符合家长和孩子对亲子游产品的定义与期望。

亮点三：虚实结合，宣传网络增加客户黏度

计划书原文：创业初期，澎程户外亲子项目的宣传主要依靠其他市场较为成熟的机构进行，如与校外教育机构、幼儿园、儿童游乐场、科普中心等合作进行宣传。同时还通过线上自媒体进行推广及调查，包括：新浪微博、腾讯微博、官方网站、百度贴吧等。此外，加强口碑营销，为每场定向亲子活动设计纪念品，并将纪念品打造成一个系列，让其具有一定收藏价值。开展每场活动核心人物评选，后期制作人物礼品，赠送给相应家庭，以提高顾客忠诚度和再次购买率。定期为家长开设专题活动，每过一段时间举办一次，增加家长对澎程的了解。我们会在定向亲子游活动中推出与旅游相关的周边商品，如定制亲子游服装、亲子野餐盒、户外休闲体育用品等，这些商品一方面可以增加营收，另一方面也是对我们品牌的宣传。

点评：旅游经济是一种体验经济。旅游产品具有无形性、生产消费同步性等特征，这些特征给旅游产品的宣传营销带来更多困难。因此，旅游类产品更看重客户的口碑效应。除了利用微博、官网等互联网媒体以及和有关机构合作外，澎程团队的百度贴吧宣传、纪念品赠送、周边商品开发与售卖等方式也加强了品牌的口碑宣传效应，特别容易引起孩子间和家庭间的传播与效仿，最终争取更多客源与回头客。

亮点四：防范风险，对竞争和项目营运做充分准备

项目的主要风险包括：推广风险，由于处于初期，仅有一小部分人知道澎程；竞争风险，会有机构模仿澎程亲子游活动的方式；安全风险，因为孩子的生理特点，亲子游对旅游环境、旅游项目、旅游设施等的要求均较高；亲子户外游可能具有安全隐患，具体采取以下方式防范：一是通过立体化宣传和口碑营销扩大影响；二是不断创新亲子活动项目，尽量每一期推出不同主题活动，同时在生活中更多地收集题材；三是加强带队人员培训，提升突发事件处理能力，同时购买旅游意外险等。

点评：每个创业团队在开启项目行程时都应该对未来的风险有所认知，并做好应对准备。彭逸飞团队对自己项目运营中可能遇到的风险有着较为充分的预估，并提出了相应的防范措施。特别是竞争风险和安全风险，这几乎是每个亲子游项目都会遇到的。旅游产品没有所谓专利，线路设计、活动方案一经推出很快就会有人效仿，要想在竞争中取胜，唯有不断推陈出新，不断将产品精细化，把重心放在增加顾客体验值，提高满意度上。至于安全风险，则须在环境评估、产品设计、项目与设施选择上下功夫。同时，通过与儿童监护人签订安全责任书以及购买旅游意外险等方式降低意外事故带来的损失。

【项目点评】

一个项目的成功不在于它处于什么行业，而是取决于创业者做事的方法和思路，换句话说就是创业者能否让项目具有差异性。只有做到“人无我有，人有我专，人专我优”，创业项目才会有持续的发展空间。彭逸飞团队的户外亲子游项目正是在传统的旅游服务行业中采用了差异化竞争策略。

近几年，随着亲子游市场的不断发展，亲子游产品逐步丰富甚至到了泛滥的程度。人们对亲子游产品的质量更加关注，家长们关心旅游中孩子的体验是否足够美好；重视旅游对增长孩子知识、开阔孩子眼界、塑造孩子品性等是否产生较好的效果，同时对加强亲子关系和感情等也会有更多的期待。在我们以孩子为中心的家庭教育观念下，孩子的体验质量、教育成长效果会成为未来亲子游产品的核心竞争力。澎程户外亲子游强调活动中父母和其子女平等互爱与共同成长，注重对亲子关系的调适，增进父母与孩子的感情交流，正是抓住了现代亲子理念的核心要义。

同时，本项目中对风险有充分预估，并设计了应对预案，体现出了一个成熟创业者的思维。

主题 4　汽车服务创业

【主题案例】

先生存后发展，先服务后品牌

从创业之初只能做简单的擦洗、打蜡到现在做汽车桑拿、汽车饰品销售、为汽车加固挡泥板……由石家庄职业技术学院汽车检测与维修专业学生陈秉浩和路晓波在校园内开设的这个“车之家”汽车养护中心正在一步步扩大自己的经营范围。

“刚开始并没有想着自己要创业，觉得毕业后找份对口的工作就行。”陈秉浩说。大三上学期他在一家汽车养护中心实习，定点上下班，觉得特别受约束。权衡下来，他觉得自己的性格更适合创业，正好同学路晓波也有这个想法，于是两人一拍即合。

在筹备开业的那段时间里，他们详细调查了自己学校周围汽车养护店的数量，每天经过的车流量，以及其中有多少是新车有多少是旧车。为了做好统计，他们几乎没有坐下来吃过一顿饭，经常是站在马路边一边数车一边吃饭。

他们所在的学校每年拿 20 万元用于奖励自主创业的学生。陈秉浩用自己详细的调查报告以及对未来发展的规划争取到了其中的 3 万元，再加上家里给的 2 万元，他们的汽车养护中心终于在学校正式开张，而客户则主要是学校的老师们。

刚刚开业的汽车养护中心面临的最现实的问题是怎么赢得顾客的信任。“我们刚开业的时候规模很小，只有简单的几件工具，因此老师们对我们做保养并不十分放心。”陈秉浩说。原来在学校上学时，他们的一项实习内容就是给老师们擦车，因为当时免费，老师们对效果并不在意。开始收费后，顾客的意见就多了起来，有的说车窗擦得不干净，有的说车门没有擦到等。“每次顾客提出这些问题，我们二话不说马上就把车再擦一遍。”就是在这样一遍遍的细致工作中，他们渐渐赢得了顾客的信任。

“现在最大的问题是技术。”陈秉浩说，有一次，他们为一辆捷达车做汽车养护，从中午十二点一直折腾到晚上八点，都没有把机滤拧下来，最后还是在老师的帮助下解决了问题。“其实在汽车养护上，给汽车贴膜和做地胶是比较赚钱的，但是因为技术不过硬一直不敢接这类活。”面对技术难题，陈秉浩说他们已经想好了对策，他们将利用学校的资源或是去外边实习的机会慢慢学习专业技术。未来，他们将在校外选址，扩大业务范围，把自己的汽车养护店经营好。“先生存后发展，先服务后品牌”这就是他们“车之家”的生存发展之路。

（资料来源：http://news.sina.com.cn/c/2010-12-28/070921718089.shtml）

【案例讨论】

1. 你如何看待车之家养护中心“先生存后发展，先服务后品牌”的发展道路？

2. 你觉得开汽车养护中心会面临哪些创业难题？陈秉浩面临的难题还可以有哪些解决办法？

高手指路

在激烈的市场竞争环境下，初创企业没有资金，缺乏技术，没有行业壁垒，容易被大公司打压。创业之初首要的任务，是把自己的产品或服务卖出去，掘到第一桶金，从而在市场上找到立足点，使自己生存下来。生存是第一位的，一切都要围绕生存而运作，一切危及生存的做法都应避免。当前，汽车服务市场备受重视，产品质量、商家的服务质量和诚信是车主们最关心的。汽车服务行业的存在和发展是一个不断规范化的过程，那些盲目跟风、服务不到位、技术不过关的汽车养护中心将会陆续被市场淘汰。

第一节　汽车服务创业

汽车服务市场前景光明

伴随着我国汽车产业的快速发展，汽车服务市场的发展空间日益扩大。汽车服务行业不仅具有满足生产厂商和消费者市场需求的双重功能，而且还担负着通过保持汽车技术状况来节约汽车能源消耗、减少环境污染和提高运行安全性的社会责任。汽车服务市场涵盖汽车交易完成之后的所有环节，包括保养、维修、保险、改装等。其中，保养和维修相对保险和改装来说，属于高频互动和刚性需求，因此这方面的创业项目也比较多。

一、汽车服务业市场特点

汽车服务业不同于其他服务业，其服务有特定的对象，服务内容可以围绕车辆使用进行延伸，具体来讲，有以下几个主要特点：

1. 产业链较长，涉及范围比较广泛

俗话说：买车容易养车难。汽车消费是一种持续性消费，完成购买行为只是消费的第一步，后期的消费则会构成汽车消费的主体，包括汽油消费、维修保养消费、保险消费、各类税费、美容装饰、改装等，直到汽车最终报废。因此，汽车售后服务业涉及的产业链比其他产业较为复杂，涉及范围相对广泛，特别是现代汽车上大量电器设备的应用使得汽车售后服务业不仅包括维修，还有加装、电子产品、美容等。

2. 服务交易的重复性与多次性并举

随着竞争的加剧，汽车厂商销售利润已大大降低，售后服务业利润已超越整车销售业，在汽车业的利润构成中成为主要来源。特别是在汽车保有量急速增加的今天，售后服务业越来越成为一个黄金产业，这主要是与消费者对汽车售后服务需求的增加有关。特别是随着人们经济水平的提高，对汽车后续服务的消费呈增长趋势，且在不同时间、不同地点产生新的消费需求并可能导致重复购买与使用。

3. 利润空间较大，服务差异性可带来较大弹性空间

我国汽车服务市场还处于起步阶段，随着汽车保有量的增加，售后市场存在较大的利润空间。而且由于销售者可以通过向顾客提供差异性的服务，增强自身竞争实力，利用消费者的重复购买及持续消费特点与消费者议价，同时开发新的服务项

目，增加新的利润增长点，所以售后服务业利润同时拥有较大的弹性空间。

二、汽车服务类创业的常见模式

汽车服务类创业可以根据自身的实际情况，灵活选择以下商业模式：

1. 汽车美容养护中心

汽车美容指针对汽车各部位不同材质所需的保养条件，采用不同汽车美容护理用品及施工工艺，对汽车保养护理。主营业务包括：汽车精汽、内饰精汽、真皮上光、划痕处理、打蜡封釉、漆面镀膜、汽车装潢等。

2. 快修连锁店

主打小型、方便、快捷、实惠、社区化服务。目前发展来看，主要是以连锁加盟形式居多。其外在方面主要体现在所有连锁店标志统一，内外装潢统一，快修店标志醒目美观。占地少，人员精简，配件和维修技术可以由总部统一供应和指导，昂贵的检修诊断设备可以共享；各连锁店在总部的统一管理下自主经营，技术人员和维修资料有保障，配件来源相对稳定。

3. 小型汽修店或专修店

投资少，有基本的场地和设备就可以开展业务。特点是投资少、利润薄、见效快、周转也快。如果是高档车专修店则对客户接待环境等有较高的要求。

三、汽车服务类创业的建议

20 世纪 20 年代，美国出现了专业的汽车服务商，从事汽车的维修、配件、用品销售、清洁养护等工作，著名的 PEPBOYS、AUTOZONE、NAPA 等连锁服务商，都是在这一时期开始创业。至今，他们已经成为美国汽车服务市场的中坚力量。分析美国汽车服务业，两个特点值得注意：一是这一行业的进入条件在逐渐提高，除非有雄厚的资金去进行购并，否则很难打破现有的连锁网络；二是信息技术的广泛应用，电子的虚拟网络与实际的连锁网络及配送网络相结合，以不可预测的倍数扩大了企业发展的空间，美国人也越来越习惯在电子网络上接受服务并进行支付。

从美国汽车服务行业发展，我国汽车服务类创业者有以下几点是可以借鉴的：

1. 认真研究连锁经营模式

连锁经营模式是非常适合汽车服务业的。要想在这个行业长期发展，就应该把连锁经营作为一项战略写进企业的发展规划。但在操作中，一定要做得规范，避免像我国很多其他行业的连锁一样，变得画虎不成反类犬，反而使消费者更加不信任。

2. 不可盲目追求产业细分

根据中国目前的消费者的消费习惯、服务的收费水平等因素，一站式的汽车服务中心还是目前服务商的较好选择。

3. 高起点地应用信息技术

伴随着互联网 + 时代的到来，人们对于汽车服务市场的需求也不单纯拘泥于维修，而是需要更加便捷的服务方式，借助互联网技术的发展，使得车主可以足不出户地享受商家服务。因此，汽车服务企业可借鉴互联网，打造互联网 + 快修连锁方式，以及互联网 + 上门服务方式，积极开创互联网新型经营方式。

在互联网快速发展的今天，汽车服务企业为了更好地适应互联网 + 时代，还可积极地进行互联网探索，寻求新的合作伙伴，拓展汽车服务市场经营渠道。

4. 扎实掌握专业技能，不断积累业内经验

汽车服务是具有专业技术要求的行业，需要从业者具备扎实的专业知识与技能。随着汽车工业的发展，新能源技术在汽车上有着越来越广泛的应用，创业者只有不断学习，才能快速无误地解决客户的问题。另外，不同品牌系列的车辆，都有各自的维修保养规则，需要通过实践不断地积累经验。

【延伸阅读】

汽车后市场创业者，需要抓住的风口

在未来十年，汽修品牌、汽修店格局、汽修人才培养等方面将有哪些变革呢？

1. 汽修连锁崛起

一边是规模庞大的 4S 店，一边是数量巨大的路边夫妻店，中间是为数不多的连锁汽修企业，三者构成了中国汽修行业“两头大中间小”的企业形态格局。但是这种靠资源寻租和技术信息垄断形成的格局，将被市场摧枯拉朽般地淘汰，而以低成本运行、高品牌服务为特点的连锁汽修企业——即中间的那一小部分，终将崛起。

2. 原 4S 店集团洗牌，触手伸向品牌汽修连锁市场

随着政府反垄断力度的加强、市场机制的渗透，4S 店将面临困境。但是有实力的汽车经销商集团必将凭借着已有的资源优势和运营经验，争夺品牌汽修连锁市场。近两年奔驰的国内百家连锁快修店项目就是例证。

3. 汽车维修保养多种业态合理布局

未来十年，汽车维修保养行业将形成“以坐落于郊区的大型综合汽修中心统领社区多种业态”的 1+X 业态框架。大型事故维修以及高难的大修将在大型综合汽修

中心完成，其业务特点是“专业”；而普通的快修保养和小范围钣金喷漆业务将由社区店承担，其服务特点是“高效”。

4. 车主对汽修品牌的诉求加强

中国消费者对品牌具有高依赖度和低忠诚度。他们对品牌的重视程度远远超过了价格或渠道，认为品牌产品比非品牌产品更安全、质量更高或更为可靠。遗憾的是，针对私家车的维修保养，中国车主目前似乎并没有过多的选择，车坏了，压根不知道到哪里找一家值得信赖的汽修厂修理。一方面追求市场化的高性价比，另一方面追求服务质量的可信赖度，再加上 80 后 90 后新生代车主的现代观念，整个汽车消费群体对汽修企业的品牌需求越来越强烈。所以，没有品牌认知度和各种认证的汽修厂必将大批死掉，被市场淘汰。

5. 品牌设备商推动汽修设备二次升级

随着汽修厂对投资回报率提高的强烈需求与低效率的产能之间的矛盾越来越突出，由此对能提高效率的新型设备，如自动化设备的需求也越来越大。在未来 10 年，“快修”概念将深入人心，加上人力成本大幅上升以及维修技术的革新，对维修设备的效能也提出了高要求。而这必将推动汽修设备的二次升级换代。

（资料来源：http://www.auto-m.hc360.com）

第二节　汽车服务创业案例详解
——“知车汇”汽车服务连锁店项目

【项目简介】

2015 年 12 月，上海科学技术职业学院汽车服务与营销专业陈飞等人提出了开设汽车维护保养中心的创业想法，得到了学校的肯定与支持。经过周密的市场调研和充分的前期准备，“知车汇”汽车服务连锁店于 2016 年 10 月顺利开业。该连锁店选择居民生活区与学校较为密集的地点，占地 470 平方米，以快修、快保、轮胎、四轮定位为主打业务，兼营美容、装潢、洗车、二手车销售服务等。在短短半年时间里，月营业额突破 10 万元。同时，与上海科学技术职业学院开展深度校企合作，输出店内技师到实践课堂，吸纳了 10 名汽车服务与营销专业的同学加入连锁店的运营业务。

【项目亮点】

亮点一：选址恰当，经营范围贴合居民诉求

计划书原文摘要："汽车工厂"选址在嘉定区金沙路，定位是小型汽车综合维修保养公司。服务于社区、学校教师、附近政府部门、企事业单位和道路上的流动车辆。初步调研发现，附近的小区汽车等级为高档车（汽车排量为3.0L以上）数量约占15%；中档车（汽车排量为1.6—3.0L）数量约占65%；低档车（汽车排量为1.6L以下）数量约占20%；附近企事业单位及员工车辆均为中档以上等级。这一位置距离居民区和学校较近，有大量的潜在客户。一般汽车快修店的业务包括钣金、喷漆等项目，容易造成城区环境污染并引起居民抵触，故"汽车工厂"不考虑经营此类业务。权衡下来，"汽车工厂"市场定位是以快修、快保、轮胎、四轮定位为主打，兼营美容、装潢、洗车、二手车销售服务的中等及以上档次的小型汽车售后服务企业。

点评：《孙子兵法》云："九地之变，屈伸之力，人情之理，不可不察也。"现代商家的说法："商业成功，第一是选址，第二是选址，第三还是选址。"可见，地利不管对兵家还是商家，都是至关重要的。快修店的选址必须遵循以下原则：显眼；车辆进出方便，门口有一定的回旋余地；交通方便，车流量达到一定的标准。从目前的汽车快修店的选址看，主要有两种类型：一种类型是交通要道型，设立在城市主干道沿线，这种类型快修店的好处是经过的车辆比较多，传播效应比较好，容易聚集人气。另一种类型是社区型，开在人口密集区，譬如大型社区或者写字楼。这种类型的快修店服务的半径要比前一种小许多，以服务周边社区车辆为主。

陈飞等人筹备的"汽车工厂"最终选址在居民区较为密集的嘉定中心城区。他们详细调研了社区居民以及周边单位汽车保有情况，权衡了各项业务与目标客户的需求匹配情况，果断放弃了虽然具有较高回报但会造成污染的钣金和喷漆业务，避免了因周边居民的抵制而导致经营困难的局面。

亮点二：加盟连锁，管理运营借助品牌优势

计划书原文：我们"汽车工厂"在起步阶段，在品牌、配件采购与管理模式上还需要逐步完善。为了迅速打开市场，故选择连锁加盟，借助知名企业的品牌和管理运营优势让各项业务尽早迈入正轨：上海知车汇汽车维修服务有限公司，是汽车维修行业有加盟资质的品牌之一，现已在浦东、杨浦、宝山、江桥、嘉定城区设有多家连锁店，公司在一年多的时间里已积累了雄厚的行业经验，拥有一个强大的发展团队，并积累了较好的口碑。通过加盟，可以借助品牌扩大宣传，通过加盟公司统一配件采购和管理模式，能够将“汽车工厂”的各项服务流程与制度规范下来。

点评：开展汽车服务类创业，计划书中所提到的包括企业的市场认可度，汽车配件的采购管理，内部管理制度、业务流程的搭建等问题具有普遍性。汽车服务连锁店以统一的服务标准、较低的成本费用、实惠的维修价格和密集的服务网络为经营特色，在近几年得到了较快的发展。选择市场口碑较好的连锁品牌，可以借助连锁品牌的多重优势，迅速打开市场，还弥补了创业者在管理方面经验的不足。

亮点三：校企合作，突破技术与人力等难题

计划书原文：“汽车工厂”距离科技学院较近，可以充分利用学校汽车服务与营销的专业优势。我们与学院的合作基于资源共享与利益共赢。通过无偿输出技师进课堂、有偿吸纳师生进企业的方式，一方面可以推动学校专业教学改革，另一方面也能借助学校专业教师的技术优势，解决我们的技术和员工培训问题。

点评：对于学生创业者来说，遇到问题可能首先想到的就是自己的老师。在创业过程中，能够把项目与学校现有资源进行整合，并加以利用不失为聪明的做法。事实上，很多学校为了鼓励学生创业，会在资金、场地、政策以及专业技术上提供支持。如果创业项目能够推动学校的专业建设，让更多的学生享受到项目所带来的红利，那么将最终形成企业、学生与学校的多赢局面。

亮点四：细化流程，构建顾客满意的服务线

计划书原文：在业务接待上制定一系列透明规范的“客户系统”。当有顾客来到时，前台接待人员主动迎接，热心为顾客解答各种问题和咨询，立即通知车间接待人员，为车子的故障原因作出基本的判断，并仔细观察和揣摩顾客的喜好和消费心理，为客户推荐使用适合他们的汽车配件或饰品等服务。服务前，在汽车服务表格上写下汽车目前的状况，客户对汽车配件的要求，向客户推荐的且经过客户确认的汽车服务内容，并告知客户服务的流程及客户的相关权利。也可根据实际情况，向客人推荐其他服务项目，当客人表示不接受时，不得强求。服务中，本着实事求是、认真负责的态度，在服务表格上记录下车子出现故障的原因，如车主在一旁观看，工作人员应向其介绍产品功能和保养常识。在操作过程中做到动作干脆利落、无累赘，工序连接紧密。更换重大的价值较高的汽车配件时要经过客户确认。在服务后，向客户提供详细的维修清单，从而让客户比较清楚地知道自己爱车的问题及解决情况，并根据客户车辆的情况提供合理的保养建议。在一定期限内进行电话跟踪。

服务就是对待会员像家人一样，密切关注我们的会员，预测他们的需求，用真诚的微笑和出色的工作时刻准备着为会员提供服务。我们力争做好以下几点：（1）提高主观能动性，换位思考；（2）脚踏实地，注重细节；（3）建立反馈机制，及时沟通。

点评：在各类服务行业，服务质量都最终体现在客户需求的满足程度。这不仅包括有形产品（如更换的汽车配件、出售的汽车饰品等）的质量，还包括在提供服务过程中工作人员所表现出的主动、热情、周到与娴熟的技术。陈飞团队仔细规划了从顾客进门至完成服务的全部流程，并与团队成员就服务意识、服务态度、服务重点与服务改进等方面达成了共识。这是他们赢得顾客信任，争取回头客的制胜关键。

亮点五：有效推广，多种方式实现精准营销

计划书原文：我们的推广方式包括居民信箱广告投递与社区告示牌信息发布；申请微信公众号，定期推出服务优惠信息与汽车保养知识；开发 App，实施会员手机下单，我们上门服务的便民措施；在嘉定都市网等本地居民浏览较多的网站发布服务信息，推送优惠活动；开展微信朋友圈集赞、转发优惠等促销活动。

点评：对于以周边居民为服务对象的创业项目来说，有目标、有计划的精准营销比普遍撒网式的宣传要有效得多。陈飞团队选择了附近居民区的广告投递，当地主要网络媒体广告投放以及微信营销等方式，能够将信息有效地传递给目标客户群。同时，这些方式花费较为低廉，适合刚起步的创业者。开发 App，以方便快捷的方式提供上门保养类、上门洗车类服务，为客户解决了一些需求频率比较高、重要程度比较低，但是又比较浪费时间的事情，为客户节省时间的同时还节省金钱。这些将有助于增加客户黏性，提高长期购买会员服务的客户比例。

【项目点评】

据世界知名的管理咨询公司麦肯锡对世界排名前10位的汽车公司利润情况分析可看到，汽车销售的利润约占整个汽车产业链利润的20%，零部件供应的利润约占30%，剩下50%的利润是在汽车后市场，即汽车服务领域中产生的。从汽车下线，交付用户开始，到整车成为废弃物为止的全过程，都是汽车后市场的各环节所关注的服务范畴。陈飞等人的"知车汇"汽车服务连锁店抓住了广大私家车保有者的主要诉求，以方便、快捷、可靠作为业务的核心要素，通过加盟连锁、开展校企合作等方式，借助外部优势资源使管理运营迅速迈向了正轨。

特别值得一提的是，对于大学生创业者来说，借助学校的平台和资源可以为创业成功增添助力。本书前文曾经提到学校对于帮扶学生创业纷纷出台了各种扶持政策，为大学生创业提供场地、资金与政策支持，搭建创业服务平台。其实，除了这些资源以外，学校还存在着许多隐性的资源有待创业者去挖掘与利用，例如教师的技术支持、同学们的人力支持以及他们背后的客户关系网等。陈飞团队正是深度校企合作的受益者。

主题 5　社会公益创业

【主题案例】

“创享中国”公益实践平台

在上海市浦东新区东方尚博创意产业园区里，万仁网络科技（上海）有限公司创立了社会公益实践类门户网站——“创享中国”，这是一个融合公益机构、企事业单位、高校和青年学生群体的四位一体的在线高端价值创享平台，旨在为中国青年学生的职业发展和公益实践事业助力。

走进尚博产业园，2 号楼里“创享中国”的 LOGO 格外醒目：四片树叶朝一个方向排列组合成翅膀的形状，聚焦在右下方焦点上，并形成红、橙、绿、蓝的渐变色，分别代表着温暖、热情、友爱和环保。

2011 年初，胡博创办了自己的第一家企业——上海博冰企业管理咨询有限公司。当时，他是抱着“为了可以帮助更多需要帮助的人”的初衷，想为同事提供“简单、快乐而高效”的工作环境。不久之后，“雷励中国”公益机构找到胡博，问他是否能够为一批支教的志愿者提供投影仪。胡博原本试图得到企业的支持，获得一批二手投影仪，但最后遍寻无果的他决定自己掏钱购买。朋友问他这样做公益值不值得。他却说：“如果能让一些孩子了解一下外面的世界，还需要问什么值得不值得吗？”这件事后，他便与“雷励中国”结缘，在为他们做义工与顾问期间逐渐了解到公益在中国的发展，发现了其间存在的困难与弊端。

“虽然近些年民间组织和公益机构如雨后春笋般成立，但由于信息渠道的传播受限与公信力的下降，大幅增加了公益组织的社会成本和运营成本；与此同时，随着经济的快速发展，越来越多的企业也有意愿参与到社会责任中来，他们同样需要有效的渠道来实现与公益机构的对接。”胡博开始思考，“能不能帮助规模较小的公益机构，使其得到更为专业化的发展，让青年学生参与到更丰富的实践活动中？能不能真正实现社会实践的价值可持续？”这便是胡博想要创立“创享中国”的最初想法。

“既然选择了远方，便只顾风雨兼程。”汪国真《热爱生命》中的这句话，曾在大学期间一直激励着胡博，如今也是。下定决心要办“创享中国”的胡博在原企业理念已经切实落地的基础上，又花了整整一年的时间思考酝酿，做完了所有的前期准备。接着，他又开始参与每个模块的交流设计，用两个月的时间才成型了最初的网站架构。在不断打破自己、归零重组后，全新的网站植入了很多新元素。在此期间，内容的拓展和补充都在同步进行，在与每一家公益机构谈合作时，都会经历一个“质疑—认可—全力支持”的过程，一次又一次的阐述和深入交流，只为让好的理念落地实现。在一次与壹基金的商谈中，对方直接质疑了胡博商业化运营公益事业的模式，胡博为此耐心解释。中国公益机构的现状是许多机构连自己的网站都建立不起来，但在“创享中国”，每个入驻的公益机构都可以像淘宝卖家一样，拥有一个自己的独立页面，并使用信息发布、招募、案例追踪等功能，如此庞大的数据平台若没有足够的资金与人力去支撑何以持续发展？听完这番话，壹基金当时的负责人不但被说服合作，更是提出“希望‘创享中国’能成为中国社会企业的典范”。

用心的坚持终于逐步得到了社会的认可和回报，越来越多有着较强技术背景和专业能力的人才加入团队。目前已与“创享中国”建立合作关系的公益机构有 46 家、企业 28 家、高校 19 所、媒体 5 家，而且这支队伍还在不断扩充中。

胡博观察到，公益机构目前仍存在的两个比较大的问题，一是缺少专业有效的推广；二是公益项目缺少延续性。在胡博的规划中，公益机构展示推广平台，完全可以同时发布招募需求。公益机构可以通过平台成长轨迹和评估系统来对活动志愿者真正实现追踪式培养，即学生通过“创享中国”参加完一次公益实践之后，他也能拥有自己的独立账号，账号将记录保存他的所有案例，包括机构、企业对他的评价。换言之，就是当这位学生将来步入求职阶段时，我们能为他和他所应聘的企业提供一份真实的社会实践简历。

在胡博看来，当前青年学生在成长过程中，与社会更好地接轨以及有效提升实践能力的需求与日俱增，社会公益实践已成为青年学生接触社会、提升能力不可或缺的一种方式。“创享中国”就是要为青年学生搭建一个平台，让其成为最大的受益者。

（资料来源：胡小瑜，竹音. 创享中国：公益实践新平台 [J]. 成才与就业，2014）

【案例讨论】

1. 你认为开展社会公益创业可以有哪些形式？
2. 社会公益创业中会遇到哪些特殊问题？

高手指路

近年来，公益创业成了大学生创业新风向。“盲人助行计划”“享玩儿童陪伴计划”“临终关怀志愿服务”……一系列针对盲人、儿童、老人等弱势群体的公益创业项目出现在各类大学生创业大赛上。公益创业，创业是手段、方式，公益是目的。只要达到公益的目的，解决了社会问题，用的手段和方式是多种多样的。公益创业组织小微化、创业主体弱势化、创业行业层次低、市场化运作效率低、可持续发展性不强等，是现阶段青年公益创业存在的主要问题。

第一节　社会公益创业概述

公益创业（Social Entrepreneurship）也译作“社会创新”“公益创新”“社会创业”等，最早起源于欧美发达国家，应社会需要而产生，并在国外许多国家蓬勃发展。2006年，公益创业家穆罕默德·尤努斯（Muhammad Yunus）及其创建的救济贫困模式的孟加拉乡村银行（Grameen Bank）获得诺贝尔和平奖，从而在全球范围掀起一场公益创业的热潮。

在我国，公益创业已经有初步的发展基础，一些青年大学生有志于将社会公益作为终身职业选择。2006年，湖南大学率先创建中国第一个以公益创业命名的大学生社团——滴水恩公益创业协会；2009年北京大学成立公益创业研究会；2010年清华大学举办了“北极光－清华”全国大学生公益创业实践赛；2014年1月，由团中央等组织发起的“创青春”公益创业竞赛覆盖了全国2200多所普通高校。

当代大学生志存高远，富有创新精神和社会责任感，他们肩负着传播社会正能量的使命，渴望运用自身专业知识创业，解决社会问题。可以说，公益创业为大学生开辟了一条能力培养、服务社会的新途径，更代表着大学生新的就业前景。

一、公益创业的特点

公益创业是个人或社会组织在创业与经营过程中，将社会价值与经济价值进行创造性融合的一个过程。随着现代工业化发展以及全球化进程不断推进，公益创业已经是一个内容丰富、内涵广泛的概念，它不仅仅局限于传统意义上的慈善公益事业，而是包括涉及社会责任以及环境保护的一切创业活动。

当前，公益创业呈现出以下特征：

1. 社会性

公益创业以解决社会问题为责任，具有强烈的社会使命感，坚持解决社会问题的问题导向和民生导向。

2. 创新性

公益创业通过创造新的服务、新的产品或者新的方法来解决社会问题，不断进行创新和变革。可以说，没有创新，就没有公益创业的发展。

3. 商业化运作

公益创业的可持续发展，要运用商业运作模式和手段，各创业项目最终要实现自身造血，以保证其有效、持续的发展。在公益领域融入创新精神和商业模式是一种新型社会创新，在优化社会结构、减少社会资源浪费和扩大就业机会等方面发挥着积极作用。

二、公益创业的主要模式

目前，大学生开展公益创业活动主要有几种形式：

1. 非营利组织

在我国，非营利组织多以向民政部门申请注册民办非企业单位的方式进行运作，其经营所得不是为了谋取利益，而是造福社会。在大学生公益创业中，这类模式多以高校社团为基础改良创办，通常是以服务弱势群体的社会性为显著特征。如各种涉及帮扶、支教、技术支持、环境保护等项目，都可归为此类。如东华大学创办的“余晖计划”，其基于历史使命感和社会责任心，为抗战老兵提供关怀陪伴。而这一组织实则是从学生社团发展而来，在社团基础上进行更广泛的资源整合和更精密的组织协调，并以回报社会为主要目标，有着明显的非营利性质。

2. 社会企业

这是通过商业手法运作，赚取利润用以贡献社会的公益创业模式。其不同于传统企业，也不是单纯的社会服务，而是以企业利润盈余完成社会价值的推进和实现。相对于非营利模式的公益创业模式而言，这一模式具有更为深刻的市场导向性。此外，创新性也是这一模式的要素所在，这能使得公益创业项目在市场的浪潮中有一席之地。

【典型案例】

时来食往，爱心传递

时来食往项目专门为高校师生提供网上订餐服务。该团队致力于与北京市各大高校附近提供外卖服务的各饭店商家合作，将其外卖的信息发布在团队网站上，为高校师生提供最多最全面的订餐选择。顾客通过浏览网上的菜单即可下单订餐，团队会通过内部的短信平台将订单发到饭店的订餐电话上。饭店在接收到订单后，即会烹调外卖、自行送达外卖并收费。

当高校师生在线订餐后，接受邀请参与“爱心午餐团购计划”，可以再团购一份折扣午餐给北京市农民工子弟学校的学生，运费均由商家承担。商家在送餐时向买家收取费用，网站通过向商家对订单抽成盈利，同时商家对团购的“爱心午餐”给予折扣。团队的计划是从一所小学的一个班级做起，逐步扩大帮扶范围，最终覆盖整个北京市的农民工子弟学校。

目前网站已经基本实现收支平衡，该项目已经与北京市明园小学开展了良好合作。该项目获得了“北极光－清华”第二届全国大学生公益创业实践赛金奖，并被《光明日报》《创业邦》以及清华大学官网等多家媒体报道。

（资料来源：http://blog.renren.com/share/234344547/9442071344）

3.“产学研”混合

这种模式强调整合多方资源，通过创建非营利组织、兼顾社会利益的营利性企业（社会企业）、志愿公益活动项目（公益创新）和产学研一体化基地（公益创业教育）的几种类型，以授人以鱼（公益助学）+授人以渔（就业）+授人以业（创业）+授人以智（研究）的四个层次来构建整个大学生公益创业系统，构建公益创业的生态体系，从而达到经济效益与社会效益的双赢。由于这种模式往往需要诸多力量参与建设，在目前的大学生公益创业中尚不多见。湖南大学中国公益创业研究中心、浙江大学全球创业管理研究中心属于这种模式，其产出也不仅仅局限于物质利益的获得，更兼智力、人力、技术的生产和输出。

三、公益创业的建议

公益创业尽管在我国起步较晚，但由于其特有的公益性、创新性等特点，吸引着越来越多的青年一代尤其是青年大学生投身其中。但是，当前我国青年公益创业仍面临着较为紧迫的形势。一是公益创业在当前青年创业中所占比例较小，参与人员少，青年对公益创业的认知和能力不足，思想意识仍欠缺。调查发现，广大青年尤其是部分学生对于公益创业的概念模糊甚至是根本没有了解过什么是公益创业。二是当前我国部分公益创业组织小微化、创业主体弱势、行业层次低、市场化运作效率低。三是支持青年公益创业的主体单一，社会支持不足，持续发展动力不足。目前我国公益创业组织主要依靠政府支持和企业赞助来维持发展，而一旦资金短缺，组织将面临被迫终止的风险。因此，开展公益创业要注意以下两点：

1. 关注社会热点，正确选择公益创业项目

目前，我国已经进入社会转型的关键时期，社会矛盾凸显，在维护社会稳定方面，各级政府部门，特别是基层政府面临着较大压力。随着老龄化社会的到来，为老服务需求将快速增加；随着大量失地农民涌入大城市，外来人员的管理和服务成为一大难题；随着贫富差距的扩大，帮困扶贫工作也将面临新形势；还有诸如环境

污染、抗灾救灾、特殊人群照顾等大量社会问题，单靠政府是无法解决的。面对大量社会问题与矛盾，社会组织能够起到很好的补充作用，甚至成为解决社会问题的实际操作者。但是，社会公益创业者必须正确选择创业项目，选择自己有能力做的，有一定人力和物力支持的，能创造公共价值的项目。公益创业只有在有着较为明确发展方向的情况下才能走得更远。

2. 服务需要向专业化发展

随着改革的推进，政府职能将由管理型向服务型转变，从微观管理向宏观调控转变。那么，谁将成为直接提供社会服务的主体呢？答案是社会组织。目前，我国大部分发展得比较好的社会组织（主要指民办非企业单位）提供的都是针对某一特定人群的社会服务，如专门提供日间老人护理的、青少年心理咨询的、外来务工人员子女关爱的，等等。这些服务都具有很强的专业性，这些是政府和企业都无法企及的，也是公益创业发展的最大优势。

第二节　公益创业案例详解
——“牵手”支教公益项目

【项目简介】

“牵手”支教公益项目是由英语专业学生何强等人发起的一个致力于向贫困地区儿童输出教育教学资源的创业项目。团队创设初衷是要把大学生所学的知识、见闻等传播给贫困地区的儿童，在给贫困孩子带去知识的同时，增加他们对学习的兴趣和动力，对他们的人生态度产生积极的影响。通过这个项目，团队不仅可以给这些需要帮助的孩子带去一份来自大学生的特有关怀，还能让大学生在支教的过程中对我国农村经济社会发展，特别是农村九年义务教育的现状进行深入的考察。

该项目的愿景是：通过团队成员的实际行动和表现，让农村贫困山区的孩子们得到更多的帮助和支持。开创具有大学生特色的支教活动，树立起真正的支教新风。“支教活动是一盏闪烁着知识和理想光芒的橘灯，在灯光的指引下，孩子们一定可以带着自信走得更远。”

【项目亮点】

亮点一：项目聚焦，瞄准农村教育薄弱环节

计划书原文摘要：随着全国义务教育的普及，大部分地区的教育得到了很好的开发和发展。然而，在部分农村贫困山区的孩子和农村留守儿童面临着上学难的问题，特别是某些学科受到限制不能正常开课，以英语为甚。为适应21世纪对全方面人才的需求，我们决定以英语为媒介，将与外教们积极商讨合作，为孩子们创造一个良好并生动有趣的学习英语的环境。让农村和山区里的孩子们在外教和我们“牵手”支教队每个队员的积极帮助下度过快乐充实并且有意义的学习生活。

点评：目前以政府和社会机构开展的面向贫困地区的支教项目很多。而派去的志愿者到达支教地区后，往往成了全科教师。这种方式固然改善了当地教师短缺的情况，但是由于教师本身专业所限，并不能够达到预期效果，而且会因为教师求全，忽略了其自身特长的发挥，使得项目失去了特色。该团队选择了具备专业特长的英语作为支教的主要内容，有几个优势：一是抓住了当前农村教育的薄弱之处，应需而生，易受欢迎；二是通过聚焦有利于有针对性地招募志愿者，集中力量开展教学资源建设；三是该项目处于初创期，抓住一个重点作为突破口，利于形成品牌特色。

亮点二：明确要求，注重团队建设

计划书原文摘要：“牵手”支教项目人员要求：（1）有爱心，有时间，品行端正和很强的责任心和上进心；（2）身体健康，无传染病以及其他影响支教的疾病，饮食没特殊要求的，适应能力强；（3）能够妥善处理好自己支教前后学习和生活安排与衔接；（4）服从志愿者团队工作的管理和安排，要求每天写一篇支教日记；（5）性格开朗，主动沟通协调能力强。遇到问题，主动沟通解决；（6）心态平和，热爱孩子，擅长通过活动方式教育孩子；（7）不主张自我的个性要求，待人接物处事，须从教育孩子的角度考虑；（8）吃苦耐劳，能克服自身的不良习惯或者对孩子影响不好的行为习惯；（9）热爱教育、尊重和关爱儿童，能享受同孩子们一起成长的过程，绝不止于感动的层面，能够沉潜下来理性用心地思考探索如何教书育人；（10）关注志愿者活动，对志愿者活动保持一定的敏感度；（11）对教育领域有一定知识储备，或者有较好的学习能力，能在较短时间内补充这方面的背景知识；（12）能适应山区学校的生活条件、尊重当地风俗习惯；（13）知行合一，换位思考，相互协作，完成团队的公益活动项目，完成教学任务和目标。

点评：一支优秀的志愿者队伍是公益项目取得预期效果的关键所在。“牵手”支教项目面向高校公开招募富有责任感、品学兼优、能自主安排时间的在校大学生，组成支教队伍。项目组对支教人员有明确的素质要求和行动规范。同时，项目组强调支教人员的培训，包括团体成长、课堂教学和心理辅导及社会调查等方面，并会在培训后前往预先联系好的贫困偏远山区和农村的小学进行长期接力支教活动和助学调查活动，以期为广大农村贫困地区的青少年儿童健康成长带来实质性的帮助。

亮点三：模式创新，线上线下支教相结合

计划书原文摘要：支教方式与内容：（1）传统教学：英汉双语教学的同时展开，一方面能让每个小孩都明白教师志愿者表达的意思，尤其是英语相对差的小孩，另一方面让孩子们在学习英语知识的同时练习口语，锻炼思维，开阔视野，充分体验到学习英语的乐趣。（2）在线支教：根据中国电子商务中心数据显示，我国农村互联网普及率保持稳定，截至2016年6月为31.7%，因此可以面向互联网覆盖的农村地区开展在线支教。具体方式是：在视频房间中，志愿者教师可以通过视频窗口与孩子们进行互动教学，电子白板的文件上传、拍照上传等一系列多功能教学工具则帮助实现顺畅的授课过程。也就是说，在视频房间里，就如同师生面对面授课一样，生动形象。在线支教有如下几个优势：（1）通过网络等高科技的手段支持，可以将更多优质教育资源对接到教育欠发达地区；（2）除了亲临贫困地区当面授课的“传统做法”，大学生支教还能在线网络授课，打破时空限制，有利于吸纳更多大学生加入支教公益；（3）依托网站平台，可以与社会教育机构以及企业洽谈合作，通过为社会教育机构提供有偿入驻服务及企业产品推广服务获得收入。

点评：采取实地面授与线上支教相结合的方式，是该项目的一个创新之处。项目组调查收集了目前我国农村互联网的覆盖和普及情况。他们注意到，在一部分地区，尽管教育发展落后，但是农村青少年仍然有机会利用互联网了解社会甚至开展电子商务活动，这是开展线上支教的重要基础。正如计划书中指出的，利用互联网支教不仅可以输出更多的优质教育资源，也可以吸引教育机构及企业加入，为项目吸收更多资金以确保项目的可持续性。

亮点四：要素齐备，有较强风险防范意识

计划书原文摘要：支教人员须知（节选）：（1）支教过程中涉及的一切费用均需自费，当地学校提供住宿场所，伙食、通信、交通、医疗等费用均需自理。要求志愿者务必保证基本的经济条件，禁止以任何形式向当地老师、居民借款、赊账。（2）支教时间必须保证至少完整的一个周期（即完整的寒暑假），其间如有十分特殊的情况需要离开支教地，必须向当地学校请假并向公益中心报备，得到确认方可离开。（3）计划去支教之前，请务必与父母家人进行沟通，取得支持后方可进行申请。付出整个寒暑假的时间和精力去偏远地区进行支教并非易事，需慎重考虑各方面因素。请提前与家人做好沟通交流，避免因家人反对不能成行而对支教安排工作产生的影响。（4）支教项目以团队形式进行，每个支教点安排3—10名志愿者，志愿者分布在该支教点的不同学校，每个支教点每期支教设一名组长，负责协调管理所有当期所有支教志愿者。要求支教志愿者必须具备团队精神，能够与不同年龄、不同背景的其他志愿者团结合作。有任何不能解决的问题及时反馈支教组长或者支教部门进行沟通解决。（5）支教以接力形式进行，每个支教志愿者在当地至少完成一个周期的教学任务。下一周期会由新的志愿者接替上一期志愿者的工作，以保证支教的延续性。

为了成功完成支教活动，避免意外的发生，故作以下应急措施（节选）：（1）如果在活动中遇到交通工具抛锚不能按期抵达目的地时，应在确定成员数量后，联系管理员统一协调。如调用其他车辆前来支援，需原地耐心等待；也可向就近站点联络，乘其他车辆前往，同时电话通知对方学校；（2）随时清点人数，如果在行进中突然发现有成员掉队，发现者要及时告知队长，并立即用手机进行联系，确定掉队人方位，尽快找到；（3）如果在活动中有人突然生病，视状况而定。如果不重，则服用随身携带药品，多喝水，好好休息；如果比较严重，马上送往就近医疗场所治疗；（4）如果在活动中发生地震、火灾、泥石流等不可抗力的自然灾害时，应听从队长指挥，统一撤离；如短时间内无法撤离，则就近躲入安全地方，先求自保再行求救；在自身安全撤出后要力所能及地帮助他人脱困；（5）如果在活动中发生大量财物失窃事件时，队长汇总情况后要及时与对方校方负责人联系，必要时须报警。

点评：项目团队将支教的时间选择在了寒暑假，充分考虑了在校大学生的时间规律。同时，寒暑假期间也正是留守儿童父母外出打工而孩子不上学无人照看，发生意外事故较多的时段。在获得当地学校的支持后（主要是场地和信息支持），这一方案受到了孩子监护人普遍欢迎。

支教采用了团队活动形式，弥补了单个大学生开展支教活动以及面对突发事件时的不足，提高了项目的安全性。同时，项目组细致地罗列了几十条可能遇到的突发事件，并提出了应急措施，体现了较强的风险防范意识。

亮点五：做好宣传，争取社会多方资金支持

计划书原文摘要：致企业的项目邀请函（节选）：本次活动我们本着为贫困山区的孩子献出自己的一份爱心，为西南教育事业尽自己的一份绵薄之力的原则，希望通过我们的努力能够给山区的孩子带来一点新的希望，缩小他们与城市孩子的差距。但由于我们大学生能够提供的经费有限，故希望能够得到贵公司的赞助。

贵公司若能参与此次活动既能回报社会，为西南贫困山区落后的教育作出一份贡献，充分体现出作为有担当的大公司的社会责任感，让社会各界了解到贵公司为社会进步所做的努力，同时又能加强公司内部团体的凝聚力，让每一个员工感受到他们所在的团体是一个富有爱心和社会责任感的集体，增强他们的社会主人翁意识，从而使他们更能发挥主观能动性，为贵公司创造出更大的价值。另外，最重要的一点是我们团体将为贵公司在我们学校和山区做到很好的宣传，使得贵公司的品牌更深入人心，贵公司的产品更容易被人们所接受和为人们所熟知。

抛开一切商业利益，我们真心希望贵公司能够参与到本次支教活动中来，一个人的力量是微不足道的，我们希望有更多志同道合的集体或个人参与进来，让贫困山区的孩子们感受社会这个大家庭对他们的关怀，使他们明白社会并没有抛弃他们，还有很多有爱心的人士和集体在关心和帮助他们，让他们重拾对生命和生活的渴望以及对未来的憧憬，让他们明白现在生活上的艰苦算不了什么，只要还有梦想还有希望就一定能够摆脱这一切，成就自己的辉煌。

对于贵公司支持资金的使用，我们作出以下承诺：（1）我们坚持专款专用的原则，并做好详细的记录；（2）所有的支出，全部按照严格的内部财务管理，接受社会监督；（3）确保各项开支的合理性，把每一分善款用在该用的地方，发挥它们最大的效用。

点评：公益创业要想长久开展，争取各方资金支持是非常重要的。在这个项目中，发起人采用了多种方式解决资金问题。包括通过上门拜访和发邮件的形式争取企业支持；在支教志愿者中发起捐款；将支教地区儿童作品以及土特产进行义卖等等。同时，项目组通过路演、招募咨询、论坛宣传、志愿者宣誓等一系列活动扩大自身影响力，为增加资金来源营造了良好的氛围。

【项目点评】

从1990年开始，我国政府开始致力于山区教育扶贫，通过政府努力和发动社会捐助，在广西壮族自治区普宁市南溪镇建设了中国第一所旨在帮助贫困地区和孩子上学的希望小学。从此，在中国掀起了一场救助贫困山区孩子上学的捐助热潮。支教工作是国家的大政方针，对于国家和社会的未来发展有着深远的意义。开展大学生公益支教项目，一方面是因为大学生受过高等教育，素质高、眼界宽，他们有能力去胜任这份工作；另一方面，下乡支教对于长期生活在“象牙塔”“优乐园”中的大学生来说，也是一个增长见识、提升能力、磨炼意志品质的过程，也有利于大学生自身的成长与发展。该项目发挥了学生专业所长，富有特色，形式新颖，设计较为周全，具有一定的发展空间。此外，该项目在款项筹集与使用方面有详尽说明，对项目志愿者的道德、素质等方面也提出了明确要求，体现了公益创业项目所特有的透明性、规范化与专业性。

图书在版编目（CIP）数据

创业基础教程 / 朱建新，韩芳主编. — 上海：上海教育出版社，2017.8（2023.9重印）
ISBN 978-7-5444-7631-7

Ⅰ. ①创… Ⅱ. ①朱… ②韩… Ⅲ. ①创业 - 高等学校 - 教材 Ⅳ. ①F241.4

中国国家版本馆CIP数据核字(2017)第179930号

责任编辑 宁彦锋 公雯雯
封面设计 陆 弦

创业基础教程
朱建新 韩 芳 主编

出版发行	上海教育出版社有限公司
官 网	www.seph.com.cn
地 址	上海市闵行区号景路159弄C座
邮 编	201101
印 刷	上海昌鑫龙印务有限公司
开 本	787 × 1092 1/16 印张 19.25 插页 1
版 次	2017年8月第1版
印 次	2023年9月第6次印刷
书 号	ISBN 978-7-5444-7631-7/G·6293
定 价	58.00 元

如发现质量问题，读者可向本社调换 电话：021-64373213